蓝色风向标：
前沿科技领域产业创新趋势

SISS产研　编著

上海科学技术出版社

图书在版编目（CIP）数据

蓝色风向标：前沿科技领域产业创新趋势 / SISS产研编著. -- 上海：上海科学技术出版社，2021.11
ISBN 978-7-5478-5554-6

Ⅰ. ①蓝… Ⅱ. ①S… Ⅲ. ①高技术产业—技术创新机制—研究—中国 Ⅳ. ①F269.24

中国版本图书馆CIP数据核字(2021)第227344号

蓝色风向标：前沿科技领域产业创新趋势

SISS产研　编著

上海世纪出版(集团)有限公司
上海科学技术出版社　出版、发行
(上海市闵行区号景路159弄A座9F-10F)
邮政编码201101　www. sstp. cn
上海盛通时代印刷有限公司印刷
开本 787×1092　1/16　印张 19
字数 300千字
2021年11月第1版　2021年11月第1次印刷
ISBN 978-7-5478-5554-6 / G·1083
定价：79.00元

SISS 产研成员[1]

庄 珺 生物医学工程专业博士，上海市科学学研究所副研究员，产业创新研究室主任，中国科学学与科技政策研究会理事、技术预见专业委员会秘书长，上海市科学技术情报学会常务理事。

傅翠晓 管理科学与工程专业博士，上海市科学学研究所副研究员，上海市科技系统中青年知识分子联谊会理事会理事。

孟海华 科技哲学专业博士，上海市科学学研究所副研究员。

汤 琦 材料科学与工程专业博士，上海市科学学研究所副研究员，上海市科学技术情报学会理事。

沈应龙 材料学专业博士，上海市科学学研究所副研究员。

赵 越 物理化学专业博士，上海市科学学研究所副研究员。

陈红光 材料科学与工程专业博士，上海市科学学研究所副研究员，上海市科学技术情报学会理事。

全利平 管理科学与工程专业博士，上海市科学学研究所助理研究员。

黄善光 经济法专业学士，上海市科学学研究所助理研究员。

范 幸 机械工程及自动化专业学士，上海市科学学研究所助理研究员。

郑 奕 交通运输规划与管理专业硕士，上海市科学学研究所助理研究员。

---

1 作者单位和职务为书稿成稿时。

SISS 产研合作伙伴[1]

成晓建 上海科学技术交流中心技术转移处副处长（主持工作）。

戴子姗 上海市科学学研究所产业创新研究室实习生。

冯建峰 上海数学中心首席科学家，复旦大学类脑智能科学与技术研究院院长。

何丹农 纳米技术及应用国家工程研究中心主任。

胡　峰 江苏省科学技术发展战略研究院产业技术研究中心助理研究员。

黄　斌 江苏省科学技术发展战略研究院产业技术研究中心主任、研究员。

平　帆 上海电气集团股份有限公司科技管理部经理。

施利毅 上海大学纳米中心副主任。

王　磊 上海新能源科技成果转化与产业促进中心政策研究部副部长。

章小清 同济大学医学院教授。

周小玲 上海市科学学研究所副研究员。

1　为本书贡献文章的作者，按姓氏拼音排序。作者单位和职务为撰写文章时。

序

《中共中央关于制定国民经济和社会发展第十四个五年规划和二〇三五年远景目标的建议》提出，坚持创新在我国现代化建设全局中的核心地位，把科技自立自强作为国家发展的战略支撑。这是继十八届五中全会把“创新”放在五大发展理念之首、十九大提出“创新是引领发展的第一动力”之后，以习近平同志为核心的党中央在深刻认识我国社会主要矛盾变化带来的新特征、新要求，深刻认识错综复杂的国际环境带来的新矛盾、新挑战基础上，对新发展理念内涵的再丰富，对新发展格局特征的新刻画，是指导科技强国建设和上海科创中心建设的战略方针。

习近平总书记强调，当今世界正经历百年未有之大变局，科技创新是其中一个关键变量。看清规律才能把关键变量转化为支撑高质量发展的增量，找准支点才能夯实支撑作用发挥的着力点。因此，我们要深刻认识新一轮科技革命和产业变革重塑世界的速度、力度、维度，系统研究科技创新这一变量的变化规律，准确研判和把握科技革命和产业变革的大趋势、我国科技发展面临的形势、全球科技竞争合作的新态势，为构建支撑引领高质量发展的“方程式”提供理论支撑和实践路径。

当前，新一轮科技革命和产业变革突飞猛进，科学研究范式正在发生深刻变革，学科交叉融合不断发展，科学技术和经济社会发展加速渗透融合。传统科技强国在新的科技范式中优势可能下降，新兴国家则有望后来居上。例如，在5G成为核心关键之一的科技产业中，我国有可能领先一步。我国部分高端产业在全球具备了较强的竞争力，且发展势头迅猛。在科技实力的支撑下，我国经济正在实现动能转换，并加速向全球价值链高端攀升。

当代科技不是单打独斗的独角戏，而是全球化的科技，是多方合作的团体战。开放合作是我们面临科技问题时的主流思想。我们应当坚持开放合作的态度，寻求合作共赢的道路。

世界百年未有之大变局加速演进，新冠肺炎疫情影响深远。大变局下的科技之治，既需要以更多维的视角、更精细的刻度，扫描科技发展和产业变革的趋势、国际和区域科技竞合的走势、科技与经济社会深度融合的态势，更需要在复杂环境下过滤掉高分贝本底噪声和各种干扰信号，把握本质特征，抓住主要矛盾，咬定战略目标，汇集各方智慧，谋划新时代科技发展的宏伟蓝图，以此建构起建设科技强国更高效能的体系化能力。

上海市科学学研究所是中国较早设立的科技创新智库，成立于1980年1月。41年前，中国刚刚改革开放，科学技术有何发展规律，对经济社会有怎么样的影响，是刚刚拨乱反正、恢复正常国家治理体系后的一道大题。上海市科学学研究所的创始团队考虑到当时我国各界对科学的认知程度，呼唤研究“科学学”，即研究科学的科学，意在真正理解科技、发展科技。他们以“新科技革命”为主题，对当时风起云涌的科技革命、第三次浪潮进行了深入讨论，并影响了中国国家层面和上海地方层面的科技战略。41年后的今天，我国对科学技术的认知已经今非昔比，我国科技发展的实力也有目共睹，但是我们所要面对的科学学问题依然存在，甚至更加复杂。近年来，大数据、互联网、第四次工业革命以及人工智能等各种新兴技术此起彼伏，对经济社会甚至文化思想、国际关系等诸多方面带来深刻影响甚至是重塑性的影响。

我们要做好战略研判，把握新时代国际形势新变化，持续推进深化改革，从跟踪式布局转向更加侧重创新策源，发挥北京、上海、粤港澳大湾区国际科技创新中心建设等世界重要人才中心和创新高地的引领作用，鼓励各地积极大胆探索各具特色的创新驱动发展路径，提升国家创新体系的整体效能。我们要坚定对未来大势的判断，要坚信对新技术发展方向的判断，咬定青山不放松。

春潮拍岸海上行，筚路蓝缕再出发。我们要以全球视野谋划科技创新，以价值共享推进开放创新，坚定步伐、激荡创造、砥砺前行。让我们携手，共同推进科技自立自强，在喜欢上海的理由里加入“科创魔力”，以优异成绩庆祝中国共产党成立100周年，为实现第二个百年奋斗目标、实现中华民族伟大复兴的中国梦而不懈奋斗。

是为序。

石　谦

上海市科学学研究所所长

2021年10月

前言

习近平总书记在浦东开发开放30周年庆祝大会上指出，科学技术从来没有像今天这样深刻影响着国家前途命运，从来没有像今天这样深刻影响着人民幸福安康。我国经济社会发展比过去任何时候都更加需要科学技术解决方案，更加需要增强创新这个第一动力。

在当前“十四五”开局之年的重要起始节点，我们将近年来对前沿科技领域产业创新趋势分析的原创文章进行了汇总和梳理，希望借此来积极响应习近平总书记对上海市的指示，促进广大读者对新科技和新产业的认知与关注，进而为上海加快建设具有全球影响力的科技创新中心营造更好的社会氛围。

同时，本书也是我们自《张江科技评论》创刊以来在其“报告”专栏连续供稿的文章的集结和在新媒体“三思派”上对近年撰写文章的一个回顾。在此，向两家媒体在上海科技创新工作中发挥的积极作用表示感谢。

本书首先从世界科技发展呈现的新趋势和新特点、引领未来的“黑科技”以及2035年的科学、技术与创新等视角对前沿科技领域进行了总括分析，着重从人工智能、医疗健康、信息技术、材料、能源、城市民生、创新生态与区域发展等7个方面阐述了我们对各领域技术发展趋势、瓶颈及攻关重点以及产业投资与市场前景的分析和观点，力求宽领域、全景式地展现前沿科技领域的产业创新动向。

习近平总书记强调，上海和长三角区域不仅要提供优质产品，更要提供高水平科技供给，支撑全国高质量发展。本书中涉及的前沿科技领域创新进展在一定程度上体现了自习近平总书记对上海作出建设具有全球影响力的科技创新中心指示以来上海所取得的成果。为上海以及整个长三角区域的进一步发展，本书特别分析了值得“十四五”期间重点关注和谋划的前沿科技领域。

希望本书对前沿科技领域的趋势分析和重点方向的判断能够抛砖引玉，激发更多政、产、学、研等各界人士参与到欣欣向荣、蒸蒸日上的科技创新事业中。囿于作者团队的水平，在科技创新日新月异的发展下，一些重要的或新兴的科技创新方向在本书中着墨有限甚至缺失，请读者见谅。在上海不断强化科技创新策源功能、加快建成具有全球影响力的科技创新中心的进程中，作者团队愿与广大读者携手持续深入开展面向世界科技前沿、面向经济主战场、面向国家重大需求、面向人民生命健康的科技创新前沿趋势分析和把握，为科技创新和产业发展实现突破性跨越作出更大的贡献。

SISS 产研

2021 年 10 月

于上海市淮海中路 1634 号

目 录

CONTENTS

序 章

把握科技发展大趋势

当今世界正经历新一轮大发展、大变革和大调整。新一轮科技革命和产业变革作为百年未有之大变局的重大变量，将全面重塑全球发展版图和国家及地区间的竞争格局，影响国际竞争态势。准确把握科技进步大方向和产业变革大趋势，抢占未来科技发展制高点，以科技创新驱动产业经济和社会发展，已成为世界各国共同的战略选择。

世界科技发展呈现新趋势和新特点

当前，新一轮世界科技革命和产业变革方兴未艾，正在对全球经济、社会发展和人类文明进步产生重大而深远的影响。全球科技创新进入了空前密集的活跃期，科学技术以前所未有的力量驱动着经济社会的发展。未来科技发展需要把握以下几个关键点：一要充分认识历史大变革的新趋势，二要准确把握未来科技发展的新方向，三要时刻关注全球科技竞争的新局势，四要着力增强科技创新的新动力（见图0-1-1）。

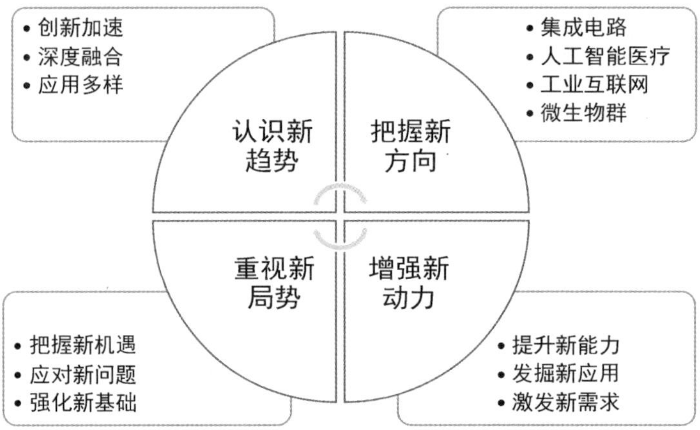

图0-1-1　未来科技发展的关键要素

认识全球科技创新新趋势和新特点

在当前时代背景下，全球科技创新正呈现出新的特点。

一是创新超速。新技术的出现，促使创新速度进一步加快。计算能力、大数据发展、传播速度、语音设备、生物科学、3D打印、机器人等技术引擎将帮助研究者以空前的速度取得创新进展。例如，集成电路领域如今已进入“后摩尔时代”，超越摩尔定律已成为竞争趋势，但要实现超越摩尔定律的路线仍面临诸多困难。集成电路技术发展没有捷径可走，应进一步夯实创新基础，顺应创新超速的契机，奋力前行。再如，交通领域为实现更低甚至接近零的能源边际生产和输配成本，更快捷、更智能和更高效的新型交通体系需求将加速推动超高速、空地一体化的交通技术创新和发展。

二是深度融合。如今全球科技创新发展的态势正呈现“跨界融合、协同联合、包容聚合”的3个突出特点，学科之间、科学与技术之间、不同技术之间、自然科学与人文社会科学之间的交叉融合日益凸显，科技创新正加速突破地域、组织、技术的界限，以开放推动、引领创新已成为当今世界的大势所趋。人工智能、云计算、大数据这些新技术领域的一个非常显著的共性特征就是基础科技和社会变革之间的相互交融。

三是应用多样。未来，新技术的价值将不断在新的应用场景中得以体现。例如，人工智能已经在不同医疗场景体现出巨大的应用价值。目前，人工智能技术已经渗透到了影像分析、智能问诊、健康监测等不同的医疗环节。大数据和人工智能技术与宏基因组测序技术相结合，将在开展大规模微生物群的数据整理、探索不同基因群与功能之间的关联性等方面体现重要价值。在集成电路领域，随着5G时代的到来，无论是智能手机、汽车等各种终端领域，还是基站、网络架构环节或者各种5G带来的应用场景，都将给集成电路的技术发展带来很多机会。

把握未来科技创新前沿领域新方向

集成电路、人工智能医疗、工业互联网、微生物群等领域将成为未来科技创新的前沿领域。

● 集成电路

新材料、新工艺和新架构将成为未来集成电路的研究重点。高性能、长寿命、低成本是集成电路技术发展的主要趋势。未来，我国要在新一代半导体材料、绝缘材料、高分子材料等基础材料的技术突破上进一步下功夫。如何实现超越摩尔定律是未来集成电路技术创新范式变革的重要方向。“硅-冯诺依曼”范式在很长一段时间内仍会是主导，但未来集成电路技术会继续拓展方向。

● 人工智能医疗

未来，弱人工智能将逐渐向通用人工智能跨越。当前，人工智能还处于弱人工智能阶段，在数据感知、知识获取、融合推理等方面还需要进一步开展技术攻关。不过，机器主动学习、人机交互等一系列技术都已经在医疗领域获得了深度应用，医疗将是未来人工智能发展的主战场。以患者为中心的智能医院是未来努力的方向。“人工智能+医疗”的发展应该围绕复杂医疗场景进行攻关，围绕疾病的诊断、治疗和医院管理等3个方面打造超级医生助手，优化医疗资源的配置，提升医疗服务质量。

● 工业互联网

未来，工业互联网将在数据技术、安全技术和工业App等3个方向上有所突破。其中，工业App应向标准化、轻量化、模块化发展，可以采用微服务技术，通过工业互联网平台实现网络化的调用，并将其进行云化改造迁移，实现工业云共享。工业App的发展主要有3条路径：一是个体自我模式，个人或班组为解决流程操作和数据分析问题而开发的小应用；二是企业自我模式，班组的应用形成生产线，和其他班组连在一起，实现数据共享；三是商业共有模式，即工业App供给公众使用，在平台上实现行业共享。

● 微生物群

未来，微生物群将围绕4个方面开展研究。一是开展基础研究探索机制原理，围绕微生物群组成、功能及互作机理，特别是与疾病的关联性等领域，开展广泛深入的基础研究。二是开展应用研究，开发预防诊断治疗产品。对微生物群进行改造，使其对代谢过程产生影响，有望用于诊断与治疗，并开发微生物制剂，推动产业化应用。三是开展标准研制保障研究质量控制，具体包括：进行标准研制，标准化实验条件与实施方案，规范样本收集与处理，有效控制实验过程，保障数据采集的质量。四是开展大数据和人工智能技术应用研究，厘清高维度系统复杂性，进行大规模微生物群的数据整理，探索不同基因群与功能之间的关联性。

重视科技竞争新机遇和新挑战

当前，站在全球创新发展的十字路口，面对各种变化变革、风险挑战以及一系列的不确定性，要以更加宽广的视野和博大的胸怀，牢牢把握世界科技革命和产业变革的大趋势，不断推动创新从突破走向成熟。

一是把握新机遇。“后摩尔时代”为我国集成电路技术自主创新带来新的机遇，我国巨大的市场需求和在集成电路应用领域积累的丰富经验将给我国企业和应用领域带来更多的活力。可重构计算成为“后摩尔时代”的一个重要技术创新范式，目前我国已走在世界前列，未来有望占领先机。上海已经成为国内人工智能医疗产业发展的前沿阵地，研究基础条件在不断夯实，产业发展条件优越，政策条件也初具优势。未来，上海在交叉融合方面的合作研究、深化人工智能技术的应用、推动人工智能创新迭代发展等方面有望起到示范引领作用。

二是应对新问题。首先，人工智能技术的发展给企业技术发展路线的选择带来新挑战，是选择单点突破还是全链条布局，企业需要认清大环境，关注实际需求。其次，人工智能的发展会带来创新治理的新问题。人工智能的确会引发一系列的政治、经济、法律、伦理的危机，给国家安全和社会治理带来困惑，如大规模数据的泄露等，政府相关部门及机构需要进一步趋利避害。最后，前沿生物技术领域还面临社会伦理等诸多挑战，相关利益方需要高度警惕。

三是强化新基础。未来中国的科技创新要更加注重原创导向，把从0到1的基础研究摆在更加重要的位置。目前，基础薄弱和产业低端仍是我国集成电路产业面临的主要问题，高端材料、电子材料是核心技术“卡脖子”的关键，我国还需要大力加强基础学科的教育和培养。微生物群领域的基础性问题尚未解决，已经制约了微生物群研究的发展。

增强科技创新发展的新动力

为应对全球科技新竞争，赢得未来，我国科技发展需要顺应全球科技创新大趋势，进一步增强科技创新发展新动能。

一是提升新能力。更高的技术水平和更广泛的适用性才能产生可持续的商业价值，这是人工智能技术未来竞争的关键。5G技术是工业互联网发展的关键，工业互联网平台一定要立足于为工业企业解决问题，网络化协同标识解析成为工业互联网发展的重要环节，商业模式体现工业互联网发展的生命力。

二是发掘新应用。新兴领域的应用越来越明显地成为未来增长的驱动力。在集成电路领域，每一次大的跳跃都有一个重要应用出现，未来集成电路发展的驱动力一定还是应用。移动通信技术极大地拓展了集成电路的应用市场，未来新型计算和物联网（要实现人—机—物三方互联，物联网技术发展非常重要）等应用将推动集成电路技术进一步发展。在工业互联网领域，未来汽车制造的客户数字化直连、未来办公室、无人地面电站巡检都将成为新的应用场景。

三是激发新需求。新技术的发展需要新需求的拉动。例如，我国工业互联网的发展主要来自3个方面的需求拉动：一是经济转型需要工业互联网发挥强大支撑作用；二是数字经济时代的新生态、新的增长点需要工业互联网赋能；三是我国在智能制造等行业的自主可控拉动工业互联网发展。

（文/傅翠晓）

“黑科技”将引领未来

世界经济论坛全球议程理事会的一份报告《未来软件与社会》指出，到2025年，很多新兴技术将达到其临界点。该理事会通过调查走访800多名技术行业的企业高管和专家，预测了未来很有可能会出现的一些“黑科技”。这些技术变革将深刻影响互联网、政府和企业、交通运输、3D打印等领域的发展（见图0–2–1）。

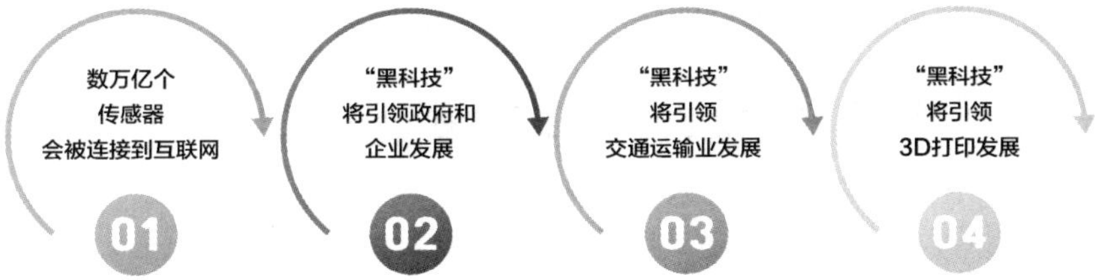

图0–2–1　黑科技引领未来发展

数万亿个传感器会被连接到互联网

随着传感器制造成本的不断下降以及其计算能力的不断提高，所有类型的装置都会被一步步连接到互联网。阅读眼镜将与互联网连接，佩戴者可以直接访问部分优化后的互联网应用程序，从而获得更为强大的增强现实（AR）体验。眼球追踪技术将让使用者通过免提方式控制交互接口。

未来，每个人都将在互联网上拥有一个数字式存在，会在自己的口袋里装上一台超级计算机。人们的数字生活与物质生活之间的连接将更加紧密。即使是偏远地区，也有望连接到互联网。随着智能手机的计算能力持续加强及其价格持续下降，智能手机的普及率将更高，运行速度将更快。接入互联网将成为一项基本权利，各个地方都会拥有接入互联网的机会。随着越来越多的传感器被部署到生活的每一个角落，更多产品将与互联网连接，家庭中一半以上的互联网流量将用于家庭自动化。

“黑科技”将引领政府和企业发展

技术变革将使政府及企业的工作更便捷。政府使用的大数据技术将取代传统技术的统计方法。随着数据收集、管理和理解变得更加容易，政府可能会远离旧的信息收集方法，开始更多地依靠大数据技术来自动完成政府行政事务。

政府将通过区块链技术征收税款。区块链技术在金融领域的应用价值有望超过比特币。一些专家建议将这种技术应用在公共数据库方面，如对土地或其他商品的管理。未来几年，区块链技术的应用预计达到高峰时期，人工智能的应用预期会达到一个临界点。

企业审计工作将通过人工智能技术来完成。人工智能机器将成为企业董事会的一员。人工智能因为可以对以前的情况进行学习，所以可以基于数据和以往的经历自动提供对未来的预测分析和进行复杂的决策过程。

“黑科技”将引领交通运输业发展

技术变革将在交通运输业方面改变社会。全球范围内更多的旅行将通过共享计划来完成，而不再是借助网店和移动App的私人自驾游。共享经济最成功的案例有望来自交通运输行业。无论是谷歌和优步（Uber）这样的高科技企业，还是丰田、通用和大众这样的传统汽车制造商，都在全力进行无人驾驶汽车技术的研发。未来，基础设施将逐步与互联网相连，传统城市将让位于智能城市。从人行道到街道，再到交通红绿灯以及建筑物，所有一切都将实现与互联网的连接，规模超过5万人且没有红绿灯的城市将有望于未来几年出现。

“黑科技”将引领3D打印发展

技术变革将通过3D打印技术改变人类生活。利用3D打印技术打印的汽车有望实现量产。3D打印技术将在医疗行业获得更广泛的应用，如3D打印肝脏的植入手术。3D打印技术还将不断改进人类的制造方式。此外，在制造业领域，机器人已经广泛存在。工业机器人在不断变得更为先进的同时，机器人技术也将更多地应用到服务业领域。从无人驾驶汽车到工业机器人，在人们熟悉所有这一切之前，未来正迎面走来。

（文/傅翠晓）

预见未来：2035年的科学、技术与创新

当前，世界正经历新一轮的大发展、大变革、大调整，人类文明面临层出不穷的新机遇与新挑战，大国之间的战略博弈全面加剧，国际体系和国际秩序正在深度调整。与此同时，全球新一轮科技革命和产业变革加速演进，科技创新活动进入高度密集期，新技术和新产业将给经济发展、社会进步、人民生活带来重大而深远的影响。以科技创新驱动经济社会发展、保障国家安全和应对全球挑战，已然成为世界各国共同的战略选择。把握百年未有之大变局，努力在危机中育新机、于变局中开新局，需要研判科技创新的发展趋势和重大需求，把握住中长期科技创新发展的机遇。科技创新的重点关注领域见图0-3-1。

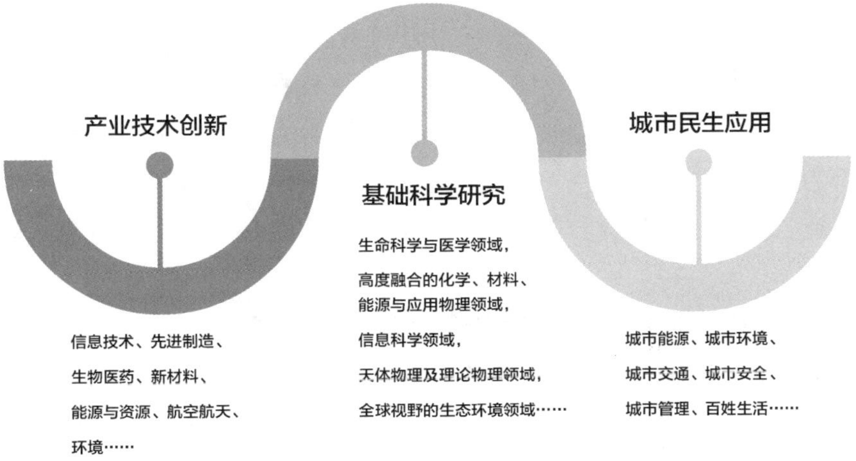

图0-3-1　科技创新的重点关注领域

科学技术发展正在开辟新前沿和新方向

● 科学技术的研究范式正在发生深刻变化和持续演进

科学与技术一体化程度越来越高，新科学、新技术、新产业的诞生不

再遵循单一的“线性模式”，其规律和特点也更加难以把握。创新周期不断缩短，依靠知识、技术的累积难以突破创新的屏障，学科之间、科学与技术、科技与产业相互融合和转化更加迅速。

塑造创新策源力，加速推动知识、技术、产业的融合迭代，是国家、地区、城市在新一轮科技革命中异军突起的唯一道路。大规模协同创新不断拓展科研前沿，推动重大科学问题的解决。“大小科学”并存的开放式、体系化科技创新组织模式成为主流。大数据研究成为继实验科学、理论分析和计算机模拟之后新的科研范式。引力波、暗物质、表型组、脑科学等前沿科学的研究高度依赖先进观测技术、方法、设备的支持，越来越需要大规模的人力、财力、设施、思想协同。

● 基础领域的科学研究正在孕育新的学科交叉和重大突破

国际竞争向基础研究竞争前移，科学探索不断向宏观拓展、向微观深入，交叉、融合、汇聚不断加速，一些基本科学问题孕育重大突破。基础科学从微观到宏观加速纵深演进、进阶发展，有望拓展人类对物质、生命、能量的基本认知，催生新的重大科学思想和科学理论。科学领域交叉跨界渗透愈加明显，前沿热点呈现群体突破态势。宇宙演化、量子科学、生命起源、脑科学等的原创突破正在开辟科学研究的新疆界，以数字信息、生命科学、物质与能源、材料制造、深空与深海探测等为代表的科研领域正呈现集群化发展，孕育着重大突破。具有快速转化潜力的应用性基础研究被寄予厚望。能够直接支撑应用需求的基础材料研究、生命科学研究、脑及类脑研究等应用性基础研究成为全球科研的热点。

● 全球城市的科研热点聚焦重点学科领域

基于对全球代表性城市（伦敦、纽约、香港、巴黎、北京、东京、迪拜、上海、柏林、波士顿、法兰克福等）高被引论文的分析，全球高度关注的重点科研学科类别包括计算机科学与人工智能、神经科学等38个（见图0-3-1），而这些类别主要被涵盖在5个领域。

一是生命科学与医学领域。例如：基因组及表型组研究，包括基因编辑、错配修复基因、环状RNA、表观遗传、蛋白质分析、生物标志物、微生物组学、细胞组学、高通量测序等；神经科学研究，包括神经生理学、神经保护、经颅直流电刺激、认知障碍研究、淀粉样蛋白、弓状核神经元

天文学和天体物理学 Astronomy & Astrophysics	地球科学及交叉学科 Geosciences，Multidisciplinary
生物化学与分子生物学 Biochemistry & Molecular Biology	血液学 Hematology
心脏与心血管系统 Cardiac & Cardiovascular Systems	材料科学及交叉学科 Materials Science，Multidisciplinary
细胞生物学 Cell Biology	内科学 Medicine，General & internal
分析化学 Chemistry，Analytical	医学实验 Medicine，Research & Experimental
化学及交叉学科 Chemistry，Multidisciplinary	气象与大气科学 Meteorology & Atmospheric Sciences
物理化学 Chemistry，Physical	交叉科学 Multidisciplinary Sciences
临床神经病学 Clinical Neurology	纳米科学与技术 Nanoscience & Nanotechnology
计算机科学、人工智能 Computer Science，Artificial Intelligence	神经科学 Neurosciences
危重病医学 Critical Care Medicine	肿瘤学 Oncology
生态学 Ecology	外周血管疾病 Peripheral Vascular Disease
电化学 Electrochemistry	应用物理 Physics，Applied
内分泌与代谢 Endocrinology & Metabolism	凝聚态物理 Physics，Condensed Matter
能源与燃料 Energy & Fuels	物理及交叉学科 Physics，Multidisciplinary
化工工程 Engineering，Chemical	粒子及场物理 Physics，Particles & Fields
电气和电子工程 Engineering，Electrical & Electronic	神经病学 Psychiatry
环境工程 Engineering，Environmental	公共、环境和职业健康 Public，Environmental & Occupational Health
环境科学 Environmental Sciences	放射学、核医学和医学成像 Radiology，Nuclear Medicine & Medical Imaging
胃肠病学与肝病学 Gastroenterology & Hepatology	呼吸系统 Respiratory System

图 0-3-1　热点学科类别名单

等；重大疾病研究，包括肿瘤、心血管疾病、脑卒中、抑郁症、阿尔茨海默病、糖尿病、克罗恩病等。

二是高度融合的化学、材料、能源与应用物理领域。例如：太阳能电池研究，包括非富勒烯聚合物太阳能电池、富勒烯聚合物太阳能电池、钙钛矿、有机太阳能电池、三元太阳能电池等；传感研究，包括纳米传感器、电化学传感器、光纤化学传感器、荧光传感器、湿度传感器、生物传感器等，主要聚焦石墨烯复合、纳米颗粒复合等方法提高传感材料的灵敏度和响应/恢复特性等性能；催化研究，包括太阳能制氢、二氧化碳催化转化、废水的臭氧催化转化等应用方向的光、电催化剂研究；其他化学及材料领域研究，包括微流体、金属纳米团簇、二维材料、石墨烯纤维、超薄金属有机骨架、生物智能材料、忆阻器、激光及发光材料等；其他能源领域研究，包括纳米发电机、面向可穿戴设备的超低功耗自供电系统、燃料电池、锂离子电池、超级电容等。

三是信息科学领域。信息科学领域聚焦人工智能及其具体应用，包括延迟忆阻神经网络、三维卷积神经网络、密集训练、记忆采样数据控制、结构化输出、自适应视觉跟踪、实时目标检测、无人驾驶、医学影像分析等。涉及5G通信的非正交多址、涉及基础硬件的功率半导体器件等也是受到关注的研究方向。

四是天体物理及理论物理领域。大量的研究集中于激光干涉引力波天文台（LIGO）所探测的引力波信号及其衍生的中子星并合、黑洞并合、原始黑洞、暗物质等方向。盖亚（Gaia）空间望远镜数据构建的星图、“普朗克”太空探测器数据绘制的前宇宙微波背景辐射图也是受到高度关注的研究方向。

五是全球视野的生态环境领域。全球城市在生态环境领域的研究除了少部分与废弃物处理相关的具体技术外，大量研究关注全球尺度上的宏观研究，包括全球变暖及甲烷排放、全球海洋数据分析、微生物生态、泛热带生物量碳图、永久冻土融化、长期卫星叶面积指数、地壳板块碰撞等。

颠覆性技术创新将持续催生新动能和新经济

● 新技术的快速转化推动颠覆式技术创新呈现脉冲式爆发

大数据、人工智能、区块链等技术快速进入城市管理、交通、生产、教育、娱乐等多个应用领域，带动以场景驱动为特征的颠覆式技术创新大量涌现，高强度聚焦、短期持续、频繁切换逐渐成为热点技术转化应用的常态。能源、量子、生命科学、脑科学等领域的科技创新也受到广泛期待，蕴含引发爆发式增长的潜力。

新的生产平台、新的业务模式、新的工业体系不断产生，推动新一轮工业革命快速演进。科技部部长王志刚在2018年5月第二十届中国科协年会上指出，新一轮科技革命和产业变革呈现以下特征：前沿技术呈现多点突破态势，正在形成多技术群相互支撑、齐头并进的链式变革；颠覆性创新呈现几何级渗透扩散，以革命性方式对传统产业产生“归零效应”等。

更多颠覆性创新成果正在加速改变经济结构和社会形态，这为众多新兴国家带来了前所未有的跨越式发展机遇。深海、深空、深地以及网络空间安全等重大创新领域，成为人类拓展生存空间、维护核心利益和国家安全的竞争焦点。以人工智能、量子信息、移动互联、大数据、云计算为特征的新一代信息技术多点突破，成为提升产业竞争力的核心。王志刚部长在2020年第2期《旗帜》杂志发表的署名文章《深入实施创新驱动发展战略 决胜迈进创新型国家行列》中指出，科技的渗透性、扩散性、颠覆性特征正在对全球产业体系、经济发展方式、伦理规范、治理规则等产生深刻影响。

● 科技进步推动精确化、定制化、智能化成为产业创新发展方向

数据驱动成为加速创新发展的重要动力。信息技术大大深化了对人们个性化需求的挖掘能力，将人类从大规模数据中发现规律的能力大大提升，使知识发现、因果分析和未来预测成为可能。人工智能、数字模拟等技术推动了药物化合物筛选、智能工厂、智能电网等智能化研究和应用的发展。人工智能与先进计算技术、人工智能与自动化、人工智能与大数据等跨领域融合发展成为世界各国主要的科技发展趋势，智能自主系统、智慧城市与智能交通的深入发展将带来更智能的公共服务体验。网络化、平台化、生态化成为产业新范式。

生物技术产业化进程再加速。随着基因技术、干细胞技术及细胞工程学等前沿技术的深入发展，针对疾病的单一治疗方案将逐渐被精准治疗所取代，针对病因和治疗靶点的精确判定将给患者带来个性化和定制化的治

疗方案，能够显著提高疾病的预防和诊断能力。此外，单细胞基因活性分析、人类细胞图谱及整合功能图谱、干细胞与再生医学、干细胞治疗和免疫治疗等新兴技术和治疗方式的深入发展也将为疾病诊治与健康维持带来革命性进步。在新型药剂研制方面，一些国家研发的新兴技术，如利用电子束快速确定分子结构、蛋白质-RNA液滴、新机制和新靶点化学药物、抗体药物等，也都将进一步提升患者的生存质量，是生物医药领域的研究趋势和热点。

新型材料加速引领行业变革。随着高新技术的快速发展和智能化应用需求的不断攀升，新材料领域面临不断推陈出新的局面，材料的低碳化、绿色化、定制化，功能材料的多功能化、集成化、智能化，结构材料的高性能化、复合化和低成本化，等等，都是新材料发展的主要趋势。相应地，基于新兴技术的综合驱动，包括材料制备在内的先进制造领域正迎来数字化和个性化的未来，如数字孪生技术通过虚拟环境模拟实验，将最大限度地在制造过程中减少风险和污染，降低成本和损耗，实现从产品设计、生产计划到制造执行的全过程数字化。增材制造技术在降低资源消耗的同时也将带来新的设计理念、生产方式和商业模式，在顺应绿色发展模式下实现定制化产品制造。在先进材料领域，3D打印材料、新能源材料不断取得重大突破，新型半导体材料和显示材料继续强势发展，量子芯片材料已经成为研发热点。纳米技术在科技新农业、生物医学、防御材料、航空交通、节能环保等多元化领域的应用，以及石墨烯材料在水处理、高精度制造及电子信息等领域的综合应用，都将给各领域和行业开创新的发展版图。

能源领域走向清洁化和可再生化，将为产业变革的发展带来新的契机。为应对全球气候、环境、生态及能源供需等一系列问题，全球能源发展格局正在积极转型。太阳能、风能等可再生能源的充分利用及并网调控，智能电网、煤炭清洁转化、碳捕获利用与封存以及光伏技术的深入发展都将促进能源领域向清洁化和低碳化发展，可再生能源的发展瓶颈也将逐一打破。此外，一些国家在深海探测、海洋能源与资源开发、海洋观测和监测传感器、非常规油气资源开发、全新节能技术、废弃物和无毒物质安全有效循环利用等领域的技术开发也将从另一层面来改善全球能源发展现状。能源产业与新兴互联网技术的融合、能源大数据的深入应用、新能源汽车的产业化发展也将重塑能源产业的发展模式，进而加速推进全球能源的转型。

● 科技创新的国际赛道竞争正日趋激烈

信息技术、生物医药、新材料领域仍是各国关注热点。关注信息技术领域中长期发展的国家和地区主要为美国、中国、日本、俄罗斯、欧盟等，涉及信息安全与管理、人工智能算法及应用、人工智能芯片及智能硬件、信息接入与新型传感器、物联网、网络接入、区块链、脑机接口、量子计算机等。关注生物医药领域中长期发展的国家和地区主要为美国、中国、俄罗斯、英国、日本、欧盟、印度等，涉及脑及神经研究、基因编辑与合成、基于分子和细胞的早期检测、材料及耗材、精准医学、癌症治疗、远程及可穿戴医护设备、肢体和器官的再生及增强、阿尔茨海默病护理等。关注新材料领域中长期发展的国家和地区有美国、中国、俄罗斯、英国、日本等，涉及新型半导体材料、超导材料、仿生和医用材料、电池材料、复合材料、可再生和可降解塑料、纳米材料、轻量化及高强结构材料、石墨烯、材料的仿真和测试技术等。

能源及资源、航空航天、环境等领域是各国未来的竞合点但近期预计较少有突破。关注能源及资源领域中长期发展的国家和地区主要有美国、中国、俄罗斯、欧盟、日本、英国、印度等，涉及催化制氢、核电及核废物处理、非常规油气及矿产开采、电池及储能、柔性和智能电网、碳捕获、高温超导、资源循环、太阳能、生物质资源、水管理等。关注航空航天领域中长期发展的国家和地区有美国、俄罗斯、中国、英国，涉及大型飞机制造及控制系统、先进航空发动机、电驱飞机、卫星集群、火星探测、空间站建设、新型火箭等。关注环境领域中长期发展的国家和地区主要为俄罗斯、美国、欧盟、日本等，涉及太阳辐射管理、地球工程、全球气候变化及极端灾害应对、废水及废弃物循环利用等。

人工智能、先进制造、机器人、集成电路等领域更加凸显近期的国家间博弈。关注和支持人工智能领域研发的国家和地区主要有美国、中国、欧盟、俄罗斯等，涉及学习算法、传感控制、智能识别、超级人工智能、人工智能处理器、人机交互、自然语言处理、自动驾驶等。关注先进制造领域的国家和地区主要有美国、中国等，涉及数控装备、核心软件、工业机器人、纳米机械及纳米制造、增材制造、测试及制造技术等。关注机器人领域的国家和地区主要有美国、日本等，涉及工业机器人、服务及家用机器人、农业机器人、纳米机器人、无人机、外骨骼等。关注集成电路领域的国家和地区主要有美国、中国、日本等，涉及新一代集成电路材料、高密度及3D封装、芯片设计、导航芯片等。

科技以人为本是中长期科技发展应有的温度

● 人类对美好生活的向往与需求是科技进步的根本驱动力

人们日渐多元的创新需求不仅体现在与工作关联的生产制造、交通出行等领域，也体现在与民生关联的医疗健康、文化娱乐、食品安全等领域。人类面临的诸多重大挑战需要科技创新的全球合作。波及全球的环境变化、自然灾害、公共卫生等重大课题需要多国科研力量的协同合作。同时，人工智能、基因编辑等科技发展带来的伦理、治理等新型问题也需要世界各国积极探索、积极应对。全球创新协作面临挑战，国际科技创新与科技产业发展进入碰撞整合期。科技创新负责任、包容性的公共价值已经成为国际科技竞争中新的制高点，也成为推动构建人类命运共同体的重要驱动力量。

● 科技的发展要回应城市发展面临的主要挑战

全球城市关心的主要问题集中在人口增长、基础设施老化、交通拥堵、气候变化和环境污染，各城市构建的愿景集中在可持续发展、城市竞争力、交通网络等方面。

人口持续增长和老龄化、少子化问题成为全球城市的普遍挑战。联合国经济和社会事务部发布的《2018年版世界城镇化展望》报告显示，全球城市人口总量到2050年将增加25亿人，其中中国将新增2.55亿人。全球大部分城市的报告中，人口增长成为城市未来发展所面临的首要挑战，短时间内会继续增长，2050年左右会趋于稳定。其中，东京都政府颁布的新一轮城市规划《创造未来：东京都长期展望》预测，城市人口到2060年与2010年同期人口数量相比大约减少20%。此外，上海、东京、伦敦、香港等城市的报告认为，随着城市化水平提高，城市不仅要面临人口增长所新增的住房、交通、能源、基础设施等需求，还要面临老龄化、少子化所带来的负面影响，以及面临就业、教育和医疗卫生等方面的挑战。

基础设施老化，难以适应未来的城市发展变化。随着时间的推移，城市的基础设施逐渐老化和崩坏，尤其是纽约、伦敦、悉尼等建设较早的城市，已难以满足现代化、充满活力的城市需求。除了基础设施如道路、桥梁、隧道、管线等老化带来的城市管理问题以外，人口的增加和结构变化也将成为城市基础设施运转的重负。例如，纽约市政府推出的纽约规划《一个纽约》中指出，到2040年，65岁以上的纽约人口将超过学龄儿童。这些变化将对城市基础设施的设计、运行、管理和服务提出全新的要求。

交通拥堵已经成为制约全球城市发展的瓶颈。全球大部分城市的报告都提到了未来城市交通问题，并认为人口增长、基础设施老化、中心城区密度太高、管理方式落后，在一定程度上都将引起城市交通拥堵。城市间各要素的流动不畅，各类服务的可达性和满足感不佳，将直接影响城市未来的社会进步、经济发展和科技创新。澳大利亚维多利亚州政府公布的《墨尔本2050规划》中指出，到2050年，墨尔本的交通网络每天将需要处理1 040万次额外的出行，这对于目前墨尔本良好的城市交通系统而言也是巨大的压力，尤其在高峰期。

全球城市正在面临气候变化、环境污染带来的可持续发展挑战。环境污染和全球气候变化已经成为全世界共同关注的重大问题，严重威胁着自然界和人类社会的安全，人类不得不考虑转变生产和生活方式以控制甚至改善这一境况。《伦敦规划》中预测，到2050年，2003年夏天所经历的炎热将成为常态，人类必须做好应对气候变暖的准备。

● 发挥好科技支撑城市中长期发展远景的重要作用

为了对抗未来人口、气候、环境和空间的变化，全球各大城市提出了构建可持续发展城市的共同愿景。例如，纽约提出建设可持续发展的城市，到2030年减少废弃物和温室气体排放（总量减少80%～90%）、实现城市垃圾“零填埋”、拥有最清洁的空气和水等。又如，《上海市城市总体规划（2017—2035年）》提出构建更可持续的韧性生态之城，包括积极地应对气候变化（提高可再生能源占一次能源供应的比例、碳排放总量较2025年峰值下降5%左右）、营造绿色开放的生态网络（森林覆盖率为23%左右、人均公园绿地面积力争达到13平方米），建设科学全面的环保治理体系（PM2.5年均浓度控制在25微克/立方米左右）。

提升城市的全球竞争力。纵观各国城市的总体愿景，诸如全球吸引力、世界一流、引领全世界等目标，旨在强调城市需要在未来的全球活动中占据一定的竞争地位，主要聚焦经济、就业、城市功能、创新、活力、合作等方面。例如，上海和香港的规划中都强调了城市需要加强枢纽能力，纽约和墨尔本的规划中均提及高技能的劳动力（每年接受产业技能培训的人口数量）。《创造未来：东京都长期展望》提出构建国际领军城市的分目标，其相关指标包括新设企业率增至10%以上（2024年）、进入国际市场的中小企业数量达到2 000家（2024年）等。《墨尔本2050规划》中指明了若干优先发展的项目，包括医疗技术和医药品、新能源技术开发、食品和纤维、交通技术、国防科技、建筑技术革新、国际化教育、专业服务等。

构建高效的交通网络。作为宜居生活的重要部分，城市需进一步完善、优化交通网络，包括改造与交通相关的基础设施、提高公共交通服务和运载能力、提倡自行车等低碳出行方式。多个城市提出生活圈概念，例如：《上海市城市总体规划（2017—2035年）》提出构建多元融合的15分钟社区生活圈；澳大利亚新南威尔士州政府发布的《2056年未来交通战略》提出30分钟可达服务；《墨尔本2050规划》提出30年内打造出一个“20分钟生活圈”的城市生活概念；纽约市政府发布的面向2030年的综合规划《纽约城市规划：更绿色更美好的纽约》提出45分钟通勤距离。

● 坚持以人民为中心的科技发展和城市建设理念

我国的城市建设应突出底线约束、低碳韧性的路径模式，积极主动应对能源、环境、交通、安全、管理等城市生命体运行关键问题，围绕城市运行面临的重大挑战，攻关重点任务，着力探索具有中国特色、时代特征、本地特点的高密度大城市睿智发展路径，推动城市健康可持续发展，让人民有更多获得感，为人民创造更加幸福的美好生活。

一是保障城市能源高效供应。在低碳经济的大背景下，为了有效应对能源结构调整压力，以“新”“旧”并行促进城市能源的高效供给为目标，在煤炭的清洁转换和高效利用、打破清洁能源的输送壁垒、推进分布式的城市供能系统建设、加强智能化供电系统的综合应用等方面突破关键技术瓶颈，形成一批重点产品。

二是促进城市环境显著改善。以改善城市生态环境质量为核心，为了有效应对城市运转和人类活动产生的污染和资源紧张等问题，以打造零垃圾、全循环城市为目标，在城市废弃物综合治理、资源可再生和循环利用、改善城市生态环境等方面形成突破。

三是助力城市交通更为便捷。提升日常出行的便捷性和区域连接度，以发展多元化的交通模式为目标，有效应对都市圈和城际交通运能及服务不足、交通模式较为单一等问题，围绕构建多模式城际交通网络形成一批重点产品。

四是支撑城市安全充分可控。以构建健康、安全、韧性城市为目标，有效应对灾害事故、突发事件、网络风险、疾病暴发等问题，在城市动态环境监测和预警、强化基础网络安全、数据安全和应用、传染性疾病控制等方面开展布局攻关。

五是实现城市管理精细温馨。提升城市精细化治理水平，有效应对不平衡、不充分发展而日益凸显的"城市病"，以数据保护技术、数据建模分析、数据示范应用、数据标准研究等角度为突破点，围绕提升大数据综合服务能力部署科技攻关任务。

六是着力增强人民幸福感受。以提升市民的幸福感、安全感和获得感为目标，在医、食、行、居及互联互通等生活场景中，通过新技术和新产品，为市民提供更加丰富、完整、便捷、舒心的解决方案和应用体验，提升科技对生活的赋能作用和影响力。

践行"人民城市人民建，人民城市为人民"重要理念，科技创新需要积极主动地去满足城市民生发展的需求，具体而言：构建发达可信的健康保障，实现更加精准的疾病诊断、更加先进的疾病治疗和更加科学的康复重建；打造便捷智慧的生活体验，实现更加快速的信息传输、更加直接的人机交互和更加多元的生活供给；创造丰富智能的出行模式，实现更加便捷的位置服务、更加智能的交通工具和更具未来感的出行体验；营造宜居宜业的低碳家园，实现更加清洁的产能制造、更加高效的环境修复和更加友好的生态空间。

（文/庄　珺）

第一章
人工智能

近年来，世界人工智能关键技术取得突破性进展，催生人工智能产业及相关行业的突飞猛进发展。人工智能是引领性的战略性技术和新一轮产业变革的核心驱动力。世界主要发达国家都从顶层设计上加强了对人工智能的战略安排、系统协调。在我国，国家层面高度重视人工智能产业技术的创新，在多个领域出台促进人工智能发展的政策举措。

1.1 人工智能，国家间下一个战略竞争焦点

相比较而言，美国、英国注重人工智能的基础研究，日本、德国偏向从应用方面促进人工智能的发展。各发达国家都很重视人工智能人才队伍的建设，完善和提升大数据、云计算等人工智能基础架构，注重引导人工智能为社会造福，预防人工智能引发就业、公平等社会问题。

近年来，我国人工智能发展突飞猛进，相关专利申请量由2010年的10 535件增长为2019年的110 962件，近5年年平均增长率为32.4%。相关专利授权量由2010年的4 276件增长为2019年的37 108件，近5年年平均增长率为37.8%。其中，2019年我国相关专利申请数首次超越美国，居世界第一。但是，与发达国家相比，我国在核心技术上仍然有不小的差距。例如，人工智能研究最具影响力的高校T0P30排名中，美国有22家，我国高校无一上榜。在芯片、算法等核心技术方面，我国仍需争取一席之地，亟待加强关键技术研发，打造产业核心竞争力。

发达国家的战略布局

● 美国：将人类与人工智能间的交互协作视为突破口

美国视人工智能为巩固其全球霸主地位的重要筹码。2016年10月至12月，美国白宫密集发布3份关于人工智能的重要报告：《为人工智能的未来做好准备》《国家人工智能研究与发展战略规划》和《人工智能、自动化和经济》，旨在促进政府、企业、高校和科研院所在人工智能领域的分工协作。政府率先行动，目的是将人工智能技术有效地整合进政府的业务中，期望打造一个更有效的政府。鉴于人工智能技术的巨大潜力，政府拟在智慧城市、身心健康、社会福利、刑事司法、环境、弱势群体等领域应用人工智能技术，帮助人民改善生活。

美国政府认为，人工智能的发展重点和突破口在于开启人类与人工智能系统之间的有效交互。人工智能系统并不是要取代人类，而是要与人类

协作实现最优性能。推动人工智能造福于公众，目前在人工智能发展中尚属空白。为此，美国政府作出了系列具体部署，包括为具有人类意识的人工智能寻求新算法，开发人类技能增强型人工智能技术，开发可视化和人工智能-人类界面技术，开发更有效的语言处理系统。

美国政府认为，用于训练的数据集等资源的深度、质量及准确性会对人工智能性能产生重大影响。政府需要率先构建优质的数据集和环境，并向公众开放。同时，人工智能应用必须符合相关规定，以保护公众免受伤害，并保证经济竞争的公平性。

人才是人工智能领域体系化发展的根本。美国政府拟通过国家教育系统促进人工智能、数据科学和其他领域的集成。美国国家科学和技术委员会（NSTC）成立的机器学习与人工智能分委会、网络和信息技术研发分委会受政府委托，联合发起一项人工智能劳动力研究项目，为促进人工智能人才队伍在规模、质量和多样性等方面的适当增长提供具体的行动指南。

● 英国：积极而审慎地发展人工智能技术

在发展人工智能问题上，英国政府持谨慎态度，并进行了大范围的问询和调研，认为：一方面要大力发展人工智能；另一方面也要考虑人工智能可能带来的负面影响。

2012年，英国政府将人工智能技术列为最重要的八大技术之一。2014年，英国创新署（Innovate UK）发布了《人工智能2020国家战略》。2015年，英国创新署发布了《英国机器人及人工智能发展路线图》，对其国内统一共识起到了非常重要的作用。英国的民间资本在政府的引导下，加大对该领域的投入，对人工智能初创企业的孵化和阶段科研的转化起到了极大的促进作用。2018年，英国创新署与英国工程和物理科学研究理事会（ERSPC）决定投入500万英镑，开展机器人和人工智能方面的研发，主要集中在工业自动化和自主学习类人工智能两个方面。

英国政府认为，人工智能技术的发展必然会改变就业结构，在消灭一些就业机会的同时创造出新的就业机会。政府重视对社会公众的数字技能培训，让青少年通过3D打印、人机交互系统等更早接触和理解人工智能技术。

人工智能技术具有社会属性，可能带来巨大的安全隐患和不确定性。英国政府部署开展如何应对人工智能可能带来的负面影响等方面的研究，主要包括以下几个方面：人工智能技术必须满足特定的形式要求，人工智能系统不会做出非预期的行为，能够防止入侵者蓄意恶意使用，确保人工智能在运行后还能为人所控。

● 日本：以“工程化”措施推进人工智能研发

日本文部科学省发布的《科学技术白皮书（2016年版）》提出了与美国不同的人工智能发展模式，主要是建立国家级技术创新平台，并集成有关资源，打造有利于产业发展的应用环境、市场基础和新兴协作商业模式等。

日本积极谋划建设以人工智能为核心的日本超智能社会，并在《第五期科学技术基本计划（2016—2020年）》中明确提出，要实现“超智能社会”，并编制出台“人工智能研究开发目标和产业化路线图”。

日本政府通过平台吸纳、协调和发挥日本已有的优势资源，将理化学研究所（以下简称“理研所”）和产业技术综合研究所（以下简称“产综研”）确定为日本的人工智能研究基地。政府在理研所设立前端集成智能平台项目，吸引日本来自机电领域的三大企业大约100名技术人员参加。产综研采用“产学官”合作方式，将在其人工智能研究中心（AIRC）装备世界顶级的人工智能计算机，以期追赶美国。在具体分工上，理研所承担基础研究，产综研负责应用。理研所与东芝、NEC、富士通等公司共同设置合作中心，投入各公司精锐研究人员，投资总额超过30亿日元，3家公司合计投资与理研所的投资都超过15亿日元。产综研人工智能研究中心集结了“产学”领域392名研究者。

人工智能技术的实用化需要数据加以支撑。日本的研究机构基于不同的需求开展数据收集，并进行累积和储备。例如，日本汽车研究所收集的自动驾驶图像识别数据等，到运行阶段，再将数据移交给企业。

日本政府认为，人工智能在应用之际，必须在短期内进行技术开发和转化，研究与应用要密切结合，明确各自分工。因此，研究人员开发的算法转化为大规模应用系统时，工程化部门必不可缺，而日本的研究机构没有这样的部门。产综研指出，研究机构必须有工程化部门，否则迟早会遇到困境。

● 德国：将人工智能定位于“工业4.0”核心环节

德国一直重视自动化、智能化及人工智能在传统产业中的应用，政府把人工智能作为"工业4.0"战略的核心环节，系统部署开展人工智能研究。

德国较早成立了国家级人工智能研究中心（DFKI），并推动其与谷歌等大公司的合作。该中心是非营利性的公私合营机构，是该领域全球范围内规模最大的研发机构，其人工智能创新软件技术全球领先。DFKI的主要研究方向有自动驾驶、语音识别、图像识别、机器学习、大数据开发、虚拟现实以及增强现实技术等。

德国以计算神经科学为重点加快脑科学研究。2012年，德国和美国开展计算神经科学的合作研究。2016年11月，德国与美国、以色列、法国等国就此开展多边合作。脑科学研究、计算神经科学研究为德国强人工智能的发展打下了坚实基础。该领域的主要研究机构有人类认知与脑科学马普研究所、恩斯特·斯特朗格曼神经科学研究所等。

德国政府认为，"工业4.0"的最终核心是人工智能，发展人工智能就是发展"工业4.0"。"工业4.0"分为3个主题：一是智能工厂；二是智能生产；三是智能物流。这些领域都是人工智能技术的重点研究方向。德国围绕智能网络制造、信息通信技术、智能技术系统、生产自动化等相关主题，资助企业与高校、科研机构合作开展了一系列研发和创新项目。

国际领军企业的发力点

当前，人工智能热潮涌动，以谷歌、微软、脸书、IBM、亚马逊等为代表的跨国公司纷纷发力人工智能，把人工智能作为关系生死的战略必争点展开布局，其发展理念、思路、目标、路径可为上海发展人工智能谋篇布局提供指引和参考。

● 谷歌公司：基于数据优势进军人工智能软硬件

谷歌公司的发力点如图1-1-1所示。

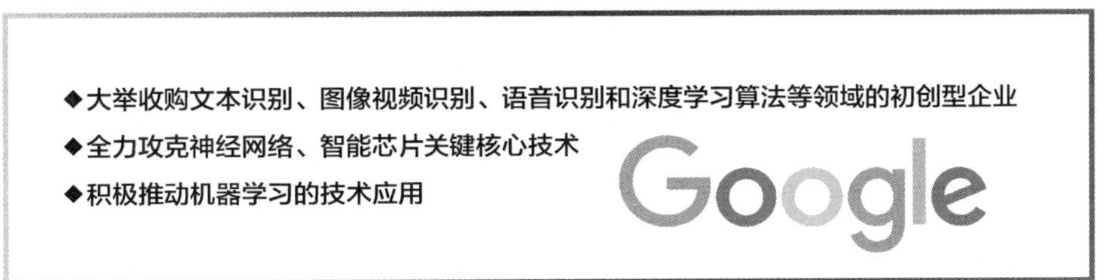

图1-1-1　谷歌公司的发力点

作为全球互联网企业巨头，谷歌公司在人工智能的基础数据方面有着先天优势。谷歌公司认为，前沿人工智能技术将成为信息领域未来的核心主宰，是维持其互联网巨头地位必须抢占的高地，抓住人工智能机遇向软硬件进军有利于其多元化拓展收益渠道。

2006年至今，谷歌公司收购了分布在德国、英国、法国、加拿大和印度的18家人工智能领域初创企业，超过了微软和脸书两家公司收购数量的总和。通过收购，谷歌公司完成了在文本识别、图像视频识别、语音识别的技术布局，完善了开源平台的能力。这些初创企业的高端人才和关键技术对谷歌公司人工智能技术链布局具有巨大的推动作用和战略意义。

2017年，谷歌I/O大会上推出了第二代张量处理器（TPU），全新的谷歌TPU比传统的图形处理器（GPU）性能提升15倍，更是中央处理器（CPU）浮点性能的30倍。谷歌公司还推出了功能更加强大的TPU Pod的运算阵列。作为谷歌公司专门开发的应用于深度神经网络的软件引擎，TPU与深度学习系统平台深度绑定，为搜索、翻译、无人驾驶汽车、智能语音等提供更强的生态支持。

谷歌公司积极将学习技术融合到已有的产品和服务中。例如，谷歌翻译应用机器学习后，每天翻译103种语言，超过1 000亿字。研究人员利用机器学习技术打造天气预报、遗传性疾病、自然生态保护等新产品。

● 微软公司：从单向突破向多点突破转变

微软公司的发力点如图1-1-2所示。

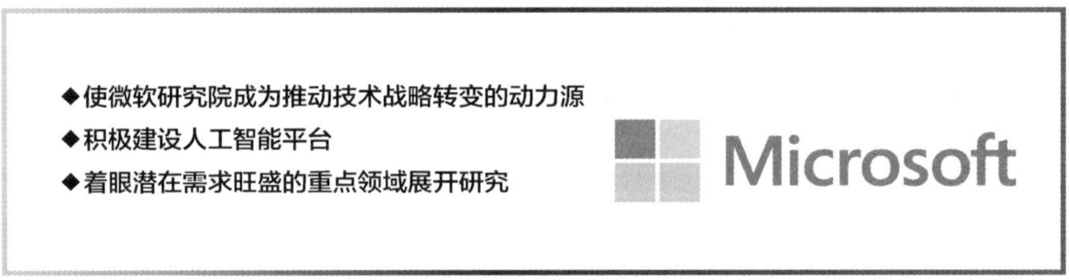

图1-1-2　微软公司的发力点

关于发展人工智能，微软公司有3个方面的考虑：一是要以人为本，造福人类社会；二是有选择性地发展人工智能技术，聚焦特定的人工智能研发领域；三是从单一领域的离散突破向跨领域的多点突破转变。

近年来，微软研究院开始网罗人才和收购技术，在机器视觉、语音识别等领域持续发力，并处于世界领先地位。例如，Skype实时语音翻译器实现突破性的进展，微软公司成为业界首家能在语音识别能力上媲美人类的企业。目前，该产品已经能够支持9种语言，是其人工智能加速发展的典型案例。

微软公司计划在代理、应用、服务和基础设施等诸多领域加强研发，打造一个方便他人使用和创新的平台，可提供语音、语言、知识和搜索方面的人工智能技术。无论是大公司还是小企业，开发者和客户都可以借助微软公司的技术进行开发和实验。

微软公司重视人工智能的安全与控制，提出在人工智能故障的情况下，不会造成任何伤害或至少最大限度减少伤害的程度。微软公司还看重人工智能在医疗领域的应用，如帮助丰富视障人士的视界、减少医疗事故、利用日志搜索作为药物安全性或早期监测的支持依据等。

● **脸书公司：汇聚全球顶尖人才是关键**

脸书公司的发力点如图1-1-3所示。

◆组建人工智能研究院
◆通过4种渠道将人工智能用于实践

facebook

图1-1-3　脸书公司的发力点

脸书公司希望用人工智能“连通全世界”，重视语音识别、机器视觉和自然语言处理等领域的研发，在翻译、压缩图片和个性化沟通领域处于领先地位。

脸书公司认为，全球顶尖人才是关键核心，特别是算法和数据处理方面的人才，能够支持公司在关键共性技术方面处于领先地位。

脸书公司每月为15亿用户提供服务，积累了大量数据。基于数据模拟一般智力，像人类一样以多管齐下的方式思考，进而解决广义人工智能的问题是其人工智能研究院（Facebook AI Research，FAIR）的目标。目前，FAIR有大约30位研究科学家和15名工程师，在美国纽约、法国巴黎等地设有分支机构。

脸书公司在语义识别、图像识别、广告精准投放等方面已经有了人工智能的应用。文本理解引擎DeepText可以访问网络上发布的文字，展开上下文分析，提取其中的含义。面部识别技术DeepFace可以判断两张不同图片中的人是不是同一个人，其准确率已经超过人类。一套名为Flow的系统每月可利用深度学习分析来模拟30万个机器学习模型，让工程师测试各种想法，并寻找能够提高效率的机会。

● IBM公司：致力于沃森平台建设

IBM公司的发力点如图1-1-4所示。

- ◆发展认知计算
- ◆推动平台的行业应用

图1-1-4　IBM公司的发力点

IBM公司发展人工智能，主要着眼于平台建设，面向行业和产业需求，结合企业物联网、大数据等已有基础，大力推动人工智能技术的应用和发展，拓宽企业的收益渠道。

沃森平台最早由IBM公司的首席研究员戴维·费鲁奇（David Ferruci）所领导的DeepQA计划小组开发并以该公司创始人托马斯·J.沃森（Thomas J. Watson）的名字命名，是一个通过自然语言处理和机器学习，从非结构化数据中揭示洞察的技术平台。IBM公司把认知计算作为沃森平台的重要技术基础，当技术重新整合时便产生新的功能，这些功能能够解决各种实际问题，并在许多行业推动新的发现。2015年12月，IBM公司将认知计算能力扩展到构成物联网的数十亿连接设备、传感器和系统。

沃森平台可以提取患者的电子病历和相关医学文献，进行队列分析，鉴别相似患者的微片段，评估标准的护理做法和现有的治疗方案，按相关性、风险和偏好排序向患者推荐最有效的治疗方法。此外，沃森平台还在保险、税务和社会计划领域协助公民预测个人和群体需求，并制订资源的有效部署计划。

● 亚马逊公司：构建云平台发展人工智能

亚马逊公司的发力点如图1-1-5所示。

◆在技术方向上侧重于自然人机交互、语音转换服务以及图像识别
◆利用公有云市场优势抢占人工智能商业先机
◆开辟新的重点发展领域

amazon.com

图1-1-5　亚马逊公司的发力点

亚马逊公司认为，云平台是数据处理的“天然土壤”，是提升数据处理效率的坚实基础。云端的海量数据给人工智能提供了宝贵的训练数据集。亚马逊公司推出了自己的3条人工智能产品线，分别定位于自然人机交互、语音转换服务以及图像识别。亚马逊公司的云端业务涉及零售、金融、仓储、物流、客服、视频等诸多环节，在这些环节中的个性化推荐、动态价格优化、供应链优化、预测式发货、自动化仓储、无人机送货、无人超市等与人工智能深度融合，解决一系列之前累积的问题。

在公有云市场，亚马逊公司积累了一定的份额和客户优势，占据了绝对领先的地位，这也给了亚马逊公司在人工智能时代的商业先机。基于公有云基本架构，亚马逊公司研究“人工智能即服务”，将人工智能关键技术提供给云平台和开发者社区。

亚马逊公司正在尝试金融科技领域的人工智能，并推出了亚马逊现金（Amazon Cash）服务，帮助习惯使用电子结账的人群记录消费。它还关注增强现实、虚拟现实和人工智能的融合，把人工智能、增强现实技术集成至实体店，帮助消费者在店里欣赏这些商品摆放在家中的效果。

（文/孟海华）

1.2 人工智能产业技术引领经济增长

2017年7月，国务院发布《新一代人工智能发展规划》，人工智能技术和应用向纵深发展。在上海，人工智能关键技术和产业发展同样受到高度重视，该领域硬件、软件企业不断涌现，上海市及其各区县相继出台促进人工智能发展的政策。在上海建设具有全球影响力的科技创新中心的背景下，人工智能有望成为上海在全球具有标杆性的产业技术领域。

发达国家推动人工智能发展

● 美国努力创建人工智能创新体系

美国政府发展人工智能的目标是促进该领域产生新的人工智能知识和技术，培育相对完整的人工智能产业链，激发人工智能新兴产业培育，增加社会效益，同时最大限度地减少负面影响，继续在全球科技竞争中处于领先地位。因此，美国积极推进探索具有人类意识的人工智能新算法，开发人类技能增强型人工智能技术、可视化和人工智能-人类界面技术以及更有效的语言处理系统。

● 以色列从基础研究和机器人计划两方面部署

以色列高度重视人工智能领域的发展，主要做法是从基础研究领域切入，持续推动人工智能领域的原创性成果。同时，以色列大力推动机器人计划以及人工智能技术与实际应用的融合。因此，以色列政府一方面加紧部署脑科学基础研究，另一方面将国家机器人计划提上日程。

● 加拿大聚焦特色领域，培育人工智能中小企业

加拿大基于自身的优势基础，聚焦人工智能特色领域，和美国错位发展。加拿大创新、科学与经济发展部所属工业技术办公室提出的"航空航天与国防发展行动战略"，支持国际空间站领域人工智能技术的发展。加拿大国家研究理事会（NRC）设立的工业研究辅助计划，专门投资加拿大中小企业，为加拿大人工智能产业发展特别是初创企业成长起到了推动作

用，其每年通过投资高等院校支持人工智能技术研发，在此基础上培育人工智能领域的中小企业。

上海发展人工智能现状

● 环境基础

上海市政府积极推动人工智能领域的发展。2016年7月，上海市人民政府发布《关于深化完善“双特”政策支持临港地区新一轮发展的若干意见》，明确提出对人工智能的支持。同年8月，《上海市科技创新“十三五”规划》发布，把“类脑人工智能”放在规划中重点任务和方向的首位。在政策环境方面，上海2017年出台《关于本市推动新一代人工智能发展的实施意见》，聚焦实施“AI@SH”行动，促进应用驱动、产业集聚、科研创新及生态构建，推动人工智能成为上海建设全球科创中心的新引擎。

上海正在营造有利于人工智能发展的数据基础、人才环境。上海依托人工智能发展的综合优势，正在协同社会各方，全力打造国家人工智能发展高地。在数据资源方面，上海在医疗、交通、环保、城市运行、智慧城市应用等领域积累了大量数据，政府数据将有序向公众和社会开放。在人才资源方面，上海集聚了全国近1/3的人工智能领域专业人才，还将进一步出台政策，吸引人才汇聚上海。

● 技术基础

上海高校、科研院所在人工智能关键共性技术方面积累深厚。复旦大学有望成为上海“脑科学与人工智能”的重要平台。复旦大学在脑科学研究方面拥有全国领先的学科和团队。目前，全球最大的脑科学数据库已落户复旦大学，包含美国脑连接组计划采集的1 000个人脑扫描数据，英国生物银行投入约5.8亿英镑获取的50万人全基因组和1万人脑部影像数据等。此外，中国科学院上海分院、上海交通大学等在人工智能领域也有着技术、人才优势。

● 产业基础

从人工智能产业链的分布来看，上海在多数环节都有比较好的积累和基础。在相关委办的领导下，上海较早布局大数据、云计算，在传感器、机器人等领域也有比较成熟的产业技术单位涉及产业相关基础。但是，我们也应该看到，上海在图形处理器（GPU）、神经网络芯片、算法等人工智能核心环节与国内、国际大公司相比，还是有一定的差距。

产业发展的旺盛需求是上海人工智能发展的基础。安防、金融、医疗、汽车、制造业、智能家居等领域都是上海发展人工智能的方向。上海作为我国重要的先进制造基地，在智能制造技术的研发和应用方面均走在全国的前列。同时，由于该领域部分国际大厂商在上海设立了研发和制造基地或中国销售总部，上海在智能制造技术的跟踪方面也具有国内其他地方不可比拟的优势。

人工智能投资前景分析

金融、交通、公共安全、教育等领域对人工智能的要求越来越高，人工智能自身技术领域的提升显得至关重要。从行业需求来看，虽然各有侧重，但是在技术供给层面有着一些共性特征，人工智能技术的迭代能够满足这些共性特征。从投资前景来看，可以从人工智能技术与发展战略两个维度来考虑。

● 技术方向

未来几年，投资人可以从软件、硬件、系统等技术方向投资布局。

在人工智能软件方面，投资人可以考虑从3个方面发力：一是提升人工智能系统的数据挖掘能力、感知能力；二是提高人工智能软件对非结构化数据的处理能力；三是推动系统革新，促进可扩展、类人的、通用的人工智能系统的研发。

在提升和改善人工智能硬件设备方面，投资人需要考虑以下3个方面：一是信息输入端，提高机器视觉的识别能力和效果；二是使用高级别的图形处理器；三是在计算能力方面，提供高性能计算的商务计算机群组，超级计算机、超算中心成为重要配置。

在人机协作智能系统方面，通过与可穿戴、虚拟现实、人体机能增强等技术领域的协同，达到类人智能的效果。投资人可以关注2个方面：一方面，增强系统的可理解性和交互能力，包括改进人工智能算法提升其可用性、开发可视化的人机用户界面以及更为高效的自然语言识别与处理系统；另一方面，开发增强人类能力的智能产品，包括使用人工智能算法的计算机、可穿戴设备、植入装置等硬件设备，以及记忆辅助系统、医疗诊断助手等智能系统，从而满足公共安全、交通、制造、教育、医疗等领域的人工智能的深度技术需求。

具体来说，未来几年，投资人应关注以下6个技术重点。

一是深度学习。目标及运动识别等计算机视觉的发展依赖于卷积神经网络的训练，而深度学习则有助于实现视频、语音及自然语言处理等。传统机器学习主要关注模式挖掘，深度学习的出现则成为强化学习广泛应用的一剂“强心针”，是一种推进人工智能向类脑发展的技术。目前，谷歌公司研发的深度学习芯片TPU，对图像智能和语音智能的实现是一次大的飞跃，受到人工智能界的广泛关注。

二是传感器。围绕人工智能，目前发展较快的是视觉传感器、听觉传感器、压力传感器等技术。传感器技术使人工智能更有预见性地与周围环境进行交互，计算机视觉、力量与触觉感知等机器感知的进步将促进人工智能多个方面的提升。

三是计算机视觉。在人工智能全部子领域中，计算机视觉发展相对缓慢。当前受到深度学习技术的影响，计算机进行视觉分类首次超越人类，同时更多的研究正聚焦图像和视频的自动抓取。可以预见，随着计算机视觉这一关键技术的突破，人工智能的应用会越来越广泛。

四是自然语言处理。在日渐精致强干的系统中，人类希望与人工智能对话。自然语言处理成为基于大规模数据集的主流语言商品化工具，这一技术将进一步拉近人类和人工智能的距离。

五是算法博弈理论。人工智能从经济学、社会学维度出发，基于个人、企业等的利己本质以及自主人工智能体的“自我表现欲”等，必须关注计算机制设计、计算机社会选择、动因对标信息抽取等，特别是算法博弈理论。

六是神经形态计算。神经形态计算是受生物神经网络启发的计算模型，可用于提高硬件效率和系统稳定性。未来神经形态计算有可能成为冯·诺依曼体系的有效补充，特别是随着深度神经网络在专用神经形态硬件上的应用，更有可能给人工智能带来不可预估的影响。

- **发展战略**

国内科大讯飞、阿里巴巴等企业都建立了人工智能企业服务平台。科大讯飞主要在智能语音、机器学习等领域处于领先地位。阿里巴巴主要推出人工智能平台DTPAI和机器人客服平台。目前，上海不缺人工智能资源，但缺乏整合资源，缺乏为人工智能技术创新和产业化服务的企业化运作的平台。

上海在云计算、大数据、物联网等领域都具有较好的发展基础。人工智能与相关行业的融合应用一般被称为“弱人工智能”，国内外专家一致认为“弱人工智能”是人工智能发展的初始阶段，并且在未来5～10年都处于这一阶段。从产业形态来说，人工智能是大数据、云计算、物联网等战略性新兴产业发展的高级形态，对传统产业的转型和培育新兴的行业增长点至关重要。因此，推动人工智能与大数据、云计算、物联网等行业的融合显得更为迫切。

近年来，人工智能在技术上获得一系列突破，刺激了这一领域的产业化应用发展，并吸引了大量投资，有望带来相关领域的革命性变革。今天的人工智能虽然仅限于狭窄的具体任务，但当前的发展速度将对从医疗保健到图像和语音识别的各个领域产生广泛影响。人工智能可以提供健康诊断、个性化学习、包容经济和自主交通的转型解决方案。

从技术竞争布局来看，人工智能近年的突破主要归功于对大脑的初步模拟、大数据和强大的计算能力，突破的核心在于神经科学、数学、信息科学、医学等多学科领域密集的交叉融合。目前，取得突破的人工智能更多沿用经典的计算框架，借助脑科学的研究成果，充分利用生物体上亿年来优化形成的脑框架结构和脑工作原理以突破现阶段模拟计算中的瓶颈，是人工智能推向新阶段——类脑人工智能的必然路径。要推动类脑人工智能，需要计算神经科学的发展。认知的脑系统异常复杂，其工作原理的揭示取决于神经科学实验和理论、神经网络的模拟共进。计算神经科学对从脑科学实验的发现到新机器算法的转化起关键作用，深度学习就是一个著名例子。因此，计算神经科学是脑科学与类脑计算、人工智能沟通的重要桥梁。此外，上海应该围绕教育、养老、交通等领域，推动人工智能阶段性科技创新成果进入经济主战场，积极培育人工智能融合相关行业的商业模式，甚至激励人工智能新兴产业成长。

值得一提的是，资本投资应尽量避免人工智能可能带来的负面效应。例如，人工智能的发展可能危及未来的就业岗位、侵犯知识产权和隐私、挑战人类尊严等。像其他新兴技术一样，人工智能也会带来风险，并让人类面临从就业、经济到安全和监管等多个方面的复杂政策挑战。

人工智能产业的行业需求预测

● 人工智能与金融

近年来，上海对金融创新的引导和支持不断增强，使整个行业快速增长，特别是互联网金融的交易规模增长迅速。与此同时，金融业的发展需要人工智能强化风险控制能力。

一是业务操作风险。在传统的金融业务中，操作风险主要来自以肉眼对传统客户身份识别的错误。运用人工智能的机器视觉判别，可以实现对客户身份更加精准的识别。利用活体识别、人脸比对等新兴技术手段，可以有效防范控制第三方欺诈风险。

二是流动性风险。流动性风险是银行业务中经常发生的正常风险。在互联网金融条件下，网络在线交易加快了货币流通速度，增强了商业银行信用扩张能力，也加大了突发性交易带来的流动性风险。人工智能特有的神经网络算法可以发挥强大的计算能力，融合相应的大数据，运用相应的模型，提前预判潜在的流动性风险。

三是信用风险。信用风险在金融领域是一个普遍存在的难题，不论是传统金融还是互联网金融领域，都需要人工智能通过融合大数据，评价潜在的违约风险。特别是在互联网金融领域，由于互联网金融的虚拟性，导致对交易双方的身份、交易的真实性的验证难度加大，增加了交易双方的信息不对称，互联网金融更加需要科学的算法评判这种潜在的风险。人工智能可以在相应人员信用信息库中搜索相应及相关的信用信息，进行客观精准的评价，为金融部门的决策提供参考意见。

四是利率与汇率风险。利率与汇率风险是一种市场风险，主要由资金供求关系决定。这类风险需要人工智能结合大数据对面上的资金供求关系进行一定阶段的评判，对可能发生的利率与汇率风险进行预警和评判。

随着社会的发展，人们越来越多地产生投资需求和理财需求，人工智能依靠其技术优势担当人们的金融顾问，契合日益旺盛的需求。人工智能金融顾问是把资产组合理论和其衍生模型应用到产品中，在云端低成本、快速、批量化地解决各种数据运算，再结合投资者风险偏好、财务状况与理财目标，通过后台算法为用户提供资产配置建议。在人工智能的支撑下，金融顾问改变了传统的客户和经理面对面的服务模式，以较低的服务费用吸引投资者，甚至可以避免投资人情绪化的影响，分散投资风险，而且信息相对透明。预计到2022年，全球智能投顾管理资产规模将达到1.4万亿美元。

● 人工智能与交通

为了疏导大城市的交通压力，人、车、路一体的智能交通系统需要人工智能加以引领。目前，智能道路系统的构建还处于起步阶段，相应的基础设施建设周期长且投资大。因此，要想发展智能车辆及车辆自动驾驶系统，提高车辆的智能性是当下实现安全、高效的自动驾驶的最佳选择。人工智能可提供车辆的自动控制和道路的动态规划，给人们的交通出行带来最优化的体验。特别是深度学习和神经网络算法将在智能交通系统中得到广泛应用，为人、车、路一体化提供全面的知识，融合更多的全局环境信息（如地理信息系统提供的电子地图、交通信息中心提供的交通法规等），最终形成为决策提供依据的知识库。这个知识库相当于人、车、路一体化的大脑，具有类比和联想的功能，能够快速而准确地处理城市交通问题。

大城市相应时间段的交通控制和出行环节的优化需要人工智能。在上海这个国际化大都市，虽然目前还无法实现人、车、路一体化的智慧交通回路，但是在相关环节逐步运用人工智能实现快捷出行和智慧交通显得日益迫切。例如，在交通信号控制环节，人工智能依据路网交通流数据，对交通信号进行初始化配时和控制，同时根据实时交通流状况，实时调整配时方案，实现交通控制的优化。交通控制从被控区域的最小延误时间出发，获得最佳的配时方案，实现系统化最优。

汽车、无人机的智能网联需要人工智能技术的支撑。智能网联使用车载传感器，如视觉、激光雷达、超声传感器、微波雷达等，感知车辆周围环境，并根据感知所获得的道路、车辆位置和障碍物信息，控制车辆的转向和速度，从而使车辆能够高效、安全、可靠地在道路上行驶。未来，随着人机交互技术的发展，人类将为自动驾驶汽车、无人机等提供训练、执行和评估辅助，相应算法的改进将促进基于人类输入的机器学习，模拟人类意志、支持人机通信与协同的模型和算法被提出。在轨道交通的智能巡查方面，人工智能将替代人工巡检，更快、更早地发现并及时处置相关问题。

● 人工智能与公共安全

与城市安全相关的视频、图片、音频的抓取和处理需要人工智能。

一是音视频搜索。大城市每天产生的视频、图片、音频的快速处理，对城市安全来说至关重要。目前，这些资料仅能够通过采样、编码技术存储于各种数字化存储介质中，并根据一定的文件编目或者内部时间戳进行快捷的调用播放，但无法有效地通过内容进行快速的查找，而利用人工智能技术可以展开快速搜索和处理。

二是重点卡口人脸识别。目前的卡口对人脸识别，如视频，一般是按照时间、地点进行播放，但无法直接要求系统快速查找特定的人脸。

三是城市安全。对城市公共安全来说，要实现基于内容的视频检索，必须进行内容标记或者内容解析，这就需要人工智能算法来帮助用户从海量的影像数据中主动抓取对城市安全有特定意义的视频内容。例如，为了防止有人在轨道交通、机场投放不明物体，人工智能可以按照特定的条件搜索相关场景以及相关物体，达到主动防御、保障城市安全的目的。

● 人工智能与教育

教育对人工智能的需求主要集中在4个方面：一是针对在线教育平台的教育资源和学习者的学习行为，需要人工智能介入分析；二是针对网络系统运行所做的分析，需要人工智能来自动协调；三是针对教学教务管理所做的支持，需要人工智能支撑；四是针对特定学生的分析，需要人工智能自动跟踪完成。新一代在线学习平台与过去的在线学习平台的主要区别在于，其增加了行为评价和学习诱导的成分，而这需要人工智能手段来介入和完成。

● 人工智能与医疗保健

医疗保健领域的主要需求包括临床决策支持、患者监测和指导、实现手术和护理的自动化设备以及医疗保健系统管理。通过挖掘社交媒体数据来推断可能的健康风险，通过机器学习来预测患者风险，以及通过机器人来辅助医生手术等取得重大成功，在很大程度上拓展了人工智能在医疗保健领域的应用潜力。未来几十年，人工智能在辅助医疗精准化发展的同时，也将是应对城市人口老龄化问题的重要助手，必将带来一系列能够改善生活质量的创新。基于人工智能的应用软件将有效改善人类的健康状况和生活质量，辅助临床医疗决策、患者监控，增强个人监控设备及手机应用软件、电子病历、医院机器人助手等收集数据的能力。人工智能可以通过患者的临床数据分析出其健康状况，这有助于实现更为细致的个性化诊断和治疗。

人工智能将颠覆现有医疗服务模式。随着数以亿计的人口健康数据变得有据可查，以及医疗流程的转变，医疗服务模式将发生颠覆性变化。居家健康监控及健康信息获取设备将能够感知患者的情绪或行为变化并提醒护理人员，个性化康复及居家治疗模式的发展将降低住院率。此外，在慢性病和肿瘤及早介入、及早治疗方面，人工智能将发挥更为重要的作用。

● 人工智能与制造业

人工智能将支撑传统制造业转型。上海在能源装备、大型船舶、汽车、航空、生物医药、集成电路等方面拥有雄厚的制造实力，迫切需要技术转型作为产业革新的契机，而这对上海人工智能的发展提出了迫切的需求。

在制造业方面，目前的初步应用是让工业机器人代替人手，解决自动化问题。在生产水平亟待提升、人口红利逐渐消失的情况下，制造业转型更为关键的一步是利用人工智能将自动化工厂变为智能化工厂。然而，人工智能虽然近年来取得了突破性进展，但从目前来看，通用人工智能的发展仍有障碍。应用于智能制造的人工智能受产业和场景牵引，真正的商业化价值取决于技术所适用的应用场景，以及如何为传统制造业升级带来价值。

（文/平　帆　孟海华　沈应龙）

1.3 人工智能发展的未来关注点

在业界的持续关注下，芯片、算法、算力、数据、云等人工智能技术创新的基本元素正在揭开人工智能技术的经济和社会应用新篇章，风险、安全等关键词也随之成为热议对象，一场面向人工智能的大考正拉开序幕。人工智能领域的发展有七大关注点（见图1–3–1）：一是人工智能芯片的终端市场机会；二是算法层面的神经网络互操作性的突破；三是算力的巨大需求；四是人工合成数据；五是应用领域的协同发展；六是人才问题的再认识；七是潜在的社会风险。

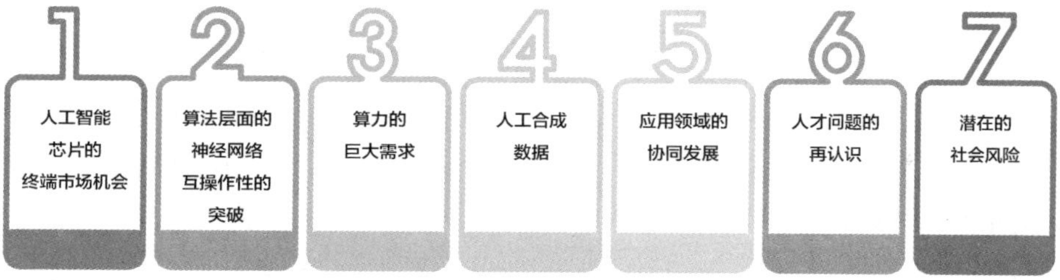

图1–3–1　人工智能领域七大关注点

芯片、算法、算力和数据蕴含机遇

人工智能芯片的云端市场已被英伟达、谷歌等巨头瓜分殆尽，创业公司的生存空间几乎消失，而人工智能芯片的终端市场被更多芯片厂商所关注，更多的人工智能芯片厂商瞄准不同的场景以应用自己的人工智能芯片。例如，杭州国芯科技股份有限公司发布的芯片GX8010——搭载嵌入式神经网络处理器（NPU）的物联网人工智能芯片，它将为各种物联网产品赋能。亚马逊、脸书和微软公司合作构建了开放式神经网络交换（ONNX），使得经过调试的神经网络模型向其他框架移植成为可能。目前，已经有阿里云、百度云、英伟达等一批公司加入ONNX之中。

在人工智能应用推动数据存储呈现指数增长的背景下，与数据训练相匹配的新的体系结构和与数据管理技术相匹配的计算资源需要重新估计。全球知名的IT研究与顾问咨询公司高德纳（Gartner）预测：2019年到2021年，全球人工智能处理器收入将增长3倍；到2023年，人工智能需求的计算资源将比2018年增加5倍。

与过去不同的是，当前这一轮人工智能大发展是由产业界而非学术界率先启动并驱动的。背后的逻辑——资本加持下的科技加速突破，值得深思。正是资本趋利逻辑和科学探索逻辑的结合，造就了现今人工智能全面开花、蓬勃发展的景象，让我们几乎每一年都能看到人工智能从基础研究到应用示范再到伦理反思的新动向、新趋势，也推动了经济社会的全面新跨越。

人工智能需要大量的培训数据才能产生良好的应用效果。人工合成数据有望满足中小企业海量数据需求。人工合成数据是从实际数据集中获取抽样数据，在此基础上拟合生成数据，或者是通过创建模拟场景，以合成全新的数据。与真实世界的数据相比，合成的数据量涵盖的内容可能更深、更宽。人工合成数据自动标注，精度更高。人工智能预培训可以利用合成数据进行，然后对真实世界的数据进行微调。人工合成数据可以规避知识产权、隐私伦理、敏感性等风险，有利于创建符合通用数据保护条例（GDPR）所要求的数据集。

人工智能将在交通、医疗、教育、制造等领域深入推进

上海依图网络科技有限公司副总裁范婧艳认为，人工智能从视觉到听觉、语义理解、运动控制会在今后几年快速突破。多元AI技术的叠加与各场景的深度结合，将解锁更多场景，赋能实体经济，提高产业效率。

人工智能将在交通、医疗、教育、制造等领域深入推进，大显身手。在交通方面，基于高性能GPU并行处理器，人工智能系统对路面机动车、非机动车、行人等所有目标进行深度分析，准确地提取更多的深度特征，检测/采集更多的深度信息，挖掘更多的深度价值，使交通管理和治安管控更加高效。在医疗方面，人工智能系统可通过计算机视觉技术对医疗影像进行快速读片和智能诊断，快速准确地标记特定异常结构来提高图像分析的效率，可通过智能设备进行身体检测以读取血压、心电、脂肪率等多项健康指标，可依托可穿戴设备和智能健康终端持续监测用户生命体征，

提前预测险情并处理。在教育方面，人工智能将首先引发高等教育的变革，启动融合式教育模式，把通识教育、专业教育、行业教育和管理教育融合起来，把学习、实习、在岗训练、创业和未来发展融合起来，在形成价值链创造和价值链共享的基础上，推动学、研、训、创、产高度融合的新型教育模式的最终形成。在制造方面，人工智能技术助力制造业中自动化与柔性化生产的推行，从而促进工业机器人在高端制造业领域的广泛应用，市场空间更加巨大。

人工智能领域的人才观将被新认识颠覆

人工智能发展依赖3个资源要素：人才、市场（应用场景和技术迭代平台）和数据。大多数组织应该集中精力雇佣熟悉经典机器学习方法的人，如回归、统计方面的数理人才，而不是那些拥有引人注目的深度学习工作经验但不擅长处理数据的人，因为了解事情的工作方式和原因比使用TensorFlow、PyTorch或Caffe等工具更重要。真正的人工智能人才应该对统计学有深入了解，而不仅仅是一些使用或参与过神经网络项目的人。

提前关注个性化人工智能技术可能带来社会风险

防范风险要注意两点：一是注意人工智能个性化解决方案带来的安全风险；二是注意数据收集不完整、挖掘不充分带来的经济风险。未来，人工智能不是一种专门的技能，而是一种人人都可以使用的工具，是解决问题的若干工具的重要组成部分。因此，人工智能可能不仅带来道德层面的问题，而且更多的是为社会运转埋下了安全隐患。但是，目前大多数组织缺乏处理和应对人工智能威胁的能力。因此，人工智能的安全风险会大幅度增加，甚至会引发社会问题。

人工智能自动化技术能够支撑普通公民成为该领域的专家，但对普通人来说，能够掌握的数据的量是非常有限的。虽然业务流程普遍实现智能化，但是数据的获取途径、处理充斥着个性化，这种碎片化的认识和分析是滋生社会偏见的土壤。这种偏见蔓延到经济领域，会持续增加房产、贷款、股票、证券等领域的不稳定因素，而始作俑者会运用自己的身份或者成功经历，掩饰表面上的一种精确性，从而增加国家和社会的经济运行风险。重大变革难免带来恐慌，这是人类面对未来巨大不确定性的本能反应。但无论任何，人工智能是人类的胜利，我们能做的无外乎顺应、适应和调整，在这个过程中实现人类的新发展，这与人类历史上的科技革命进程并没有本质上的差别。

（文/孟海华）

1.4 人工智能的发展趋势及投资方向

2020年，新型冠状病毒肺炎（以下简称“新冠肺炎”）疫情肆虐全球。但是，以人工智能为代表的全球前沿创新实力竞争并没有止步。人工智能成为全球抗击疫情的重要武器，同时也遭到较多的质疑。人们逐步认识到，发展可信人工智能才能为人类造福，场景落地才能牵引人工智能产业化、普及应用。在投资方向上，人们需要投资和产业距离更近、产业渗透率更高的人工智能技术，而伦理和法规为人工智能的创新链、产业链、价值链的可持续融合发展保驾护航。

国际趋势

● 国际人工智能巨头率先发力认知智能

谷歌公司以ImageNet数据集为基础进行训练，通过机器学习算法实现高效视觉感知。谷歌公司提出的BERT预训练模型也已成为自然语言理解的重要基准感知算法。知识图谱作为知识的重要载体，在认知融合智能的过程中扮演重要角色。谷歌公司率先将知识图谱应用于搜索引擎。目前，知识图谱已被广泛应用于各个行业。面对复杂环境，尤其是多源多模态数据及场景，常识逐步被引入增强人工智能学习机理和推理能力。实现深度认知的基础是对常识的精准捕获和广泛应用，发达国家大企业的研究热点集中在跨模态常识表征模型、面向多模态数据的多渠道常识获取技术、基于认知赋能的深度学习研究理论等方面，逐渐从感知智能向认知智能转变。

● 发展可信人工智能成为国际主流趋势

人工智能技术已被广泛运用于金融、教育、交通等各行业，深刻影响着人类社会。然而，人工智能的发展同时带来了虚假报道、算法偏见、隐私侵犯、数据泄露、网络安全等问题，也对法律、伦理、社会等提出挑战。特别是在航空航天、财政金融等领域，人工智能安全事故将引发极其严重的后果。例如，在金融领域，移动互联网、大数据收集和分析技术的成熟发展为互联网金融借贷提供了发展沃土，通过决策树、集成学习、置换分析等机器学习方法和跨行业数据混搭运用、降维组合等手段，人工智能技术可用于对客户的风险进行早期预判。与此同时，金融数据的泄露、客户信息的非法挖掘也给金融市场带来巨大的风险，在一定程度上阻碍了金融行业的健康发展。因此，人工智能的发展需要数据可信、算法可信、网络可信、应用系统可信。

● 市场快速增长，投资趋于冷静

全球人工智能市场快速增长。虽然受到全球疫情的影响，但是高德纳公司仍然预计2022年人工智能带来的商业价值将达到3.9万亿美元。人工智能将是众多智能产业发展的突破点。2014年至2018年人工智能融资规模为720亿美元，占比达72.11%，人工智能市场总体增速迅猛。

全球资本市场投资趋于冷静。就全球人工智能每年新增趋势而言，2016年人工智能新增企业达到2 733家的高点后逐年下降，2017年和2018年分别为2 352家和910家。未来，人工智能企业的发展将趋向于建立在可持续商业模式的基础上，市场也将越来越注重企业的核心技术和落地能力。

国内态势

● 场景应用驱动人工智能发展

场景一：智能交通。在交通管理方面，人工智能技术可以帮助人们初步实现实时分析城市交通流量、缩短车辆等待时间。在驾驶方面，人工智能技术可以帮助人们逐步实现汽车辅助驾驶，探索无人驾驶的商用落地。在城市发展方面，面向节能减排的需求，依托人工智能技术建设的智能交通系统可有效提高现有道路交通网络运行效率。

场景二：智慧社区。充分融合了物联网技术与传统信息技术的智慧社区应用已经开始示范落地。智慧社区典型应用包括智慧家居、智慧物业、智慧政务、智慧公共服务等。社区治理呈现科学化、精细化、智能化的发展态势。

场景三：智慧金融。人工智能已经被广泛应用到银行、投资、信贷、保险和监管等多个金融业务场景。人工智能技术在智能风险控制方面的应用发展较快，随着互联网金融的快速发展，蚂蚁金服、京东金融等不少金融机构和互联网金融公司正大力发展智能信贷服务。

场景四：智慧教育。人工智能技术可辅助实现教学成果智能测评，提升教学质量，利用人工智能技术对数字化、标准化的教师教学行为与学生学习情况进行测试、分析与评价，帮助师生快速精准定位教学问题，实现针对性、科学性教学，提升教学效果。国内也涌现出一批推动人工智能与教育融合的企业。

● 新基建、在线新经济等推动人工智能技术落地

我国主要从与人工智能高度相关的3个方面发力新基建。一是信息基础设施，主要是指基于新一代信息技术演化生成的基础设施，如以5G为代表的通信网络基础设施、以人工智能为代表的智能基础设施、以超级计算机为代表的科学实验基础设施等。二是融合基础设施，主要是指渗透融合新一代信息技术的基础设施，如智慧路灯、能源互联网等。三是创新基础设施，主要是指支撑科学研究、技术开发、产品研制的具有公益属性的基础设施，如国家重点实验室、大科学装置、科教基础设施等。

2020年5月，《上海市推进新型基础设施建设行动方案（2020—2022年）》（以下简称《行动方案》）发布，这也被称为上海版“新基建35条”。《行动方案》提出，到2022年年底，上海将推动全市新型基础设施建设规模和创新能级迈向国际一流水平。2020年4月，上海市政府正式印发《上海市促进在线新经济发展行动方案（2020—2022年）》（以下简称《方案》）。《方案》提出，到2022年年末，上海将打造成为具有国际影响力、国内领先的在线新经济发展高地，将聚焦无人工厂、工业互联网、远程办公、在线服务、在线文娱、在线展览展示、生鲜电商零售、“无接触”配送、新型移动出行、在线教育、在线研发设计、在线医疗等12个发展重点。

未来投资方向

● 可信人工智能细分领域成为投资热点

一是智能软件的可信开发平台将成为硬件投资的重点。构建可信人工智能理论与技术体系，研发可信人工智能开源算法开发框架与可信度分析工具，搭建智能软件测试系统与半物理测试靶场，推进行业“智能+”升级改造中智能系统的构造、优化、部署与测试能力，提升智能算法在安全

领域的泛化、迁移与适配能力，将成为人们关注和投资的重点。

二是智能系统的可信验证将成为服务投资的重点。其主要内容包括验证与自动化分析，高效、自动检测系统中智能模块的鲁棒性、正确性等可信关键的性质，验证系统整体功能与需求的一致性。针对系统内部的潜在错误及系统外部的恶意攻击与非恶意干扰，验证系统中关于内部错误的自动定位能力、关于外部威胁的主动防御能力、关于恶意环境的动态自适应能力等，通过建立智能系统可信度量体系与标准，可提供智能系统的可信认证与评测服务。

● 产业高渗透率技术可能是AI主要投资方向

从2020年人工智能技术成熟度曲线（见图1-4-1）来看，市场渗透率在5%～20%的六大关键技术如下。

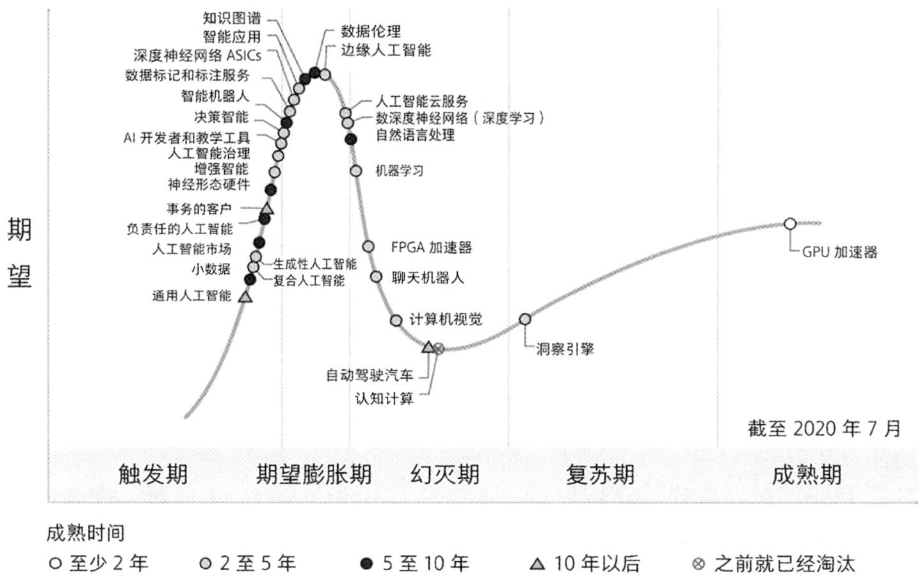

（来源：高德纳公司）

图1-4-1　2020年人工智能技术成熟度曲线

一是增强智能。增强智能的发展几乎是当前人工智能发展的缩影，代表AI领域的最高水平和最新进展，支撑多种场景和多个行业。例如，新冠肺炎疫情期间增强智能推进了在线教育、网上科研、线上国际合作交流、智慧办公等，显示了其支撑产业发展的强大赋能功能。在今后相当长的一段时间，增强智能仍然是投资者需要关注的重点。

二是深度神经网络。深度神经网络是当前人工智能发展的“四梁八柱”之一，其重要性不言而喻。欧美国家都很重视深度神经网络技术的研发，谷歌、脸书等大公司不惜投入巨资吸引这方面的顶级人才，推动这一技术在医疗、交通、国家安全、军事、刑事司法、城市交通、金融服务、社交媒体等许多行业和方向的广泛应用。目前，深度神经网络数据的训练是很棘手的，要取得持续良好的结果，企业需要大量的标签数据，其商业吸引力略低于预期。但是，专家对深度神经网络的未来依然比较乐观，对其投资回报充满信心。

三是自然语言处理。近年来，自然语言处理技术及方案都取得了很大进展，但仍有许多细微之处需要人类的干预来实现正确的解释。虽然许多自然语言处理（NLP）解决方案需要专家来确保语法和模型的持续准确性，但是这并不影响自然语言处理技术在市场上所占的份额。

四是聊天机器人。过去一段时间，聊天机器人在应对新冠肺炎疫情的行动中发挥了重要作用，这可能会加速这项技术的发展。因此，更加聪明的聊天机器人值得关注。

五是计算机视觉。世界各地的企业都面临如何利用视觉信息和自动产生的指数级图像数据的挑战，在实现其业务价值的问题中还捆绑着隐私问题。高德纳公司预测，2023—2025年，早期主流产品将被采用，计算机视觉将被广泛应用于汽车、零售、机器人、安全、医疗保健、制造、物联网等领域。

六是GPU加速器。GPU是高度并行的浮点处理器，专为图形和可视化工作而设计。GPU加速计算可以为高性能计算、深度神经网络（DNN）数据训练、高度并行计算密集型工作负载提供极好的性能。

● 衔接国家战略的人工智能应用方向值得持续关注

对接国家新基建的人工智能投资大有潜力。关于金融领域的AI投资，建议对接全球金融中心发展目标，关注保障市场安全与智慧支撑的可信智能支撑技术。关于智能网联车领域的AI投资，建议对接智能网联车国家战略，关注为智能驾驶和辅助驾驶提供可信的感知和决策服务的技术。关于轨道交通领域的AI投资，建议对接国家新基建，关注推动智慧城轨与智慧高铁应用的人工智能领域。关于公共卫生领域的AI投资，建议对接《“健康中国2030”规划纲要》，关注构建一个时效性强、信任度高的可信公共卫生信息体系的人工智能技术。

● 伦理与法制建设保障人工智能投资的持续性、可靠性

政府数据开放利用中的隐私保护标准、医疗数据开放利用中的隐私保护标准，用户画像应用中的隐私伦理准则，人工智能的法律规制、伦理规制、行业规制和自律规制等，值得投资者长期关注。投资方案中要打造透明、合乎伦理的人工智能，设计符合伦理道德的人工智能体系等。围绕人工智能法律规范、伦理规则、行业自治和个体自律的跨学科研究，对在人工智能领域中长期获利具有重要的价值和意义。

（文/孟海华）

1.5 深度学习的发展脉络和方向

今天的人工智能能够取得如此辉煌的进步，在很大程度上要归功于深度学习的提升。也可以说，没有深度学习就没有今天的人工智能。从发展的历程来看，深度学习的进步轨迹几乎是信息领域进步的缩影。但是，深度学习算法也带来了一些考验人类社会的问题，如人工智能的可解释性。未来几年，深度学习领域的重要发展方向是可解释性，这也是捆绑在人工智能领域的一道“枷锁”，需要高级的深度学习来解答。

过去：从猫到“狗”

1981年10月17日，在瑞典斯德哥尔摩举行的诺贝尔奖授奖大会上，美国加利福尼亚理工学院心理生物学教授罗杰·斯佩里（Roger Sperry）和哈佛医学院神经生物学教授戴维·胡贝尔（David Hubel）、托尔斯滕·威塞尔（Torsten Wiesel）共同获得1981年诺贝尔生理学或医学奖。斯佩里因证明大脑两半球的高度专门化以及许多较高级的功能集中在右半球而获奖，胡贝尔和威塞尔因在研究视觉系统的信息处理方面有所发现而获奖。

胡贝尔和威塞尔的获奖要归功于“喵星人”。研究从1958年开始，他们在猫的后脑位置的头骨上开了一个小洞，向洞里插入电极，测量神经元的活跃程度，从而发现了一种神经元细胞——方向选择性细胞，即后脑皮层的不同视觉神经元与瞳孔所受刺激之间确实存在某种对应关系。这一重要发现激活了一度沉寂的神经网络研究。但是，人们不得不面对这样的现实：神经网络相关运算中耗费的运算量与神经元数量的平方成正比。由于硬件条件的限制，那时人们普遍认为潜在的庞大计算量几乎是无法实现的。

计算能力成了拦路虎，人们探寻真理的脚步却一刻没有停歇。同样是1981年，IBM公司首次在PC机中应用了8088芯片，开创了全新的微机时代。1985年，英特尔公司推出了32位微处理器，而且制造工艺有了很大的进步。许多人对286、386、486机器还存有记忆，人类的计算能力伴随摩尔定律大踏步前进。关于神经网络的算法也有了新的突破。1986年，加拿大多伦多大学教授杰弗里·欣顿（Geoffery Hinton）和美国斯坦福大学教授戴维·罗姆哈特（David Rumelhart）等人提出了反向传播（backpropagation，BP）算法，解决了两层神经网络所需要的复杂计算量问题，大大减少了原来预计的运算量。20世纪80年代末到90年代初，共享存储器方式的大规模并行计算机又获得了新的发展。1993年，美国克雷（Cray）公司成功研制了第一台具有标志性的大规模并行计算机。我国的银河系列并行计算机在国际上也独树一帜。进入21世纪，大规模并行计算机蓬勃发展，逐渐成为国际上高性能计算机的主流。

随着计算处理能力的提升，深度学习有了较快的发展，从结构上分为生成型深度结构、判别型深度结构、混合型深度结构3类。1989年，加拿大多伦多大学教授雅恩·乐昆（Yann LeCun）和他的同事提出了卷积神经网络，这是一种包含卷积层的深度神经网络模型，较早尝试深度学习对图像的处理。2012年，欣顿构建深度神经网络，在图像识别问题上取得质的提升和突破。百度公司将相关最新技术成功应用到人脸识别和自然图像识别上，并推出相应的产品。同样是从2012年起，人们逐渐熟悉谷歌大脑（Google Brain）团队。2015年至2017年年初，谷歌公司的人工智能团队DeepMind所创造的阿尔法狗（AlphaGo）相继战胜了人类职业围棋选手。这只“狗”引起世界的关注，人类围棋大师们陷入沉思。

现在：深度学习有多深

以使用决策树、推导逻辑规划、聚类、贝叶斯网络等传统算法对结构化的数据进行分析为基础，对真实世界中的事件做出决策和预测，通常被称为机器学习。例如，无人驾驶汽车识别交通标志，这种机器视觉就是典型的机器学习。但是，在特定的天气条件下，算法不灵，机器学习就存在一定的局限性。

深度学习在机器学习的基础上又前进了一步。同样是从数据中提取知识来解决和分析问题，深度学习使用的是人工神经网络算法，允许发现中间表示来扩展标准机器学习。这些中间表示能够解决更复杂的问题，并且以更高的精度、更少的观察和更简便的手动调节解决其他问题。最常见的深度学习类型是深度神经网络（DNN），其使用大量的互连处理单元层从原始输入数据中“发现”适当的中间表示。DNN提供了一个强大的框架，可应用于解决各种业务问题。例如，DNN可以分析视网膜扫描以“辨识”哪些模式指示健康或患病视网膜（并指示特定疾病）。“辨识”过程依赖于强力的高性能计算。

根据高德纳公司的相关资料可以看出，深度学习已经在图像识别、机器翻译、语音识别、欺诈检测、产品推荐等方面得到应用（见表1-5-1）。高德纳公司估计，从初创公司到技术巨头，全球有2 000多家供应商正在推出深度学习相关产品。但是，当前的深度学习仍有一定的局限性。

表 1-5-1 深度学习当前的能力范围

相关领域	输入	输出
医疗诊断	视网膜扫描的二维图像像素数据	视网膜显示特定疾病迹象的可能性
需求预测	市场形势	在下一个时间框架出售的给定类别的产品数量
欺诈检测	客户资料，具体交易	给定交易是欺诈的可能性
自动驾驶汽车	各种图像，激光雷达的检测数据	判定安全驾驶的区域
购买倾向	客户资料，近期交易	给定客户资料的客户将接受特定产品报价的可能性
客户流失	客户资料，描述最近交易和客户参与的矢量	客户决定终止正在进行的合同的可能性
故障预测	操作设备的音频读数	设备的状况导致在下一个时间段崩溃的可能性

（来源：高德纳公司）

第一，深度学习技术是启发式的。深度学习能否解决一个给定的问题还暂无定论，因为目前还没有数学理论可以表明一个“足够好”的深度学习解决方案是存在的。该技术是启发式的，工作即代表有效。

第二，深度学习技术是不可预期的。深度学习涉及隐藏层，在许多情况下，即使是权威科学家也不能解释这些层面发生了什么，这样的“黑盒子”甚至会破坏合规性，对传统道德层面形成挑战。

第三，深度学习系统化运用不成熟。目前，没有适合所有行业且通用的深度学习，企业想要创建自己的解决方案就必须混合和匹配可用的工具，并能够与更新迭代的软件相互兼容。

第四，部分错误的结果造成不良影响。深度学习目前不能以100%的精度解决问题。深度学习延续了较浅层机器学习的大多数风险和陷阱。

第五，学习速度不尽如人意。一个2岁的孩子可以在被告知几次后识别大象，而深度学习系统可能需要成千上万的例子，并且“看”这些例子数十万次甚至数百万次才能成功。

近几年来，人工智能领域又迎来了一次飞跃，深度学习在图像识别、语音识别等领域都得到落地和应用，涌现出了依图、商汤、寒武纪等人工智能企业。但是，深度学习的瓶颈依旧困扰着产、学、研。首先是数据瓶颈，几乎所有的深度神经网络都需要大量数据作为训练样本，而在医疗、无人驾驶等领域，因无法获取大量的标注数据，以致深度学习无法展开。虽然谷歌等互联网巨头开始研发人造数据技术，但是真正的效果还有待评估。其次是认知瓶颈，这是由深度学习的特性决定的。深度学习对感知型任务支持较好，但对认知型任务支持的层次较低，无法形成理解、直觉、顿悟和自我意识的能力。科学家推断，这一切可能是源于人类知识认知的局限，而深度学习在某些方面已经超越了人类的认知能力和认知范围。

未来：深度学习走向何方

深度学习是人工智能发展的主要驱动力。目前，深度学习主要在弱人工智能的发展中产生重要作用，尤其是特定的行业应用，如图像识别、自动驾驶和机器翻译等。但是，要支撑和实现与人脑类似的强人工智能，美国白宫科技政策办公室认为至少在几十年内无法实现。那么，对深度学习来说，未来有哪些发展的可能？科学家正在努力研究什么？答案可能有以下几个方面。

● 突破常识知识表示和学习的认知智能

突破常识知识表示和学习的认知智能或许可以在一定程度上缓解一些瓶颈。首先，知识是人类通过大量生活中的数据总结出的一些规律，知识可以弥补数据的缺失和不足。其次，知识是经过人脑深度加工所形成的，可以支持直觉、顿悟等深度认知任务。此外，知识的离散属性和良好的可读性使其成为天然绝佳的解释性工具。目前，突破常识知识表示和学习的认知智能已经深受各国政府和学术界重视。美国国防部高级研究计划局（DARPA）创建了“机器常识”项目，将探索常识的各种收集方法，以及常识在认知理解、自然语言处理、深度学习等领域的应用。谷歌公司于2012年提出知识图谱计划，拟面向通用领域构建一个庞大的网络图谱来描述世界上实体与实体之间的关系。脸书、微软等公司也相继推出自己的知识图谱计划，基于这些图谱，分别研发基于深度认知的搜索、自然语言问答等应用。

● 突破多模态信息融合的深层次认知理论

表征学习是人工智能实现飞速发展的重要因素。但是，目前的表征学习还集中在单模态数据。构建跨模态表征学习机制是实现新一代人工智能的重要环节。人类的认知能力是建立在视觉、听觉、语言等多种感知通道协同基础上的，这种融合与协同能够有效地避免单一通道的缺陷与错误，从而实现对世界的深层次认知。未来的方向是借鉴生物对客观世界的多通道融合感知背后所蕴藏的信号及信息表达和处理机制，对世界所蕴含的复杂机构进行高效、一致表征，提出对跨越不同媒体类型数据进行泛化分析的基础理论、方法和技术，模拟超越生物的感知能力。

● 研发可解释性等新型智能算法

对深度学习模型架构进行理解，以及对深度学习驱动的非凸性问题的局部最优解进行分析，尤其对非凸性问题的目标整体性质进行刻画，可以实现对深度学习的解释。人们将可解释性建模问题转换为具有混合变量的约束多目标优化问题，设计数据驱动和知识引导的启发式优化求解算法，形成一整套可解释性“白盒”模型构建的理论和方法，设计可解释性建模算法库。

● 量子计算不会影响深度学习

量子计算至少在未来10年内不会影响深度学习。谷歌大脑团队的科学家迪安（Jeff Dean）认为，人的大脑不是量子计算机，量子计算几乎不会对深度学习造成特别明显的影响，特别是在中短期（如未来10年）内。但是，从长远来看，量子计算是不是能从根本上改变深度学习，这谁也说不准。

（文/孟海华）

1.6 脑科学与类脑人工智能的技术前沿

大脑学习记忆对信息的智能加工与处理能力，远远超过现有的任何计算机和信息处理系统。面对目前互联网的信息爆炸，各国政府以及谷歌、IBM、微软、百度等科技巨头均在积极探索如何通过革命性的变革，使当今的“信息时代”迈向“智能时代”。要实现这一历史性的跨越，人们需要创制出以脑式信息处理为基础的智慧型超级计算机及各种类脑人工智能系统。

有关大脑学习记忆、抉择等认知神经网络机制的研究，不仅可以揭示大脑智能信息处理的奥秘，更可为人工智能的研制提供全新的理论指导以开发出能力更强的智能设备和机器人，还可为前额叶皮层和高认知功能异常导致的阿尔茨海默病等与记忆相关的脑疾病的治疗提供帮助。

脑科学与类脑人工智能的四大研究方向

按照从“研究”到“应用”的顺序，可将脑科学及类脑人工智能的研究内容划分为四大部分（见图1-6-1）：大脑神经网络分析、认知机制计算模拟、类脑智能算法创新和类脑智能技术应用创新。

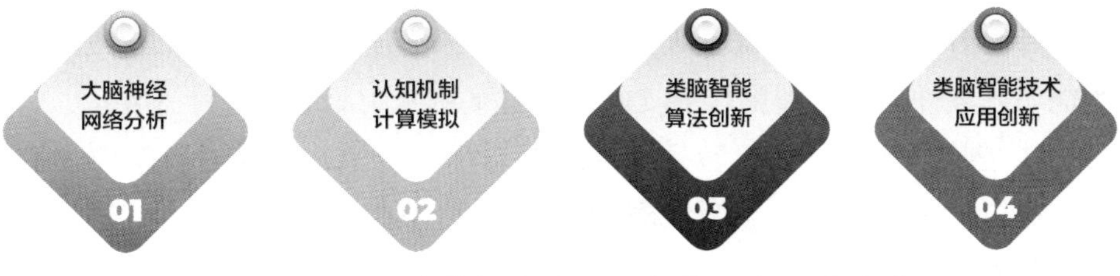

图1-6-1　脑科学与类脑人工智能四大研究方向

大脑神经网络分析：利用现代生物学手段，采集遗传、分子、神经元等多模态的脑影像和各种表型数据；利用多尺度高维复杂大数据分析的新算法，辅助解析大脑运作和信息处理机制，尤其是神经元集群的学习与记忆、抉择、语言等认知功能的机制；研究各类脑疾病对大脑信息处理机制的扰动，加深对大脑信息处理机制的理解。

认知机制计算模拟：发展大尺度脑系统的数学模型，尤其是神经反馈连接的作用；研究大尺度脑系统的认知和学习功能；深化发展类脑智能计算理论，设计新型高效的类脑人工智能算法。

类脑智能算法创新：利用基于实验事实的生物学发现，如人类视觉中的不同通道、注意力和不同记忆机制等提出全新或改进已有深度学习的计算框架；开展理论研究，建立现有算法的理论基础，尤其是发展深度学习的动态数据分析理论；把发展的算法应用于解决大数据驱动的实际问题，如开发基于采集的特定生理数据的人体健康与疾病分析预警系统。

类脑智能技术应用创新：利用纳米材料完成单个忆阻器的构建；利用构建的纳米忆阻器，并基于新的深度学习理论算法，构建基于深度学习框架和纳米材料忆阻器网络的智能控制器；基于智能控制器研发各类智能设备，如智能可穿戴肌肉力量增强手套。

脑科学与类脑人工智能的推进重点

对大脑神经网络和认知机制的研究分别是对大脑开展“硬件”和“软件”层面的解析，而类脑智能算法和类脑智能技术应用的创新则分别是在“软件”和“硬件”层面的输出接口，能够直接催生新兴产业。

服务于我国的创新驱动发展等战略需求，解密大脑智能信息处理的奥秘，促进社会健康保障和相关的信息产业领域的进步（如人工智能、机器学习等领域），需要关注以下方面。

一是分析平台，主要包括：脑科学大数据挖掘平台；脑疾病辅助诊断智能系统软件平台；类脑智能软硬件开发平台；类脑芯片设计平台。

二是技术研发，主要包括：神经形态模拟技术，如脑网络重构技术、脑认知动力学模型构建技术、脑功能仿真关键调控技术等；智能诊疗技术，如多尺度多模态数据融合技术、类脑智能算法新理论和新方法、重大脑疾病智能诊断技术等；智能控制器，如类脑细腻片设计技术、类脑芯云技术、忆阻器技术等。

三是标准制定，主要包括：脑科学多尺度多模态数据采集标准，类脑智能软硬件平台测试标准。

四是成果形成，主要包括：大数据（国际最大尺度多模态脑科学大数据）；类脑算法（融入脑机制的深度学习智能算法）；类脑智能软硬件（神经形态模拟、脑疾病智能诊疗、类脑控制器）。

（文/冯建峰 沈应龙）

1.7 全球智能制造产业的投资与市场分析

随着新一代信息技术向制造领域的加快渗透，现代工业信息化发展已迈入智能制造的历史新阶段，可穿戴设备、机器人、人工智能、智能医疗、智能汽车等正在成为行业热词。信息技术取代传统制造技术成为产业的核心价值来源，智能化时代已悄然来临。

智能制造不仅仅是先进技术和设备的应用，还是新模式的转变。相对于传统制造，智能制造具有多方面的优势。首先，仅就制造的机器和系统本身而言，智能制造机器或系统具有越用越好用的优势，弥补了传统的机器或系统在使用中性能不断退化的缺陷。其次，智能机器或系统具有容错功能，即使环境异常或使用有错，智能机器或系统仍然能够正常工作，这将大大提高生产的效率，改善产品质量。传统的生产决策要在成本和质量之间进行平衡选择，智能制造可以实现质量和成本的协同兼顾。此外，从产业运作模式来讲，智能制造还具有生产模式高效灵活、产业链有效协作与整合、生产与服务结合更加紧密等优势。

智能制造已成为世界制造业发展的客观趋势，世界上主要工业发达国家正在大力推广和应用。

全球市场呈爆发式增长

智能制造的概念早在20世纪80年代末就已经被提出，但技术发展缓慢。进入21世纪后，随着智能制造的技术和成本条件日趋成熟、资源环境压力加大、劳动力成本上升等因素的综合影响，智能制造市场在全球出现了爆发式增长。

国际金融危机之后，为了刺激本国经济增长，重新塑造实体经济的竞争力，许多发达国家都实施了一系列国家战略，如美国的“先进制造业伙伴”计划、德国的“工业4.0”计划、日本的“再兴战略”等。这些战略无疑都瞄准了智能制造领域，预示着智能制造产业将成为各国应对新一轮全球竞争的重点。在各国政策积极推动下，智能制造产业发展将掀起一波浪潮。

中国经济信息社指数中心编发的《全球智能制造发展指数报告（2016）》指出，从发展格局来看，传统的制造业强国依然呈现较强的竞争实力，而亚洲等新兴经济体在世界工厂时代的积累也呈现出较大的竞争优势。当前，以中国为代表的制造业转型升级，与美国、欧洲发达国家“重振制造业”的政策方向形成共振，这使得智能制造的世界格局处在一种快速发展的动态平衡中。

投资热点

智能制造实际是信息技术与制造技术的融合发展，智能制造产业的发展要推进产品的智能化生产，同时要不断地制造出智能化的产品。

一般来讲，生产智能化的实现要经过三个阶段：第一阶段是大力推行机器换人，实现制造的自动化、信息化；第二阶段，通过工业互联网的建设、传感器等技术及产品的应用，建立工业物联网，实现机器设备的互联化；第三阶段，通过人工智能的开发，以及机器视觉、人机交互、大数据等技术的应用，真正实现制造的智能化。依据麦肯锡公司《展望2025：决定未来经济的12大颠覆技术》报告，结合近几年全球智能制造产业发展的大趋势，笔者认为智能化生产领域凸显出四大热点板块，即智能制造真正的产业竞争制高点——人工智能，整个智能制造得以实现的硬件基石——工业物联网，智能制造最基础的智能元件——机器人，以及个性化、精密制造的推手——3D打印。

就智能产品而言，排名第六的智能汽车无疑也是智能制造产业发展的热点之一，智能汽车的发展和应用必定会带来交通领域的重大变革。同时，人工智能、机器人也将随着技术和产品的日益成熟，广泛应用于服务和消费领域，为人类的生活提供极大的便利。

● 人工智能

近年来，随着更多的数据、更快的硬件以及更实用的算法出现，深度学习及其底层技术框架神经网络取得了极大的发展，人工智能也因此迎来了一个重要的拐点。2016年，谷歌公司人工智能系统AlphaGo在人机围棋世纪巅峰对决中取胜，人工智能再次引来全球聚焦。人工智能热潮席卷全球，各国政府、IT产业巨头纷纷加紧布局。

2016年，美国白宫成立了人工智能委员会，用于协调全美各界在人工智能领域的行动。美国运输部宣布历时10年投资40亿美元的提案，旨在实现无人驾驶汽车上路。日本从2016年开始执行“第五期科学技术基本计划”，投入约26万亿日元的经费，重点研发物联网及人工智能系统。2016年，我国发布了《“互联网+”人工智能三年行动实施方案》，推动人工智能市场应用向千亿级规模发展。

人工智能的快速发展和在工业领域的应用，将带动制造业的全面转型升级，真正实现制造的智能化。人工智能在服务和消费领域的应用，将对人们的生活产生颠覆性的影响。研究机构Tractica预测，全球人工智能收入预计到2025年将增长至368亿美元（见图1-7-1）。人工智能新创公司也在不断涌现，吸引投资者目光。Venture Scanner公司统计显示，2015年全球人工智能公司共获得近12亿美元的投资，超过了之前20年中17年的投资总和。

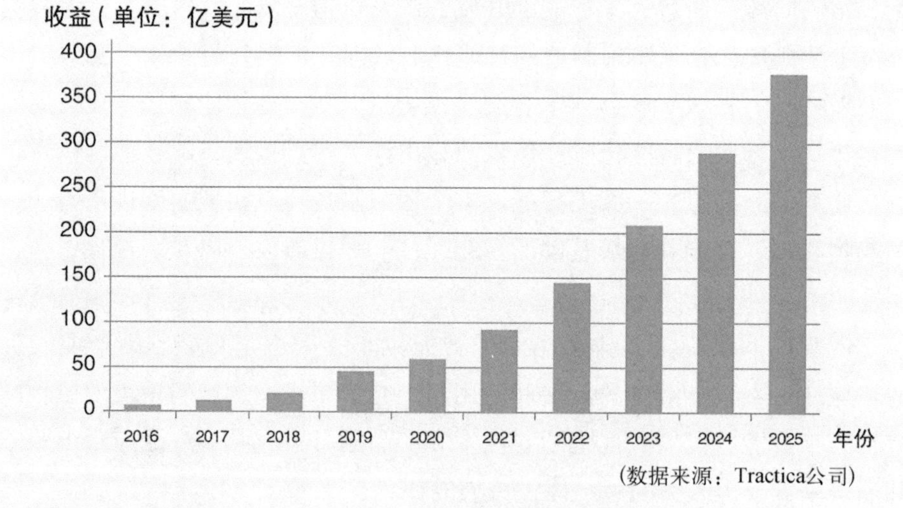

图1-7-1　2016—2025年全球市场人工智能收益

从技术上来讲，机器视觉已经成为最具投资吸引力的人工智能方向。艾瑞咨询公司统计，目前在人工智能领域，超过一半的技术类企业都投资在计算机视觉方面。

知名投行高盛公司指出，未来几年，一个公司利用人工智能技术的能力将成为体现公司竞争力的重要指标，如果公司忽略人工智能的应用和发展，那么未来产品创新、劳动效率和资本杠杆都会存在落后的风险。由此可见，人工智能正在改变着产业竞争格局。

● 工业物联网

物联网就是“物物相连的互联网”，被称为继计算机、互联网之后世界信息产业的第三次浪潮。物联网一方面可以提高经济效益，大大节约成本，另一方面可以为全球经济的复苏提供技术动力。美国和欧盟都在投入巨资深入研究物联网。我国也高度重视物联网的研究，工业和信息化部会同有关部门在新一代信息技术方面开展研究，以形成支持新一代信息技术发展的政策措施。

当前快速的信息化为万物相连的物联网奠定了基础。2011年，仅有100亿台设备接入网络，2016年达到260亿台。思科公司认为，工业设备的物物相连增速迅猛，未来工业物联网将作为物联网非常重要的分支，可预见将来工业物联网会保持可持续的高速增长。国际数据公司（IDC）预测，未来创造数据的主角从人类扩展到设备，这些数据将具有巨大的经济价值。

物联网可应用的范围几乎覆盖了各行各业，交通、工业、零售、智慧城市等多个领域对物联网都有较大的需求，发展物联网并将其应用于这些行业，必然将产生巨大的经济效益。麦肯锡公司的报告指出，2025年物联网带来的经济效益可能有2.7万亿～6.2万亿美元。

随着物联网的快速发展，作为物联网关键部件的传感器，其市场需求也将大幅增加。前瞻产业研究院的数据显示，全球传感器市场规模稳定增长，预计2021—2024年同比增速为5%～10%，2024年全球传感器市场规模将达到3 284亿美元。由此可见，传感器的市场空间极为广阔。

● 机器人

机器人的发展和应用将对人类生活产生颠覆性影响，发展空间巨大。近年来，欧盟提出SPARC计划，这是全球最大的民用机器人研发计划。日本也指出机器人将带来产业革命，到2050年要靠机器人拯救日本经济。

随着人类文明的进步，智能化成为未来工业发展的必然趋势。工业机器人是智能装备的重要基础。机器人替代人工生产是未来制造业重要的发展趋势，是实现智能制造的基础。近年来，在全球范围内，自动化设备替代人力劳动生产的趋势不断推进，自动化设备销售量逐年提高。德勤数据显示，全球工业机器人装机量从2016年的183万台增长到2020年的315万台。

全球机器人市场规模不断扩大，亚洲成最大市场。国际机器人联合会（IFR）统计显示，2015年全球工业机器人销量超过24万台，同比增长8%。2006—2015年，全球工业机器人销量年均增速约为14%。亚洲成为最大市场，中国、日本、韩国三国的工业机器人市场规模占全球工业机器人销量的47%。

老龄化社会的到来，使人们对机器服务的需求猛增，这是移动时代人类需要的自然表达。当前，全球服务机器人市场处于起步阶段，随着大数据、人机交互等先进技术快速发展，服务机器人发展前景广阔。

IFR的统计显示，2014年全球服务机器人市场销售额约为59.7亿美元，专业服务机器人销量约为2.42万台，销售额为37.7亿美元，销量同比增加11.49%，销售额同比增加5.6%。预计到2025年，全球服务机器人市场需求将超过1万亿美元。

● 智能汽车

互联网时代诞生的新科技、新思维、新方法，让“汽车+”的跨界融合创新风起云涌，智能科技正在开启一个全新的未来汽车世界，这将是汽车产业面临的一场新的“革命”。

目前，全球智能汽车产业市场规模已突破300亿美元，发达国家加快发展智能汽车，抢占技术及市场制高点，美国、德国、日本等国的智能汽车产业正处于快速发展阶段，谷歌、沃尔沃、博世等部分技术领先企业的自动化驾驶汽车已开始路测。

中投顾问公司预测，2025年全球无人驾驶汽车销量将达到20万辆，2035年将达到1 100万辆，届时无人驾驶汽车保有量将达到5 000万辆。其中，北美市场的份额将达到29%，中国为24%，西欧为20%。预计2025年，其对世界经济的潜在影响可高达1.9万亿美元，将成为极具诱惑力的市场。

目前，谷歌、苹果、百度、三星和特斯拉等公司纷纷进军无人驾驶领域，其中不少企业还陆续公布了自家无人驾驶汽车上市时间表。这表明智能汽车曙光初现，并正越来越受到互联网企业和传统造车企业的追捧。

产业发展特点

● 核心技术领域的竞争博弈白热化

在产业界，谷歌、微软、IBM、脸书等企业凭借自身优势，积极布局人工智能的核心技术领域。各大企业通过加大研发投入力度、招募高端人才、建设实验室等方式加快关键技术研发。各大企业还积极开放、开源技术平台，布局人工智能芯片等，力图掌握人工智能时代的主动权。谷歌公司开源了人工智能基础平台TensorFlow，脸书公司开源了人工智能基础平台Torchnet，微软公司开源了人工智能基础平台DMTK，IBM公司开源了人工智能基础平台。

此外，谷歌公司正在研发自动驾驶汽车、Deepmind人机博弈。IBM公司投资10亿美元组建Watson人工智能部门，在医疗、金融、政府决策等领域推广应用。微软公司推出聊天机器人小冰和人工智能助理小娜。脸书公司专注于人工智能助理、图像视频识别等技术。百度公司开发无人驾驶、语音识别等多领域的人工智能应用产品。竞争进入白热化阶段。

● 投资与并购如火如荼

当前，全球范围内人工智能产业化应用蓬勃发展。谷歌、IBM、英特尔、苹果、雅虎等国际巨头纷纷抢滩布局人工智能产业链，力图掌握人工智能时代的主动权。从2013年起，这些巨头对人工智能公司的并购呈现密集化趋势。谷歌公司成为人工智能公司收购热潮中的领军者，自2011年起先后收购了近10家人工智能领域的创业公司。推特公司紧追其后，将MagicPony、Madbits、Whetlab等公司收入囊中。苹果公司和Salesforce公司自2015年开始以收购方式布局人工智能后，各并购3家人工智能创业公司。此外，英特尔、IBM、雅虎等公司也都在积极收购人工智能创业公司。

智能汽车领域的投资并购也不甘示弱。日本软银公司收购了英国芯片公司ARM，奔驰、宝马、奥迪三家公司联合收购了Here地图。

该领域的风险投资也非常活跃，各大风险投资公司都对人工智能的投资非常积极。

● 投资风险与机会并存

尽管从产业界、金融界再到政界，围绕着智能制造的行动热火朝天，但是智能制造领域的投资相对来说具有资金需求量大、周期长的特点，相伴随的风险也不可小觑。例如，人工智能概念的诞生已经有60多年，一直进展缓慢，机器感知方面的核心技术攻坚任务还很艰巨。在“工业4.0”方面，德国作为概念的提出者和产业的引领者，目前其工业的发展还处在“工业3.8”的阶段，尽管已经接近目标了，但是他们对于如何升级到“工业4.0”也同样生疏，预计至少还需要10～15年。关于物联网的发展，产业界也颇有争议，商业模式和工业数据安全问题是物联网在全球蓬勃发展和应用绕不过去的重要的坎。

智能制造产业的投资机会与风险并存。我们相信，近些年产业界、金融界及各国政府的高度关注定将助力智能制造产业实现跨越式发展。可以预见，在不久的将来，智能制造将开启人类生活的新篇章。

（文/全利平　戴子姗）

第二章
医疗健康

医疗健康领域是抢占新一轮科技革命制高点、巩固提升实体经济能级、推动战略性新兴产业高质量发展的重要抓手，也是提高全国人民健康水平、增进人民福祉的重要支撑。当前，全球生物医药产业发展正面临新的机遇，以促进生物医药产业和新兴医疗技术高质量发展、更好地满足人民群众日益增长的健康需求为宗旨，对不断提升城市产业能级和核心竞争力具有重要意义。

2.1 健康领域创新关注点

回顾“十三五”期间国内外健康领域取得的重要突破，上海市科学学研究所技术预见研究团队在技术专家的大力支持下，结合对《自然》（*Nature*）、《科学》（*Science*）、《麻省理工科技评论》（*MIT Technology Review*）等国际期刊报道的科技成果，对国际、国内技术创新方向和趋势进行跟踪和研判，提出了“十四五”期间健康领域值得重点关注的十大领域（见图2-1-1）。

图2-1-1 “十四五”期间健康领域值得重点关注十大领域

液体活检技术

循环肿瘤基因（ctDNA）是一种新的特征性的肿瘤标志物，它是指肿瘤细胞体细胞DNA经脱落或者当细胞凋亡后释放进循环系统。目前，已经可以通过基因测序技术在血液中对其进行定性、定量和追踪，即液体活检技术。这种技术快速、简便，能避免组织活检样本量缺乏的困扰，将在肿瘤的诊断、治疗及预后监测等方面发挥重要作用，尤其对一些不具有典型临床症状、检查无特异性和诊断困难的肿瘤可避免复杂的、具有创伤性的活检。

与全基因组检测相比，液体活检能检测到特定的亚型。随着肿瘤分子生物学研究的发展，ctDNA的检测及其生物学指标的研究将有可能为临床肿瘤的早期诊断、治疗决策及跟踪随访等提供一系列方便、快捷、特异、无创或微创和分子生物学检测手段，这对科研界和企业界都有着很大的吸引力。

对抗下一波疫情的新型疫苗

从技术演进来看，疫苗产品经历了减毒活疫苗技术（如狂犬病疫苗、卡介苗等沿用至今）、多糖蛋白结合疫苗和基因重组疫苗等多次技术革命，生产技术已经日趋成熟。然而，受制于病毒流行时间和变异趋势，部分产品具有很强的时效性。为了突破疫苗研发的时间窗口瓶颈，基于已有技术路线的高效率疫苗研发正获得普遍关注。为应对新冠病毒（COVID-19）疫情，全球科研机构和企业从灭活疫苗、基因工程重组亚单位疫苗、病毒载体疫苗、减毒流感病毒载体疫苗和核酸疫苗（mRNA和DNA疫苗）等多条技术路线在同步推进COVID-19疫苗产品的研发。这对各研发主体的关键技术积累和快速响应能力是一次实战考验。从某种意义上说，疫苗的高效率研发时代已经开启。

新型抗菌药

美国疾病控制与预防中心统计，仅在美国，每年就有超过3.5万人因感染抗生素无法对付的病菌而死亡。英国政府资助的一项研究预计，到2050年，全世界每年会有1 000万人死于耐药菌。目前，科学家正努力通过设计新型化合物来对抗耐药菌。

美国哈佛大学化学和化学生物系教授安德鲁·迈尔斯（Andrew Myers）和他的团队采用从头合成大环内酯的方法，把大环内酯的结构分解成8个基本模块，利用它们不同的组合方式调节化学性质。该研究团队发表于《自然》（*Nature*）杂志的论文指出，他们已经合成了超过300种新型化合物，并使用了14种致病细菌进行实验，证明了大多数化合物对细菌的抑制作用，而且有很多可以杀死耐药菌株。之后，迈尔斯成立了一家制药公司Macrolide Pharmaceuticals，准备把这些新药推向市场。目前，研究团队已经开始研究林可酰胺类（lincosamide）抗菌药物和氨基糖苷类（aminoglycoside）抗菌药物。

基因编辑技术

基因编辑是指通过精确识别靶细胞DNA片段中靶点的核苷酸序列，利用核酸内切酶蛋白对DNA靶点序列进行切割，从而完成对靶细胞DNA目的基因片段的精确编辑。这项技术被认为在纠正人类基因组特定突变方面有着巨大的潜力，目前已经传遍全球生物技术实验室和生物技术创业界。CRISPR是Clustered regularly interspaced short palindromic repeats的简称，本意是“规则间隔的短小重复回文序列”，与传统的限制性内切酶相比，CRISPR技术最重要的特点是它更灵活，相当于一个“可调的分子剪刀”，一把剪刀可以识别许多不同位点，并剪断DNA，所以可以当作成千上万种不同的分子剪刀使用，可以用来删除、添加、激活或抑制其他生物体的目标基因。

未来，基因编辑技术有望拯救更多的生命。中国已经开展了CRISPR的首次临床试验。美国研究人员打算先给T细胞嵌入一个肿瘤嵌合抗原受体基因，使之可以攻击肿瘤细胞，然后再用CRISPR敲除PD-1及另外两个基因。在英国，很多诊所都已获得许可证以利用备受争议的辅助生殖技术将来自3个人的DNA进行混合，这项操作的目的在于预防儿童患上因母亲线粒体而引发的遗传性疾病。

肿瘤的免疫治疗

肿瘤的免疫治疗是应用免疫学的原理和方法，提高肿瘤细胞的免疫原性和对效应细胞杀伤的敏感性，激发和增强机体的抗肿瘤免疫应答，并应用免疫细胞和效应分子输注宿主体内，协同机体免疫系统杀伤肿瘤，抑制肿瘤生长的一项技术。近年来，肿瘤的免疫治疗好消息不断，成为肿瘤治疗领域的焦点。目前，该方法对黑色素瘤、非小细胞肺癌等肿瘤类型展示了出色的抗肿瘤活性，并且已经有肿瘤免疫治疗药物获得美国食品药品监督管理局（FDA）批准临床应用，药物研发竞赛不断升温。

近年来，随着生物技术的发展，肿瘤免疫疗法已经成为继肿瘤手术、放疗、化疗、靶向治疗之后最有希望能成功治愈癌症的手段，亮点迭出。随着CAR-T疗法消灭实体瘤成功案例的出现，相关研究即将进入一个令人兴奋的新阶段，而不同免疫疗法的联合应用将是未来癌症治疗的趋势。除了免疫检查点抑制剂的组合疗法以外，肿瘤免疫疗法与放疗、化疗、大小分子靶向疗法的联用也在临床治疗中获得成效。随着人们对肿瘤生物学和免疫系统研究的进一步了解，更多的组合方案可能产生更安全有效的临床效果，真正实现临床治愈癌症。

医疗中的AR和VR技术

增强现实（AR）和虚拟现实（VR）技术已经可以应用于临床医学、医学教育以及提高患者的满意度等多个方面。美国东缅因医学中心的拉斐尔·格罗斯曼（Rafael Grossmann）是第一个在谷歌眼镜的帮助下做手术的外科医生。格罗斯曼认为，AR和VR将在未来3到5年内成为医疗领域的一种常见技术。

患者准确地向医生描述自己的症状其实很难做到，增强现实如今已经可以在疾病的诊断方面为患者提供帮助。例如，EyeDecide应用可以向患者展示特定疾病引起的视觉模拟图像（如白内障看到东西的效果），帮助患者了解自己的状况和医疗效果。AccuVein采用增强现实技术和手持式扫描仪向护士和医生展示患者的静脉位置，将一次性找准静脉的可能性提高3.5倍。又如，在手术中，精度要求非常高，AR可以帮助外科医生提高手术的效率。美国Medsights Tech公司开发了一个软件，用于测试用AR创建肿瘤准确三维图像的可行性，复杂的图像重建技术相当于给外科医生实时提供了X射线图又避免了让他们暴露在辐射下。此外，通过虚拟现实技术直播手术过程，世界各地的人们只要戴上谷歌眼镜或任何类似VR设备都可以观看。最引人瞩目的是，虚拟现实结合脑电图（EEG）可以在没有任何植入物或任何其他手术干预的情况下帮助严重脊髓损伤的患者，让他们似乎永远瘫痪的腿恢复运动，这堪称奇迹。

无所不在的健康传感器

健康传感器正以飞快的速度发展演变，即变得更小、更快、更灵敏、能耗更低，为其应用提供了无限可能。美国斯坦福大学医学院的研究团队开展了一项可穿戴医疗传感器的相关研究。研究人员表示，整个实验数据证明便携式生物传感器能在症状出现前预测疾病，为医院和患者提供数据参考，从而提升精准医疗的诊断速度和准确率。致力于微创手术中关键组织检测的美国初创公司Briteseed开发了一项智能手术器械技术，在腹腔镜分离工具的钳口上装上了传感器，帮助外科医生发现隐藏的血管、尿管和胆管。

如今，使用无创可穿戴传感器监测心电图、血压以及生化指标（如血糖）等单个参数的产品已经很多，业界也在探索多传感器结合的方案。例如，将心电图电极与乳酸或葡萄糖传感器结合，就能监测运动员的心血管表现、新陈代谢、电解质平衡和体温。2021年2月，来自美国加利福尼亚大学圣迭戈分校的研究人员开发了一款能同时监测心血管信号和人体多种生化水平的可穿戴设备。它是一种柔软、有弹性的皮肤贴片，可以贴在脖子上，在测量佩戴者葡萄糖、乳酸、酒精和咖啡因水平的同时，能够持续跟踪其血压和心率。

此外，健康保险系统也将根据患者数据开始发生改变。美国保险公司Oscar Health已经推出可穿戴传感器套餐，由客户提供个人的健康数据，如果数据达到了客户自己的健身目标，将得到每天1美元的奖励。这一奖励机制是对人们保持健康生活方式的正向激励。

闭环治疗系统

所谓的“闭环”治疗系统是一个实时连续监测相关身体指标并对治疗进行连续性调节的系统，从而使患者保持或者达到一个较为理想的生理状态。“闭环”治疗系统最典型的是“人工胰”系统，它把连续血糖监测与胰岛素泵连接，优化了向糖尿病患者提供胰岛素。另外，针对癫痫或帕金森病等脑神经疾病，闭环治疗系统能够随时检测和记录大脑的活动状况，及时提供靶向的脑深部刺激（DBS）治疗。闭环自动调节系统可以基于患者的实际需要改变治疗的强度和剂量，以期获得更好的治疗效果。

美敦力公司的“Activa PC+S”系统应该算是闭环治疗系统的初步尝试，包括用于记录大脑关键区域电活动的传感器和标准脑深部刺激（DBS）治疗，第一个混合式闭环糖尿病治疗系统（MiniMed 670G 系统）已经上市。该系统采用一种算法，将血糖监测与胰岛素提供捆绑在一起，从而实现对糖尿病患者胰岛素输入的更好控制。此外，用于治疗其他慢性疾病的闭环系统也在开发之中，如疼痛治疗。Neuropace公司用于治疗癫痫患者特定状态的RNS系统已获得批准。美国著名智库Battelle研究院消费、产业和医疗产品高级研究领导者赫布·布雷斯勒（Herb Bresler）预测，未来将有越来越多的用于各种适应证的闭环系统进入临床试验。

人工智能在制药和临床中的应用

一项药物临床试验的完成往往需要10年时间，花费数十亿美元。在人工智能的帮助下，制药公司利用较少的时间就可以与医疗机构建立合作，获取患者数据。美国制药公司Atomwise已经在该领域进行了积极的尝试，通过超级计算机从分子结构数据库中筛选出可用作治疗的候选分子。Atomwise公司从2016年开始对现有的安全药物进行搜索，从中筛选出可以被重新设计、用来治疗埃博拉病毒的药物，并发现用人工智能技术预测出的两种药物可以显著降低埃博拉病毒的传染性。这种分析以前通常需要几个月或几年，而现在通过运用人工智能，在不到一天的时间内便可完成。

IBM公司先进的人工智能程序正在将医疗保健转变为量化的服务。迄今为止，它已被用于肿瘤学和放射学中（医学筛分项目）。这种结合认知计算与基因组肿瘤测序的基因组学项目，极大推进了精准医学的发展。以美国得克萨斯大学MD安德森癌症中心的沃森肿瘤专家系统为例，它可以做的事情包括实时更新的患者信息汇总（解释结构化和非结构化临床数据，以创建动态患者病例摘要）、循证治疗方案（根据患者概况、共识指南、相关文献和MD Anderson专业知识提出治疗和护理建议）、护理途径建议（提供护理途径建议，警告临床医生可能有的不良反应或提出主动的护理措施，改善患者的管理）。

医疗机器人

未来，医疗机器人将使传统手术和康复的方式获得革命性的改变。2021年，全球医疗机器人市场规模将达到207亿美元。预计未来3年，医疗机器人的年复合增长率将保持在15%。越来越多的证据证明机器人手术安全而实用，图像和数据分析技术的进步为下一代机器人系统提供有力支持。

达·芬奇手术系统就是一个很好的例子。它拥有放大的3D高清晰度视觉系统和小型腕式仪器——弯曲和旋转的程度远大于人类的手。外科医生使用该手术系统只需开几个小切口就可以手术。手术机器人在任何时候都能以几乎100%的精度控制手术，它能进行比外科医生更加精细的操作。2017年，谷歌公司宣布，它开始与制药巨头强生公司合作创建一个新的手术机器人系统。谷歌公司的技术专长与强生公司的医疗体验被视为金牌搭档——达·芬奇手术系统将面临新的竞争对手，而这肯定会进一步推动手术机器人产业。

（文/汤　琦）

2.2 全球生物医药产业的投资与市场前景

随着世界经济的发展、生活环境的变化、人口老龄化及人们健康观念的革新，近年来生物医药行业一直保持持续增长的趋势。尽管各国政府都在控制医药费用的增长，但临床的客观需求、新产品和新技术的开发强有力地带动了全球医药市场稳定增长。

国际权威医药咨询机构艾美仕市场研究公司（IMS Health）的统计报告指出，近年来全球医药产业销售增速超过了全球GDP的增速。目前，全球生物医药市场呈现三大特点：发达国家市场受专利药到期和新一轮的预算开支紧缩的影响，未来有可能放缓增长速度；新兴国家市场对全球医药市场增长的贡献将达到50%；创新药物将催生出新的治疗方法和治疗手段。根据预测，未来5年新兴国家市场将是全球医药行业增长的关键驱动力。

五大投资热点

基于生物医药产业的创新格局和竞争态势，预计以下5个方向将成为未来的投资热点（见图2-2-1）。

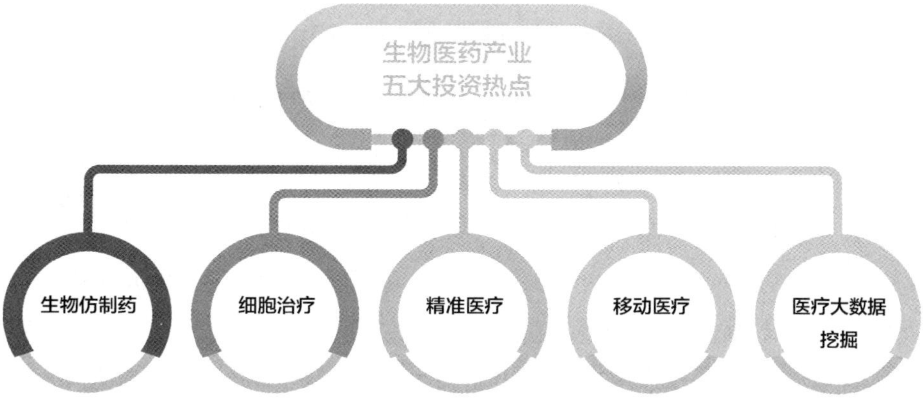

图2-2-1　生物医药产业五大投资热点

● 生物仿制药

随着国际上重磅级生物药面临专利悬崖期，生物仿制药迎来了难得的机遇。有关专家指出，2013—2023年是生物仿制药发展的黄金期。当前，各国纷纷出台政策支持仿制药发展。

目前，美国生物仿制药的市场规模仍然处于全球第一。30年前，美国食品与药品监督管理局（FDA）通过了一项里程碑式的法案——《药品价格竞争与专利期补偿法案》，并在2003年作了修订。该法案的实施使政府在鼓励仿制药开发和专利保护之间达到平衡。它首次引入简化新药审批程序（ANDA），旨在为仿制药节省审批时间和开发费用。FDA实施“仿制药药物价值和有效性项目（GIVE）”之后，进一步加大了对仿制药的支持力度。近年来，仿制药在美国市场占比为90%左右，10年间仿制药的使用为美国节省了超过1.2万亿美元的医疗开支。

IMS Health的研究报告指出，相对于发达国家，新兴市场在仿制药的开发方面具有更大的空间。发达国家的成熟市场仿制药的比例稳定在14%～18%，而新兴市场仿制药的市场份额已经增长到65%。

● 细胞治疗

美国生物学家乔治·戴利（George Daley）曾预言，“如果说20世纪是药物治疗的时代，那么21世纪就是细胞治疗的时代。”如今，他的描述已经成为现实。

干细胞和再生医疗的应用技术前景广阔，预计到2022年全球市场规模将达到2 591亿美元。从临床周期来看，各国干细胞药物获批上市的时间相对集中。上一个全球干细胞集中上市的时间段为2011—2012年。目前，大量干细胞药物处于FDA的Ⅲ期临床，FDA的Ⅲ期临床试验一般持续1～4年，因此可以预测，特别是伴随行业规范的出台，干细胞治疗在全球有望迎来新一轮的爆发。

目前，细胞免疫治疗已经成为国际公认的治疗肿瘤的第四种方法，有望治疗60%以上的肿瘤种类，带来250亿美元以上的市场。因此，国际制药企业巨头已经将其确定为下一座金矿。罗氏公司为美国Inovio制药公司支付高达4.125亿美元的开发和商业化款项，获得2种免疫疗法的全球独家授权；葛兰素史克公司预付给英国生物技术公司Immunocore 1.42亿英镑，作为细胞免疫治疗药物临床前授权金。细胞治疗公司NantKwest在美国纳斯达克上市，再一次引爆了细胞治疗市场的投资热情。

● 精准医疗

精准医疗以个体化医疗为基础，是随着基因组测序技术快速进步以及生物信息与大数据科学的交叉应用而发展起来的新型医学概念与医疗模式。美国医学界在2011年首次提出了“精准医疗”的概念。

基因测序技术将给医疗临床带来一场颠覆性革命，也是精准医疗的入口。基因检测技术的突破升级是带动市场规模增长的主要因素。一方面，基因检测技术的不断发展使其在越来越多的领域得到应用，基因检测的准确性也不断提高；另一方面，随着测序技术的不断普及和应用的成熟，基因测序的成本呈现逐年下降的趋势，第二代基因测序（高通量）技术使测序成本降至1 000美元/个基因组（第一代基因测序成本是30亿美元/个基因组）。未来，基因检测成本有望进入“百元时代”，测序成本的下降将推动基因测序服务的进一步普及。

过去10年，全球基因测序市场增速高达20%。随着未来全球基因测序成本的进一步下降，服务规模与过去10年相比会有大幅提升。近期，精准诊断、精准生物大数据、精准治疗等方向不断有新的成果出现，可以预见精准医药的发展具有广阔的前景。

● 移动医疗

自从“互联网+”模式开始盛行成为新风口，移动医疗成为最强劲的细分市场。伴随经济发展和人民收入水平的提高，人们的健康管理意识逐渐增强，对医疗服务的需求日益增多，而医疗服务资源短缺且分布不均、传统医疗服务中长期积累的“看病难、看病贵”等痛点日益凸显。在技术进步与社会需求的双重推动下，“互联网+医疗”的大时代正在兴起。尤其近年来，各类创新百花齐放，移动医疗将通过改变就医方式、重构健康管理、完善就医体验、改善购药方式，从而构建新的医患生态，使患者享受到安全、便利、优质的诊疗服务。

2010年以前，对移动医疗领域的投资非常少，之后就开始呈几何倍数增长，但总体来看仍处于行业发展初期，超过70%的融资为种子天使轮和A轮。2015年之后，移动医疗开始在全世界范围内迅猛发展，互联网、医疗领域的巨头纷纷涌入，从垂直细分市场到行业平台应用，从软件服务到硬件配套设施，各方面较量不断升级。目前，许多国家已经推出了移动医疗健康服务计划。

● 医疗大数据挖掘

国际数据公司（IDC）预测，截至2020年，医疗数据将达到40万亿千兆字节（GB），是2010年的30倍。同时，数据生成和共享的速度迅速增加，导致数据加速积累。可穿戴智能设备的出现为大规模、实时、持续的数据收集提供了有效途径。生物检测技术的进入促使生物数据大爆发，第二代基因测序的通量远高于第一代基因测序，大范围的基因测序加速了生物数据的积累，在临床和基础研究方面具有很高的价值。随着信息技术的进步，数据融合、数据挖掘、图像处理识别、机器学习、自然语言处理、数据可视化、人工智能等技术不断有新的成果出现，使医疗行业挖掘精确而有价值的信息成为可能。

麦肯锡公司的研究报告预测，仅在美国，医疗大数据的应用每年将有望减少3 000亿～4 500亿美元的医疗费用。我国医疗数据领域的资本涌入也正在持续增加，融资额度多在千万元级和亿元级，资本的大规模涌入将进一步加速医疗大数据产业的发展。医疗大数据的潜在价值见图2-2-2。

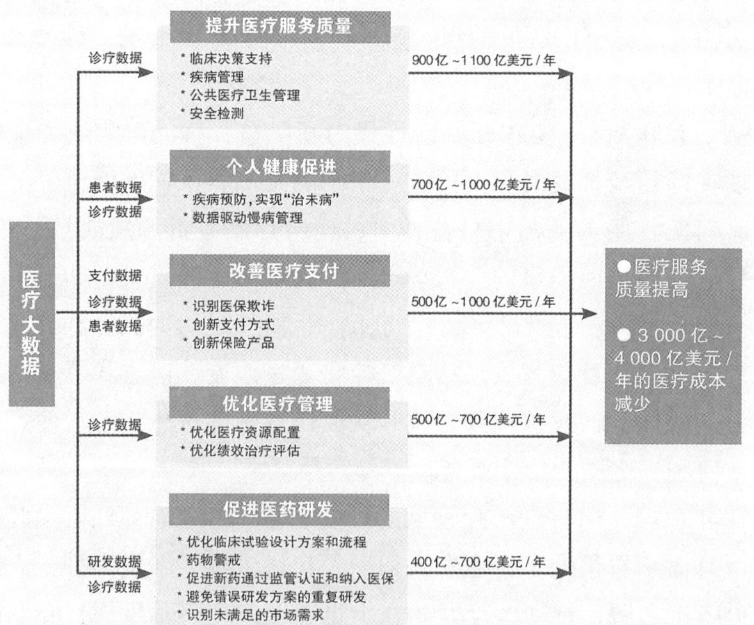

（数据来源：IMS Health 市场研究报告）

图2-2-2　医疗大数据的潜在价值

并购重组活跃

全球生物医药产业集聚发展的大格局已经形成，产业集中分布在三大中心。美国生物医药的研发实力和产业发展全球领先，是世界上最大的生物医药产业中心。欧洲凭借坚实的产业基础和技术优势紧随美国，走在世界的前端。同时，随着人口老龄化加剧，生物医药在欧洲有了广阔的市场前景。日本生物医药领域的起步虽晚于欧美国家，但发展迅猛，居亚洲领先地位。除日本外，在政府的积极培育和扶持下，中国、印度、新加坡等亚洲国家的生物医药产业近几年也发展迅速。亚洲已经成为全球生物医药产业除北美、欧洲之外的另一大产业中心。

过去几年，并购是非常重要的商业趋势，并且在新一轮的并购热潮中，生物医药产业占据大约20%的份额，达到了新的高度。其中，美国辉瑞公司（Pfizer）以1 600亿美元收购总部位于爱尔兰都柏林的全球制药公司艾尔建（Allergan），是有史以来制药公司之间最大的并购。美国著名的生物制药公司艾伯维（AbbVie）以208亿美元的价格收购生物技术公司Pharmacyclics。紧随其后，加拿大制药公司瓦兰特（Valeant）收购了生物制药公司Salix，美国生物制药企业新基制药（Celgene）收购了生物制药公司Receptos，英国制药集团希尔（Shire）收购了美国生物制药公司Dyax，美国制药公司Endo收购了仿制药制造商Par。可以预见，大型制药企业针对生物技术创业公司的并购行动仍将持续上演，这也成为大企业获取前景看好的候选药物的一种重要方式。

风险持续存在

生物医药产业有着巨大的发展空间和吸引力，但产业的特性决定了它在发展过程中将面临资金、技术、市场、政策等多方面的高风险。

盈利周期较长是生物医药行业的一个显著特征。从实验室研究、中试生产、临床试验、规模化生产到商品化，各个阶段都需要通过药品审批程序。因此，一个生物医药品种从临床前研究到上市，一般需要5～10年的时间。对生物医药企业来说，从成立到盈利一般都需要较长的时间。国外较为成功的生物医药企业从成立到上市平均需要4年，从上市到盈利平均需要7年，盈利之后企业将出现非线性增长。

随着新技术、新产品研制的复杂程度不断提高，研发费用也相应提升，个别项目需要巨额的研发费支持，如个别基因项目的新品研究费用已经超过6亿美元。高技术的时效性又决定了投资需求的连续性，否则极有可能半途夭折。因此，对生物医药产业来说，不可避免地面临资金紧张而导致产业化过程失败的潜在危险。

此外，生物医药研发在技术环节上存在很大的不确定性。新药的研发成功率很低，如美国为1/5 000、日本为1/4 000，因为其中任何一个环节出现问题就有可能前功尽弃。同时，随着开放流通经济环境的形成，行业内的竞争加剧，部分产品即使已经投放市场也同样面临被其他同类产品淘汰的风险。

（文/汤　琦）

2.3　全球医疗器械产业投资与市场前景

医疗器械产业是生物工程、电子信息和医学影像等高新技术领域复合交叉的知识密集型、资金密集型产业。作为关系到人类生命健康的战略性新兴产业，在庞大而稳定的市场需求下，全球医疗器械产业长期以来一直保持着良好的增长势头。当前全球经济增速放缓，经济增长方式正在发生转变，医疗器械产业也迎来了新的挑战。

全球市场格局

● 西欧和亚洲将成为最具潜力市场

目前，美国是世界上最大的医疗器械市场和先进医疗技术的领跑国家，其医疗器械市场占全球医疗器械市场规模的43%。欧洲是第二大市场，占全球医疗器械市场规模的近30%。随着新兴医疗器械市场的崛起，未来市场还有较大的潜在增长空间。国际评级机构惠誉旗下研究机构BMI Research通过风险/回报指数（RRI Index）对不同地区医疗器械市场进行评估，结果显示西欧和亚洲地区将成为未来全球医疗器械领域在较低风险范围内能够获得较高回报的潜力市场。其中，西欧市场拥有较为完善的医疗体系和较为完备的政策制度，该地区老年人口数量庞大，具有较高比例的城市人口和医疗支付能力，医疗器械市场规模较大，制造业具有较好的基础条件。亚洲虽然面临重大的监管和操作风险，却是全球增长最快的市场，预计未来几年将出现井喷的态势。北美医疗器械市场一直处于全球领先地位，但从未来市场增量和前景来看将被西欧和亚洲超越。东欧、中东、非洲市场表现不佳，这些地区一方面市场规模较小，另一方面还面临巨大的监管压力和政治、经济等不稳定因素。

● 高端医疗器械占据主要市场容量

著名咨询公司Evaluate旗下的EvaluateMedTech最新分析数据显示，目前全球医疗器械市场容量最大的10个领域分别是体外诊断、心脏病、影像诊断、矫形、眼科、普通及整形外科、内窥镜、给药系统、创伤护理和牙科。其中，体外诊断器械、心脏病相关器械、影像诊断装备和骨科矫形器械几个具有较高附加值的高端医疗器械领域在未来5年内将持续保持较高的市场占有率（见图2-3-1）。同时，EvaluateMedTech还公布了全球医疗器械领域的前20强公司，北美地区在行业龙头企业分布上依然占据主导地位，涵盖了其中的12家公司，另外有7家公司分布于欧洲地区，1家公司位于亚洲地区。这20家公司代表了高端医疗器械各自领域的全球领先水平，同时也占据了全球医疗器械市场50%以上的销售份额。

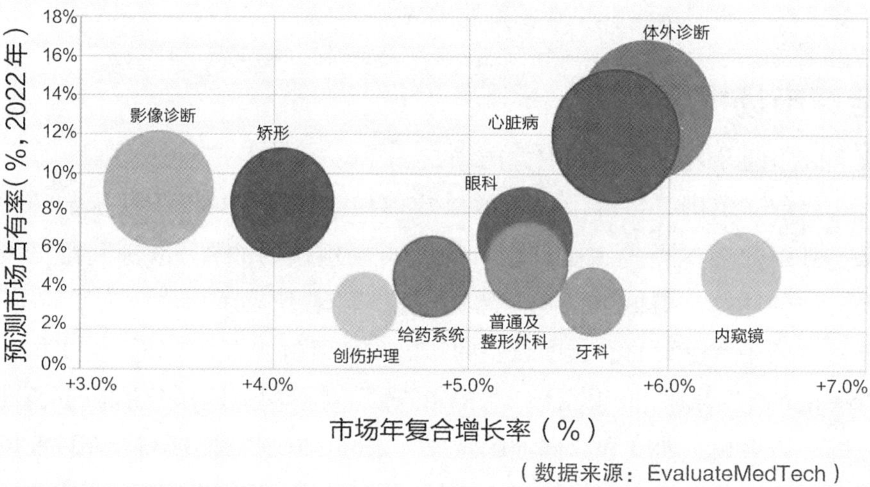

图2-3-1　全球医疗器械十大细分领域的市场容量和年复合增速

● 投资并购在新兴交叉领域较为活跃

从全球医疗器械领域十大风险投资事件涉及的领域来看，主要的风险投资活跃于体外诊断、心脏、神经、骨科和互联网医疗等新兴技术渗透和应用较多的领域。美国癌症早期筛查公司Grail的B轮首期融资计划用于支持正在进行中的基于高通量测序和数据科学的癌症早期检测产品Circulating Cell-free Genome Atlas的研发和其他大规模临床试验。美国液体活检公司Guardant Health则致力于通过血液中的DNA片段测试追踪、检测癌症。美国雅培（Abbott Laboratories）、碧迪（Becton Dickinson）等医疗器械巨头也纷纷通过收购新兴医疗器械子行业的研发型公司快速扩充产品线和提升市场占有率。这些事件对行业来说无疑具有风向标意义。

未来五大发展热点

根据全球医疗器械市场领域规模、投资并购及未来增长潜力判断，以下五大领域将成为未来一段时间内的发展热点（见图 2-3-2）。

图 2-3-2　医疗器械领域五大发展热点

● 早期筛查诊断

液体活检、DNA 捕获与扩增等技术的突破使早期筛查诊断技术再一次有了实质性的进展。早期筛查诊断分为遗传病早期筛查与肿瘤早期筛查。遗传病早期筛查是指产前筛查和通过基因检测的方法来判断患某种遗传病的概率；肿瘤早期筛查是指在有临床症状之前通过液体活检、基因测序等手段实现对肿瘤的早期发现和诊断。当前早期筛查诊断的市场已经开启，相关产品对疾病的早期发现、诊断、全病程精准管理的应用价值正在不断放大，有望成为体外诊断领域最具增长潜力的方向。

全球早期筛查诊断技术和设备的发展目前还处于初级阶段，但相关技术进展迅速。发表于《自然·遗传学》（*Nature Genetics*）杂志由美国加利福尼亚大学圣迭戈分校生物工程系张鹍教授团队开发的一项高通量甲基化无创检测新技术，近期受到国内外媒体的关注。这项技术在检测癌症的同时，还能确定肿瘤在体内的生长位置，为癌症早期诊断提供了新的方向。未来，早期筛查技术将向更高的灵敏度和特异性、更快的检测周期以及更便宜的检测费用方向发展。

由 Illumina、Bill Gates、Jeff Bezos 等投资成立的 Grail 公司也专注于开展肿瘤早期筛查检测服务。众多行业巨头和投资公司都纷纷看好早期筛查市场，由此有可能引发早期筛查诊断领域新一轮的投资热潮。

● 心血管介入植入器械

心血管疾病是世界范围内的头号健康杀手，根据世界卫生组织（WHO）的估算，约占全球死亡总数的30%。从全球医疗器械各领域市场份额来看，心血管相关器械是仅次于体外诊断的第二大市场。除先天性缺损等特殊情况外，粥样动脉硬化导致的冠状动脉病变、心脏瓣膜严重受损等都需要通过介入植入器械进行干预治疗。其中，心血管支架和人工心脏是两个重要的发展方向，围绕心血管疾病从“周边”到“核心”提供解决方案。

全球血管支架系统主要由雅培、波士顿科学（Boston Scientific）、美敦力（Medtronic）等公司主导，分别采取全生物降解的PLA技术路线和关注支架内皮化的表面处理/部分降解路线。雅培公司推出的新一代全吸收式生物血管支架Absorb GT1植入人体后2～3年将逐步降解。人工心脏相关技术也进展迅速，目前SynCardia公司生产的整体式人工心脏已经摆脱了复杂的辅助设备，患者可以通过便携式设备独立活动并可以在家进行电量补充，甚至可以进行轻度锻炼，产品的使用体验感正不断改善。此外，辅助式人工心脏技术目前已经相对成熟，被用于患者的终身治疗。

可以预见在未来一段时间内，心血管介入植入器械将继续保持其原有的市场地位。同时，随着技术的改进和产品价格的进一步下降，全球市场有望继续保持高速增长的势头，相关产品和企业将迎来更大的发展空间。

● 人工智能影像诊断

人工智能依靠强大的图像识别和深度学习技术，能够精确而高效地识别图像特征和规律，因此也是医学影像技术发展的一个重要方向。人工智能在影像诊断器械领域的应用主要包括3个方面：一是基于放射影像的辅助诊断（CAD）系统，帮助医生提高诊疗效率；二是病理影像诊断，确保诊断结果的客观稳定；三是放疗辅助勾勒。相关产品正在往这3个方面拓展。

国外涉及人工智能结合医学影像的公司起步相对较早，相关的企业有IBM Waston、AlphaGo的缔造者DeepMind以及Butterfly Network等。目前基于深度学习的医学影像识别准确率已经有90%以上，辅助诊断效果显著。未来，技术将在提高诊断的敏感性和特异性方面进一步突破，一方面是获得大量标准化的数据，另一方面是提升算法的顶层设计和数据的标准化水平。

未来，人工智能诊断有望完美契合高端医学诊断器械迅速发展壮大，实现对更多病种的高效率诊断，并加速实现商业化。

● 个体化定制器械

3D打印被认为是“可以引发全球制造业巨大变革”的技术，随着这项技术向医疗器械的渗透，个性化定制器械迎来了全新的时代。全球3D打印医疗器械的应用领域主要包括3类：第一类是体外医疗器械，如医疗模型、假肢、齿科手术模板等；第二类是个性化植入物，如颅骨修复、颈椎人工椎体及人工关节等；第三类是常规植入物，如关节柄的表面修饰、种植牙、补片等。3D打印技术的持续进步以及个体化医疗的巨大市场需求正在推动这个领域迅速发展。

目前，全球3D打印医疗器械领域的主要公司有3D系统公司（3D Systems Corporation）、史赛克（Stratasys）、雷尼绍（Renishaw plc）、EOS（Electro Optical Systems）等。骨科器材类的3D打印器械近几年已初步投入使用，其个性化、小批量和高精度的特点在3D膝关节、3D髋关节、3D关键骨等领域都体现出明显的优势。另外，3D打印应用于口腔医学的修复领域、正畸领域、种植领域和颌内外科领域的相关设备和产品也正在逐步兴起。

全球范围内3D打印医疗器械的研发制造正在蓬勃开展，预计未来将有更多个性化的医疗器械产品通过3D打印以高度自动化和高效率的方式制造并投入市场。由此可见，该领域前景可期。

● 医疗机器人

在数字健康技术自动化的全球趋势下，手术机器人、诊疗机器人、康复机器人等发展迅速。医疗机器人突破了传统医疗模式的局限，能够获得更高精度的操作、随意缩放的影像和自由的远程操控。波士顿咨询公司的数据显示，目前医疗机器人的每年营收大约为40亿美元，年复合增长率稳定在15%以上，产业链进入迅速扩增阶段。

目前，全球医疗机器人领域已经形成产业化或具备产业化趋势的是手术机器人和外骨骼康复机器人。美国直觉外科公司（Intuitive Surgical）是手术机器人领域的领军者，其明星产品达·芬奇机器人手术系统占到全球手术机器人市场约1/2的份额。以色列ReWalk公司是外骨骼康复机器人领域的领军企业。从市场分布来看，欧美地区的医疗机器人企业占据了较大的市场份额，尤其是处于领先地位的美国，如美国直觉外科公司、史赛克公司（Stryker）、TransEnterix公司、安科锐公司（Accuray）、Mazor公司、爱科索仿生机械公司（Ekso Bionics）、Hansen Medical公司等都属于行业龙头企业。

2021年，全球已经有数千台达·芬奇机器人手术系统投入使用，单机手术量平均每星期7台。医疗机器人产业巨大的前沿性、战略性、成长性和带动性已经显现，各国纷纷出台政策加速推进，预期未来产业有望迎来大爆发。

把握国内市场新机遇

近年来，我国医疗器械行业平稳发展。然而，相较于国际市场，国内医疗器械行业整体规模偏小。面对全球医疗器械市场（尤其是高端市场）巨头垄断的格局，国内企业在市场基础和技术优势积累方面还有很长的路要走。与此同时，国内医疗器械研发水平、投入水平正逐步提高，一些领先的医疗器械企业的研发投入占营收的比重已经超过了国外部分巨头公司，这些企业的核心创新实力不断增强。

随着各国医疗器械监管标准和市场准入体系的不断完善，越来越多的医疗器械企业展开同台竞技，促使产业向更高质量、更高效益的方向进行转型。在同类产品并购、产业链并购和平台化收购的大趋势下，国内医疗器械行业整合并向高端升级的浪潮已经袭来，未来医疗器械企业的竞争重点将集中在技术创新、资本并购和新兴市场的开拓方面。中高端医疗器械领域的进口替代和细分市场的拓展将是中国医疗器械未来一段时间内获得高速增长的主要机会。我国正在全面实施健康中国战略，围绕为人民群众提供全方位、全周期的健康服务发展生命健康产业，这对医疗器械产业来说是一次很好的机遇，有必要在把握全球整体技术、市场发展趋势的基础上，充分发挥国内巨大的市场和临床资源优势，加速布局具备一定技术优势的高端领域和新兴领域，全面提升国产医疗器械在全球医疗器械市场中的规模和竞争力。

（文/汤　琦）

2.4 全球精准医疗产业投资与市场前景

精准医疗是在基因测序技术快速进步以及生物信息与大数据科学交叉应用背景下发展起来的新型医学概念和医疗模式。它以大样本人群基因组、蛋白质组、代谢组信息和表型数据为基础，对疾病的深层次原因进行深度挖掘，精确寻找到疾病发生的原因和治疗的靶点，并对同种疾病的不同状态和过程进行精确亚分类，最终实现对疾病和患者的个性化精准治疗，提高疾病诊治和预防的效益。

目前，在全世界范围内，美国的“精准医学计划”、法国的“基因组医疗2025”、英国的“10万人基因组计划”、韩国的“万人基因组计划”、澳大利亚的“零儿童癌症计划”等精准医疗计划已经获得重大推进。精准医疗产业在提高人类健康水平、节约医疗资源和成本的同时也将带来巨大的经济效益。精准医疗产业由于内需巨大且边际效应明显，已经成为当前带动生物医药总产值增长的重要引擎。

全球市场格局

● 欧美公司垄断仪器与耗材市场

从全球市场来看，欧美地区在精准医疗领域的优势地位显著，这和欧美地区生物医药企业在试剂、设备领域的技术优势和产业基础密切相关。例如，作为精准诊断核心和关键的测序仪，也是基因测序产业链上壁垒最高的部分，其市场基本被欧美巨头公司占领。目前，全球三大测序设备龙头企业Illumina、赛默飞和罗氏的市场占有率分别达到83.9%、9.9%和5.2%。此外，高端生物制品和药品的生产制造涵盖了分析、检测、存储等多个环节，赛默飞、Beckman等企业的设备和配套的试剂、耗材凭借早期介入和市场的认可几乎已经成为医疗机构和医药企业的首选。鉴于高成本和较高的技术难度，其他新兴设备、试剂厂商短时间内很难实现全方位突破和自主技术替代。因此，预计未来几年，巨头公司在精准医疗上游仪器及耗材市场的垄断地位还将继续保持，欧美以外的市场在一段时间内仍将面临高价进口核心设备、耗材和试剂的窘境。

● 中国市场增长空间巨大

中国人口约占世界人口的1/5，在常见病和罕见病方面有足够丰富的样本和巨大的潜在市场需求。在人口老龄化、环境污染和城市化等因素的影响下，中国已经成为新增癌症病例第一的国家。国家癌症中心的数据显示，中国每年新发癌症病例约429.2万，因癌症死亡病例约281.4万。同时，中国精准医疗市场规模正在以每年20%的速度增长，已经超出了全球的平均水平。当前，全球基于基因测序的应用市场加速增长，国内基因测序市场表现尤其突出。市场调研公司MarketsandMarkets测算，中国基因测序市场增速为20%～25%，已经成为全球增速最快的地区。同时，产业链中下游各个细分领域也呈现快速增长的势头，国内产业活力正在逐步显现，目前已经涌现了华大基因、中源协和、乐土精准医疗、达安基因、博奥生物、碳云智能、安诺优达、诺禾致源、药明康德、贝瑞和康等一大批大型精准医疗企业。

● 巨头公司并购重组活跃

近年来，医药领域和跨领域的行业巨头都纷纷看好精准医疗行业，通过并购重组沿产业链横向和纵向拓展。比较典型的公司，如以基因测序设备起家的Illumina，通过收购BlueGnome和Verinate Health公司，开始涉足测序服务环节，并推出了测序云平台。近年来，全球制药巨头纷纷看好细胞治疗产业，意欲通过资本市场的并购在该领域占领一席之地。位于美国加利福尼亚州的生物制药巨头吉利德科学（Gilead Sciences）公司以119亿美元的价格收购凯特制药（Kite Pharma），成功介入细胞治疗产业。美国新基（Celgene）公司则以90亿美元收购了Juno公司剩余近90%的股份，凭借这一收购迅速加入全球免疫细胞治疗巨头公司的阵营。可以预见在未来一段时间内，“小公司研发+大公司并购”或将成为精准医疗的主流商业模式。

五大投资热点

基于精准医疗领域的创新格局和竞争态势，预计以下5个方向将成为未来的投资热点（见图2-4-1）。

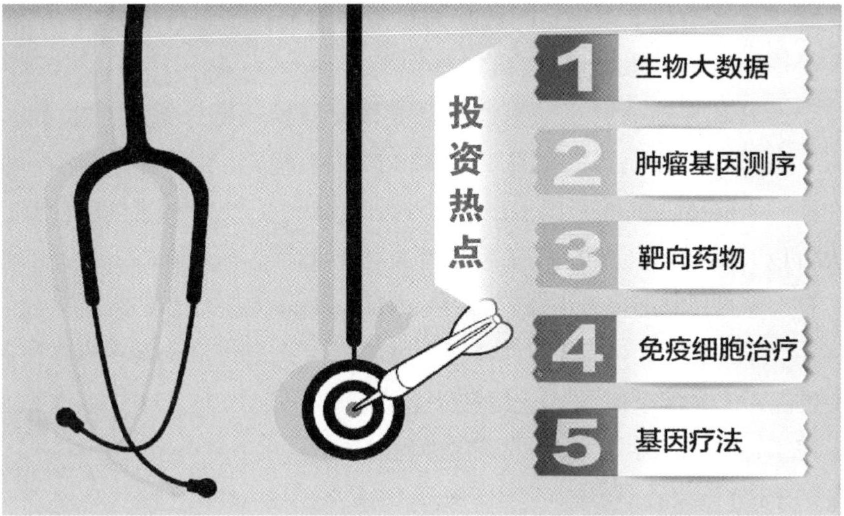

图 2-4-1 精准医疗产业五大投资热点

● 生物大数据

除了传统病例分析和影像诊断数据在横向个体和纵向时间跨度上的积累之外，基因组学、蛋白质组学、代谢组学等“生物大数据”也正在不断丰富。继国际千人基因组计划和人类遗传突变图谱发表之后，肿瘤基因图谱（TCGA）、DNA元件百科全书（ENCODE）以及人类蛋白质组计划（HPP）也正陆续实施。在此基础上建立的大规模生物数据库和样本库是精准医疗的重要基础。

目前，发达国家和地区纷纷加大投入建立国家级的生物大数据中心，包括美国国家生物技术信息中心（NCBI）、日本DNA数据库（DDBJ）和欧洲生物信息研究所（EBI），为精准医疗积累数据资源。在美国，围绕以基因数据为主的生物数据，已经形成了不同的商业模式：一种是在线生物信息分析平台，如SevenBridges，定位于为科研机构、医药企业、医学诊断服务机构提供生物大数据云管理和生物信息学分析工具；另一种是临床决策支持平台，如N-of-ONE，定位于为医学检验机构提供肿瘤治疗临床决策支持。

● 肿瘤基因测序

目前，体外诊断（IVD）已经成为人类疾病预防、诊断、治疗的重要环节，在“诊疗一体化”趋势下，药物、治疗手段的更新推动IVD市场蓬勃发展。尤其是在重大疾病的诊疗需求激增的前提下，肿瘤分子诊断、核酸分子诊断近期进展显著。《自然医学》（*Nature Medicine*）杂志公布的全球首个万人晚期癌症测序结果，对癌症诊疗新模式的探索具有重要意义。赛默飞公司首个基于第二代测序（NGS）的检测方法获得美国食品药品监督管理局（FDA）批准，用于多种非小细胞肺癌新药的NGS伴随诊断，该方法可以有效辅助医生快速找到治疗方法。此外，Foundation Medicine公司具有突破性的体外诊断测试产品FoundationOne CDx（FICDx）也已经获得FDA的批准上市，实现了对肺癌、乳腺癌、直肠癌和卵巢癌等4种癌症相关的324个肿瘤基因编码进行测序和精准的早期诊断。这些事件和进展也体现了FDA推动肿瘤诊断市场化进程的决心。

● 靶向药物

基于跟疾病相关分子诊断依据的精准药物的研发，是目前新药研发最活跃的领域之一。肿瘤靶向治疗通过药物干扰肿瘤增殖分化所需的特定分子，从而阻止肿瘤的生长和扩散，目前也是抗肿瘤药物研发的重要方向。与常规化疗相比，肿瘤靶向药物安全性较高，副作用较低，能够准确消灭肿瘤细胞，阻止肿瘤进展，延迟癌症的复发，并且能够减少治疗对正常细胞的损害，提高患者的生命质量。随着肿瘤治疗技术的进步以及对治疗机理的深入探索，针对新的治疗靶点的靶向药物不断涌现。根据统计，近年来全球批准的抗肿瘤新药中靶向药物占80%以上。后续在研肿瘤药处于Ⅱ/Ⅲ期临床的产品中有近90%为靶向药物。未来，靶向生物药有望成为肿瘤药的主力。

● 免疫细胞治疗

肿瘤免疫细胞治疗作为一种里程碑式的新型治疗手段，突破了传统手术及药物治疗在重大及难治性疾病方面的局限，为癌症等疾病提供了全新的治疗思路和途径。当前，非特异性免疫细胞治疗的疗效已经获得全面共识。美国、欧盟、日本等政府纷纷出台支持政策加速免疫细胞治疗的产业化进程，争夺发展优势。尤其是诺华制药的Kymriah和凯特制药的两项CAR-T产品分别获得FDA批准上市，成为免疫细胞治疗领域具有里程碑意义的事件，也标志着全球免疫细胞治疗产业化阶段即将到来。除了本身致力于细胞疗法研究和开发的公司之外，国外制药巨头纷纷看好细胞治疗产业，意欲通过资本市场的并购占领一席之地。

● 基因疗法

基因疗法通过对变异基因进行批量改造，让细胞回归正常，从而实现疾病的根治。新的基因组编辑技术，如锌指核酸酶（nuclease）、转录激活因子效应物核酸酶（TALEN）和CRISPR-Cas9系统的相继出现给基因治疗领域开辟了新途径。由于它们能操作简单、定向精准且成本较低地编辑靶向位点，避免了传统依赖同源重组、有效率低、耗时复杂等弊端，正成为新一代基因治疗的宠儿。当前，精确或定量化的新型基因操作技术、真核生物细胞的基因（组）编辑技术、在工业生产和环境保护等方面具有重要应用价值的新型微生物基因重组技术已经成为研发热点，未来技术将向着多种基因（组）编辑手段融合、重视基因操作的效率和通量、提高易操作性、降低脱靶率和扩大应用范围等方面发展。2018年1月，美国宣布在之后的6年出资1.9亿美元，支持体细胞的基因编辑研究，以开发安全有效的基因编辑工具，治疗更多的人类疾病。可以预计，“基因剪刀”将是撬动未来千亿级市场的一把钥匙。

未来趋势

● 趋势一：聚焦节省时间和成本

目前，基因测序技术已经发展到第三代，单基因检测正在向多基因检测方向发展（见图2-4-2）。FDA在2017年11月首次针对非特定基因、特定位点进行审批，批准了纪念斯隆·凯特琳癌症中心（MSK）用于癌症患者468个基因检测的癌症基因检测分析平台MSK-IMPACT。两个星期后，Foundation Medicine公司旗下包含324个基因的变异检测的产品FoundationOne CDx（F1CDx）同时获得FDA及医疗保险和医疗补助服务中心（CMS）的批准，用于泛癌症临床伴随诊断，这是首款突破性的基于NGS的体外伴随诊断产品。这两个基因检测分析平台的获批，成为精准医疗发展的一次重要跨越，也揭示了未来基因测序正在从单基因检测向多基因检测方向发展。此外，在行业竞争压力和患者需求的双重驱动下，新型生物医药技术和产品加速面世，结合大数据和人工智能工具在临床研究/试验数据分析、生物标志物发现、药物筛选、药效预测及自动化诊断方面的应用，有望进一步缩短研发的时间和成本。

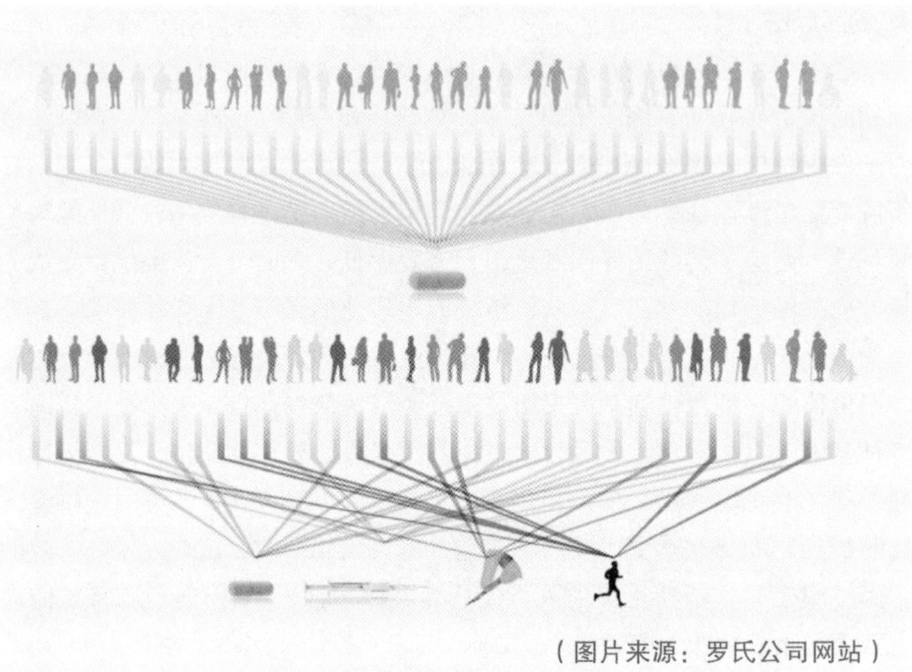

图 2-4-2　单基因检测正在向多基因检测方向发展

● 趋势二：聚焦降低商业化风险

在围绕精准治疗的创新产品加速研发，模式创新不断涌现并即将大规模商业化的阶段，如何降低商业化风险也是一项重要的挑战。对靶向药物来说，耐药性问题和相关副作用目前还没有很好的解决方案。对细胞治疗产品来说，目前仍存在内源性和外源性风险因素。内源性的风险因素是由细胞自身的生物学特性决定的，包括细胞来源（同源或者异源，患者的个体状态）、分化状态、扩增能力、生存时间和细胞因子分泌等特性。外源性的风险因素包括了原料、设备、制备和运输过程中影响制品质量的各类因素。这些风险会导致临床疗效不如预期，甚至出现治疗的不良反应。因此，医药企业未来创新一方面将聚焦技术层面，最大限度降低外源性风险，另一方面将加强内源性因素、耐药性及不良反应的机制机理研究和数据积累，建立有效的临床应对策略，确保精准医疗更加安全和有效。

中国版精准医疗再加速

近年来，精准医疗逐渐上升为我国的国家战略，投入和监管方面正在加速推进。根据科技部的精准医疗计划，我国将在2030年前投入600亿元人民币用于推动精准医疗的发展。科技部2016年“精准医学研究”重点专项（实施周期为2016—2020年）正式确定了“队列、大数据、生物标记物、精准预防、精准治疗”等多个重点方向，相关产业政策和行业监管政策也正快速跟进。2017年4月，国家《“十三五”生物技术创新专项规划》发布，将基因测序、免疫疗法、新一代基因操作技术等列为发展重点。同年6月，国家卫生和计划生育委员会（现更名为国家卫生健康委员会）等六部委发布了《“十三五”卫生与健康科技创新专项规划》，要求建立多层次精准医疗和知识库体系以及国家生物医学大数据共享平台，重点攻克新一代基因测序技术、组学研究和大数据融合分析等精准医疗核心关键技术，开发一批重大疾病早期筛查、分子分型、个体化靶向药物治疗、靶向外科手术、疗效预测及监控等精准化解决方案和支撑技术。此外，2017年年底，国家卫生和计划生育委员会发布了《感染性疾病相关个体化医学分子检测技术指南》和《个体化医学检测微阵列基因芯片技术规范》。精准医疗正在逐步走向规范并且迎来快速发展期。

我国“精准医疗”将围绕开发国际领先的新型临床基因诊断技术和产品，以期达到对癌症患者的早期筛查、精准分型、个体化用药、疗效监控、抗药性预测、预后追踪等目标，预计每年将使1 000万～2 000万肿瘤患者从中受益。从产业化视角来看，在当前从早期预防诊断，到中期药物开发，再到后端健康维护的精准医疗商业化和产业化热潮下，中国有必要抓住机遇，对具有潜在优势的精准医疗研发和产业化项目给予积极支持，将医疗消费优势转化为产业优势，助力中国版精准医疗参与全球竞争。

（文/汤 琦）

2.5 细胞治疗发展的关键问题及竞争态势

细胞治疗作为一种突破性的新型治疗方式，对癌症等重大难治性疾病的治疗具有革命性的意义。当前世界各国都在加紧布局，资本市场持续升温，全球细胞治疗产业发展已经进入了关键阶段。我国有必要抓住机遇、用足优势、全面布局，将细胞治疗打造成为我国大健康产业的一大品牌。

全球细胞治疗发展已经进入关键阶段

● 细胞治疗引领医学创新变革

细胞治疗是指将自体或异体的体细胞或干细胞进行生物工程改造，进而形成具备杀死病原体和肿瘤细胞、促进组织器官再生和机体康复等功能的细胞制品，再移植或输入人体内达到治疗疾病的目的（见图2-5-1）。作为一种里程碑式的新型治疗手段，细胞治疗突破了传统手术和药物治疗的

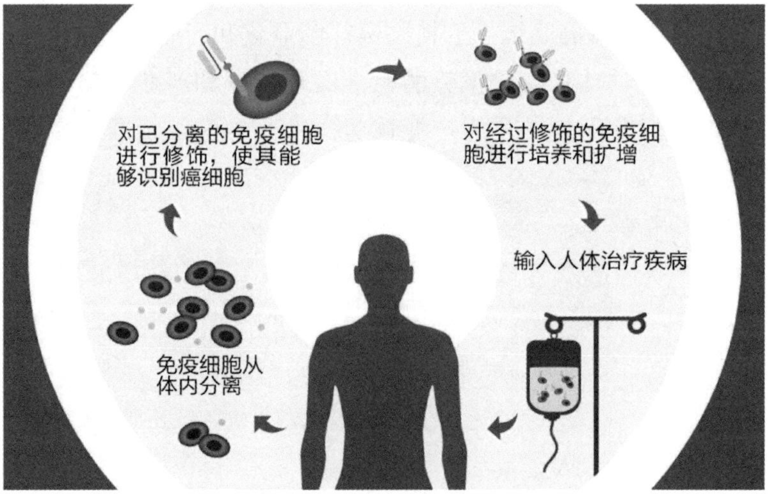

（来源：http://michelsonmedical.org/）

图2-5-1　细胞治疗疾病

局限，为癌症等疾病提供了全新的治疗思路和途径。近年来，随着大量优秀的临床数据涌现，细胞治疗的疗效已经获得全面共识。

● 细胞治疗产品研发进展迅速，产业化一触即发

目前，在干细胞治疗领域，全球已经有14款获批上市的干细胞药物或疗法。在免疫细胞治疗领域，用于B细胞前体急性淋巴性白血病治疗的Kymriah（曾用名CTL019，诺华制药产品）和用于非霍奇金淋巴瘤治疗的KTE-C19（凯特制药产品）两项嵌合抗原受体T细胞（CAR-T）产品已经获得美国食品药品监督管理局（FDA）批准上市，这标志着全球免疫细胞治疗产业化阶段即将到来。

● 全球市场加紧布局，制药巨头并购活跃

当前，美国、欧盟、日本等政府都纷纷出台了相应的支持政策来加速细胞治疗产业化的进程。美国为了提升细胞治疗的产业化水平，专门组织了包括学术界、产业界、临床药品生产质量管理规范（GMP）中心、政府部门和私人基金会等超过60个机构的专家制定了《面向2025年大规模、低成本、可复制、高质量细胞制造技术路线图》，并且以此为依据来指导10年内美国细胞治疗产业的发展。各大制药巨头纷纷看好细胞治疗产业，加紧布局，意欲通过资本市场的并购占领一席之地。位于美国加利福尼亚州的生物制药巨头吉利德科学（Gilead Sciences）公司以119亿美元收购凯特制药（Kite Pharma），成功介入细胞治疗产业。美国新基（Celgene）公司宣布以90亿美元收购Juno公司剩余近90%的股份。凭借这一收购，新基公司也迅速加入全球免疫细胞治疗巨头公司的阵营。

我国发展基础较好，有望打造领先优势

● 中国临床优势明显，跻身全球第一梯队

中国作为癌症高发大国，每年有400万例左右的新增病例，临床资源及数据丰富。根据药物靶点临床数据库ClinicalTrials的检索结果，截至2020年12月底，中国已经有14项干细胞药品获得受理，其中有10项获得模式许可。已经登记开展的间充质干细胞的临床试验总数位列全球第一（超过了欧洲、美国），CAR-T临床研究数量仅次于美国。从临床试验数量变化的趋势可以看出，近年来中国已经与美国同列，处于全球细胞治疗研究第一梯队。

● **创新集聚效应已现雏形，部分产品前景可期**

近年来，国内大量的生物技术公司、研究机构纷纷向细胞治疗领域进军，创新集聚效应已经初步显现，其中长三角地区集中了国内超过三分之一数量的细胞治疗技术开发主体。部分企业的研发水平与国外基本保持同步，例如：复星凯特公司成功通过技术转移建立了细胞治疗产品制备的全套GMP生产线；南京传奇公司披露的BCMA CAR-T疗法信息显示，其LCAR-B38M无论在临床疗效还是安全性方面都优于国外Bluebird Bio、诺华公司的同类产品；合肥的博吉生安科公司公布的资料称，其CAR-T产品在CRS致死、神经毒性、制备失败率等风险值上优于诺华、凯特制药、Juno公司同靶点产品；上海英普乐孚公司联合国内外研发机构和临床机构，对免疫细胞产品制造和服务模式进行了积极探索。

● **政策支持逐步明晰，迎来产业发展良机**

在《"健康中国2030"规划纲要》和业界呼声的共同推动下，国家食品药品监督管理总局（CFDA）发布了《细胞治疗产品研究与评价技术指导原则（试行）》，细胞治疗产品的申报、审批路径正在走向清晰，我国的细胞治疗终于迈入临床的大门。从2017年年底起，CFDA受理并开始评审多家企业的CAR-T细胞治疗临床申请，南京传奇公司获得第一张临床批件之后，其他企业的临床申请也在陆续受理中。在此背景下，国家知识产权局随后发布的《知识产权重点支持产业目录（2018年本）》，明确将细胞治疗列入其中。随着下一步申报细则和相关法规的加速落地，国内细胞治疗产业即将迎来前所未有的发展机遇。

细胞治疗进一步发展面临的三大瓶颈

从技术水平和产业化进程来看，中国细胞治疗处于全球第二的水平（美国第一，具有产业发展代表性的城市包括费城、纽约、波士顿等）。然而，我国在产业链、创新链、服务链上还存在几个方面的突出问题。

一是产业链存在明显薄弱环节。首先，产业链上游试剂和仪器缺乏国内供给保障。美国细胞治疗技术优势转化为产业优势的关键在于获得了充分的产业链上下游配套支持。赛默飞世尔（Thermo Fisher）、贝克曼（Beckman）、GE医疗（GE Healthcare）等厂商几乎实现了产业链上游设备和试剂的全覆盖。相比之下，我国在干细胞和免疫细胞治疗中所需的流式细胞仪、血细胞分离机和分析仪、无血清培养基、液氮罐等方面缺乏有竞争力的产品，仍然主要依赖于进口。其次，产业链中游的细胞存储库建设存在不足。规范的细胞存储库能为细胞治疗产业发展提供有力支撑。全球最大的细胞存储库——纽约血液中心凭借规范和丰富的资源优势，使纽约市在整个细胞治疗产业的基础和核心作用得以凸显。我国细胞存储库规模层次不一，存储质量和配置利用方面与国外细胞库相比也还有较大差距。

二是创新链的源头创新能力不足。美国细胞治疗领先全球最重要的因素是其在生物制药领域雄厚的科研基础。位于费城的宾夕法尼亚大学拥有世界顶级的细胞生产与转化医学研究平台，也是细胞治疗领域最权威的技术源头，诺华等一大批细胞治疗公司的核心技术均来源于此，此处还造就了卡尔·朱恩（Carl June）教授团队等一批明星研发团队。相比之下，国内虽紧随国际趋势，在血液系统肿瘤（包括白血病、淋巴瘤）和实体瘤等方面开展了大量的基础和临床研究，但缺乏具有全球影响力的原创技术和研究团队。

三是服务链尚未形成集聚溢出效应。创新集聚区的浓度溢出依赖于良好的创新生态环境。美国波士顿地区细胞治疗产业在要素集聚方面最具典型意义。一方面，该地区拥有纪念斯隆·凯特琳癌症中心等全美顶级的医疗机构，同时是全球最具活力的生物产业集聚区，高浓度的要素集聚和有效的创新协同网络促使该地区创新成果得到高效转化。相比之下，我国细胞治疗创新主体虽然在空间分布上形成了一定的集聚，但创新主体之间以及这些主体与本地顶级医疗机构和其他要素之间合作共赢的纽带关系还未充分建立，创新浓度和要素集聚的溢出效应并未充分显现。另一方面，美国政府在产业发展关键节点积极介入，为技术创新和产业发展提供了资金、政策支持和中介服务，细胞治疗的技术创新成果获得大量的资金支持并实现了及时的临床转化。在我国，新兴的细胞治疗产业尚缺少充足的资金支持。

对策建议

细胞治疗是我国生命健康领域有望快速占领科技制高点的领域之一，也是新科技革命和产业变革中新技术、新业态和新模式的典型代表，顺应了个体化、精准化医疗大趋势和发展目标。我国应把握发展机遇，加快战略布局，以细胞治疗产业创新为契机，打造现代生命健康产业发展模式。

一是研究制定国家层面细胞治疗创新与产业发展行动计划。在《“健康中国2030”规划纲要》《关于全面推进卫生与健康科技创新的指导意见》和《国家生物技术发展战略纲要》（制定中）的基础上，我国应进一步研究制定聚焦发展细胞治疗的行动计划，确定我国细胞治疗发展的目标和重点任务，形成近、中、远期系统化的创新与产业化推进对策。我国还应加强重点区域的产业布局，发挥北京、上海、广州等核心城市的功能，引导区域内具有较高临床水平的医疗机构、研发机构和先进企业，通过项目合作研发、实验室共建等方式，共同开展细胞治疗技术研发和产业化项目攻关，打造细胞治疗产业创新发展核心区。

二是加快创新资源平台建设和关键技术攻关布局。我国可从以下几个方面加快创新资源平台建设和关键技术攻关布局：依托重点企业和院所，建设集细胞疗法新技术开发、细胞治疗生产工艺研发、细胞疗法cGMP生产、细胞库构建等于一体的国家级细胞治疗技术开发与制备平台；依托重点医疗机构，打造集基础研究、制备检验、临床前试验、临床研究于一体的国家级细胞治疗研发平台；以技术先发优势和临床转化优势为突破口，对干细胞治疗心血管疾病、糖尿病、神经系统疾病，免疫细胞治疗实体瘤，新型肿瘤疫苗等关键技术进行重点攻关布局，加速占领产业科技制高点；加强原料稳定性控制、自动化分离纯化、细胞实时评估监测、替代保存、运输等关键技术的研发，保证国内产品质量和稳定性达到国际领先水平；加大对产业链上游必需的设备、试剂、耗材等的研发支持强度。

三是加强政策引导和风险管控，制定出台辅助性鼓励支持政策。目前，全球范围内都暂未形成细胞治疗产品大规模产业化的成熟模式。我国可从以下几个方面加强政策引导：开展区域细胞存储中心和细胞制备中心建设试点，探索标准化、模块化的生产方式；鼓励医疗机构在可控的范围内做一些探索性的临床研究和成果转化，允许医疗机构联合企业共同探索细胞治疗产品的“院内生产”模式，打破生产机构与医疗机构在研发、制造与临床上的机制壁垒，逐步构建、形成以细胞治疗为起点的个体化医疗新模式；政府资金引导调动各类社会资本，为关键技术和产品的临床转化提供多元化、持续性的投入。此外，我国还应保持对风险因素的及时管控，具体措施：加强内源性因素（由细胞生物学特性决定，包括细胞来源、分化状态、扩增能力、生存时间和细胞因子分泌等）及不良反应（如“细胞因子风暴”、神经系统毒性等）的机理研究和数据积累；建立有效的患者筛选手段和临床应对手段；最大限度降低外源性风险（如原料、设备，以及制备和运输过程中潜在的各类风险）。

（文/汤　琦）

2.6 “互联网+医疗”，未来已来

互联网医疗的产生是技术驱动和社会需求双重作用的结果。在这种双重作用的推动下，“互联网+医疗”的大时代正在兴起。互联网医疗的目标是通过改变就医方式、完善就医体验、重构健康管理、改善购药方式等构建新的医患生态，使患者享受到安全、便利、优质的诊疗服务。

产业发展已成燎原之势

创业者和大量资本蜂拥而至。从2014年开始，大量创业者涌入互联网医疗领域，同时国内外互联网医疗领域的投资总量和投资增长都达到了一个新的水平。

一系列利好政策纷纷出台。近年来，一系列有利于互联网医疗发展的利好政策纷纷出台，政策涉及医院体制改革、医生多点执业、网售处方药、鼓励移动互联网和远程医疗发展等。

行业巨头强势介入，触发行业变革。国外各大公司，包括谷歌、苹果、脸书、英特尔等都纷纷进入互联网医疗产业，国内的百度、阿里巴巴、腾讯等科技巨头也通过不同的策略介入互联网医疗领域。与此同时，众多医药企业纷纷向互联网医疗企业转型。

当前主要发展模式

在互联网医疗产业迅猛发展的同时，其模式创新也层出不穷。互联网医疗存在于就医治疗、处方购药、健康管理和医保控费这些环节当中，几个环节分别对应了互联网医疗端、医药端、健康端和医保端（见图2-6-1）。

● 互联网医疗端

互联网医疗连接着患者、医生和医院，主要功能是实现医疗资源的优化配置。互联网医疗主要包括3种模式。

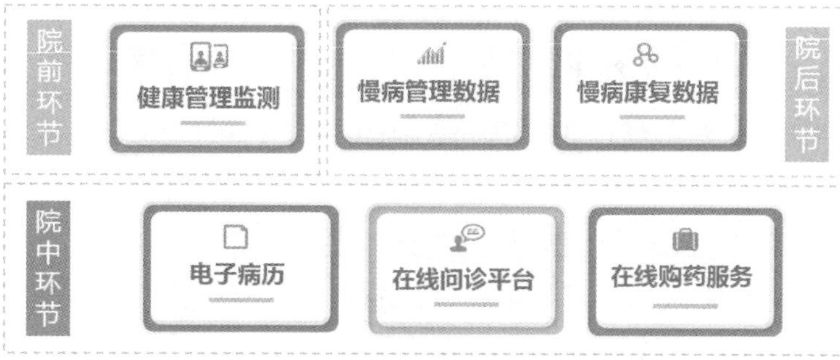

图2-6-1　互联网医疗主要环节

一是远程医疗模式。远程医疗模式是通过移动技术连接不同机构的医生和医生，或者医生和患者，从而实现远距离的医学支持和病情跟踪。目前，国内主要是大型医疗机构借助医疗技术和设备优势对医疗卫生条件较差的医疗机构提供远距离医学支持和服务的B2B模式。

二是网络医院平台模式。这种模式是以医院和医生为核心搭建诊疗平台，在国内比较典型的有以实体医院为核心打造网络平台的宜华健康，也有供众多独立的各科医生开设网络私人诊所的春雨医生，还有以众多医院主体为核心组建网络医院诊疗平台的汇医在线。

三是O2O闭环模式。这种模式是围绕医院以及医生资源打造整个医疗生态链。与网络医院平台模式不同，互联网医疗O2O模式除了包含医院和医生环节，还可能会向上游延伸涉及可穿戴设备，向中游延伸建立患者社区，以及向下游电商甚至制药以及医疗器械企业延伸，也就是打通患者诊前、诊中、诊后的所有环节。

● 互联网医药端

互联网医药端的主要功能是实现方便快捷的购药体验。目前，互联网医药端已经成为全球药品销售的一个重要渠道。美国通过网络零售的药品已经占到药品零售市场的约30%。我国医药电商的销售规模增长速度近几年也非常显著。

目前，医药电商主要有3种运营模式：B2B采购平台、自营式B2C网上药店和第三方B2C平台模式。B2B采购平台模式，就是原料供应商与药厂之间、药厂与医药批发商之间，以及医药批发商与零售商之间的电子采购和交易。以前因为网上药店受到严格的限制，比较主流的是B2B的网上批发模式。随着政策的放开，医药电商得到了迅速发展，现在B2C模式已经逐渐成为主流。

B2C模式又分为平台式B2C和自营式医药B2C两种模式。平台式B2C模式，就是第三方电商以中立身份为买卖双方提供虚拟的交易平台。目前，比较大的几家电商都已经介入。自营式医药B2C模式，主要是医药连锁企业自建官网，实现与消费者的电子交易。现在大部分B2C官网在第三方平台也设有旗舰店，所以平台和自营的界限不会划分得很清晰，它们之间的相互渗透可能是未来的发展趋势。

- 互联网健康端

互联网健康端的目的是实现科学有效的健康管理，为不同人群提供健康干预方案。目前，主要有以健康平台数据为基础的健康管理和以外接设备为基础的健康管理两种模式。平台型的健康管理如体检平台的数据采集等，特点是全面准确、分析价值比较高。外接设备为基础的健康管理主要是基于智能穿戴设备，因为智能穿戴设备具有较强的数据搜集能力，目前已经发展形成一系列涉及日常健康管理和慢性病管理的产品。

- 互联网医保端

在人口老龄化等因素的驱使下，仅依靠财政资金来支撑全社会迅速增长的医疗费用是很难满足需求的，需要依靠市场化的力量发展商业医疗健康保险。专业的第三方机构以信息化系统的介入为保险公司提供设计产品所必需的精算数据，并且通过信息化手段为他们提供保单的批量审核，降低审核成本，对保险公司来说是现阶段最现实可行的提高产品盈利能力的方式。简单说，保险端的互联网医疗模式创新有助于实现多主体开源节流。

这一模式在国外已有成熟的经验，但是国内还在探索当中。在这个领域可能介入的参与方有医疗信息化企业、医药流通企业和保险公司。其中，医疗信息化企业因为拥有医院处方数据出入口资源，所以具有一定优势。目前，我国一些医疗信息化企业在医保控费领域已经进行了相应的布局，而真正打开市场需要等待政策放开，特别是需要进一步观察医药分离和药品自由定价政策的发展动向。

距离成功还有多远

商业模式还未完全成熟。目前，很多创业公司仍处于亏损中，还处在

“烧钱”的阶段。中国的互联网医疗现阶段主要有3个收费渠道。一是使用者付费。二是转移支付，这其实是两种模式之间的一种过渡，就是原本向医生收费的模式，正在探索向医药企业收费转型。三是循环补贴商业模式，这还不是成熟的模式，处于探索阶段，主要是通过产业链不断延伸，希望寻找到盈利点。目前，普通用户、医生、医疗机构、医药企业、设备厂商以及政府机构这些相关角色还未找到互联网医疗服务的共同价值需求，这也是解决“谁来为服务买单”问题的难点所在。

市场准入有待规范。很多互联网医疗企业现在不是怕监管，而是担心监管存在不明确的地方，反而影响了模式创新。例如，我国《执业医师法》明确规定了医生只能按照注册的执业地点、类别和范围从事相应的医疗、预防和保健业务。这就意味着医生不能在互联网上开处方，而在线咨询和在线诊疗还无法非常明确地区分，这也限制了相关业务的开展。又如，网络数据存在安全问题。如果某些企业将用户的隐私数据泄露，对用户造成了严重的后果，目前还没有明确的法律法规来有效地进行处理。这类问题还有很多，需要我们的法律法规进一步细化明确，这样企业才能有章可循，可以放心大胆地进行模式创新。

扶持政策有待完善落实。以医师多点执业政策为例，现实中三级医院的名医精力有限，工作经常处于超负荷状态，难以有额外的精力进行多点执业。对医院来说，多点执业则意味着名医核心资源的丧失，所以医院可能并不鼓励医师多点执业。另一个有待完善落实的政策是网售处方药政策。我国现有的医药市场中处方药的需求占比高达80%，如果网售处方药的政策彻底开放，势必给医药电商的整体销售带来巨大的增量。然而，目前网售处方药政策的推行一直处在“雷声大、雨点小”的状态，作为网售处方药载体的电子处方尚未在医院、药店及医保公司间打通，它的真伪辨别和传递机制也还没有明确。

规范的行业标准还未形成。目前，互联网医疗现有行业标准存在缺失，主要体现在医疗设备硬件端的数据采集和在线问诊模式两个方面。我国工业和信息化部统计数据显示，国内现有移动医疗App数量已有2 000多款，但这些应用所积累的数据是否能真正地反映用户的健康状况，相关监测指标是不是具备医疗上的科学性与准确性，目前暂无统一的标准和权威的规范。由此可能会带来数据冗余、利用率低等问题，甚至有可能出现不同应用的反馈结论不同，给整个行业的发展带来信任危机。目前，问诊平台一般采用“用户提问+医生回答”的轻问诊模式，提问方式缺乏统一和科学的标准。有时患者对自身病情的描述未必准确，医生难以对患者给出正确的诊疗方案。这些都可能引发诸如医疗事故或医疗纠纷等风险。

信息共享机制尚未健全。一方面是各医院数据自成体系，互相之间尚未实现共享。由于现行医疗体制的问题，我国的病种编码、收费代码以及药品和耗材数据库等都是由各地区政府或各地医院独立管理，医疗信息难以共享和流通，且同一患者在不同医院的诊疗记录由不同医院自己保存，这就限制了互联网医疗的应用和发展。另一方面，院内与院外彼此独立，现有院外的医疗健康信息数据大多由不同企业开发的智能硬件进行分别采集，这些个人健康数据还没有实现规范的整合，使得原本大有可为的用户健康数据变得无用武之地。

抓住机遇，打造互联网医疗高地

上一轮互联网发展，在国内形成了三分天下的格局。当前互联网的发展其实又迎来了一轮机遇期，主要体现在“互联网+”等一系列应用领域的技术变革、模式创新和产业发展。那么，如何抓住机遇，打造互联网医疗高地？第一，要营造更加宽松鼓励创新的政策环境，以个别领域为突破口实行先行先试。第二，要更多依靠市场主体发挥作用，培育本土的互联网医疗企业。第三，需要研究和借鉴国外一些好的经验，甚至在政策许可的范围内引进一些市场主体，加强竞争与合作。

（文/汤　琦）

2.7 新技术全面赋能新医疗

纵观近5年来生命健康领域的重大事件和突破性成果，我们看到，以个体化、精准化、智能化为特征的新医疗产业正全面启动，创新性疗法获得前所未有的关注，围绕重大、难治性疾病的创新更加密集，融资并购十分活跃。对微观尺度机理机制的进一步理解，可有效推动精准医疗向可预测、可控制和可评估的方向迈进。随着新兴技术加速向医疗领域渗透融合，传统产业和企业正在被全面赋能，监管部门也正全面跟进相关产品的管理办法。

创新型疗法成为创新焦点

● 研发管线日趋丰富

以基因疗法、细胞疗法、寡核苷酸、糖生物学为代表的革命性、创新性疗法研发项目激增。美国生物技术公司奥尼兰姆（Alnylam）开发的全球首款RNAi新药Onpattro（patisiran）获得美国食品药品监督管理总局（FDA）批准上市，用于治疗转甲状腺素蛋白淀粉样变性（hATTR）引起的神经损伤，成为RNA疗法领域具有里程碑意义的事件。美国生物技术公司蓝鸟生物（BlueBird Bio）获得欧洲药品管理局（EMA）加速审批资格的LentiGlobin基因疗法正式获得上市许可，这也是EMA首个用于治疗β地中海贫血症的基因疗法。另外，法国细胞疗法公司Cellectis研发的UCART123经历暂停后，重新获得FDA批准放行，成为FDA批准进入临床试验的首款通用型嵌合抗原受体T细胞（CAR-T）疗法。

● 组合疗法表现活跃

免疫疗法虽然近期取得了前所未有的进展，但依然面临诸多挑战，研究人员正在考虑将不同的免疫疗法进行组合以获得更好的治疗效果。美国MD安德森癌症中心发表于《自然医学》（*Nature Medicine*）上的一项最新的研究成果表明，通过PD-1抑制剂和CTLA-4抑制剂的联合使用能够显著提高黑色素瘤的治疗效果。同时，相关企业在组合疗法方面的布局也十分活跃。美国默沙东（MSD）公司与辉瑞（Pfizer）公司合作，将重磅免疫疗法Keytruda和酪氨酸激酶抑制剂Inlyta组合运用在晚期或转移性肾细胞癌（RCC）的治疗中，临床结果显示该组合疗法与单一疗法相比，患者的客观缓解率和生存期都得到了更好的改善。美国糖生物学疗法新锐GO Therapeutics公司和罗氏（Roche）集团也在基于糖蛋白组学的新型癌症疗法方面达成合作协议，希望在组合疗法的开发方面开展进一步的探索。

● 资本市场超出预期

随着FDA审评的加速，近年来全球生物技术公司总体融资规模大大超出市场预期。在这些生物技术公司中，致力于创新疗法开发的企业占到半数以上。传统制药巨头也纷纷通过合作与并购的方式介入创新性疗法领域。其中，细胞疗法和基因疗法依旧热度不减。继美国吉利德科学公司以119亿美元收购凯特制药之后，美国新基公司宣布以90亿美元收购肿瘤细胞免疫疗法领军企业朱诺医疗（Juno Therapeutics）将近90%的股份。凭借这一收购，新基公司也迅速加入全球免疫细胞疗法巨头公司的阵营。瑞士诺华制药（Novartis）则以87亿美元并购美国基因疗法生物技术公司AveXis，囊获基因疗法。此外，美国罕见病疗法公司PTC Therapeutics收购基因疗法新锐Agilis Therapeutics，日本安斯泰来制药（Astellas）收购英国基因疗法公司Quethera，美国生物制药公司Sangamo收购法国细胞疗法公司TxCell，这几起并购事件也具有代表意义。

新兴技术全面赋能传统产业

● 第一代AI医疗产品进入市场

随着人工智能技术及应用新一轮发展热潮来临，AI医疗产品不断拓展应用边界，有力地促进了医疗产品、业态和商业模式的创新。目前，全球已经有十几款人工智能医疗产品获得FDA的批准注册，主要集中于疾病监测筛查、智能影像、健康管理等应用场景。2018年，全球第一款人工智能医疗设备IDx-DR获得FDA的上市许可，该设备能够对糖尿病的视网膜病变进行检测和独立判断，准确率超过87%。同年，美国临床诊断智能平台公司MaxQ AI的产品Accipiolx获得FDA的上市许可，能够帮助临床医生明确患者出现急性颅内出血的风险从而把握治疗的优先级，减轻同时处理大量病例时的工作压力。与此同时，乐普（北京）医疗器械股份有限公司自主研发的“AI-ECG Platform”心电图人工智能自动分析诊断系统获得FDA的批准注册，成为国内人工智能医疗领域的里程碑事件。

● 更多应用正在拓展

在辅助药物研发及辅助诊疗方案提供等领域，新兴技术的应用也在进一步深化。国际制药公司纷纷与人工智能公司开展有关新药设计、理化性质预测、药剂分析、疾病诊断靶标、药物组合使用等方面的合作研究。美国AI医药研发公司Insilico Medicine宣布其开发的深度学习神经网络基于对蛋白质活性、溶解度和合成难度等分子特性的要求能够找到对应的分子结构，从而辅助药物的发现。美国西雅图生物科学研究所（Allen Institute）使用人工智能首次生成完整的细胞3D模型，该模型能够全方位展示细胞在应对疾病时外观和结构的变化过程，有望辅助癌症患者个体化治疗方案的提出。此外，发表于《柳叶刀·肿瘤学》（*The Lancet Oncology*）的一项回顾性研究发现，通过人工智能分析CT图像的“发射学特征”（radiomic signature）不仅能够辅助疾病诊断，还能够预测患者对免疫疗法的反应。

● 区块链医保先行一步

区块链凭借去中心化、不可篡改、安全透明三方面的属性构建可以量化的新型信任机制，在很大程度上契合了医疗领域信息化的需求，目前医疗区块链由企业推动已经在场景落地上先行一步。美国保险公司PokitDok与英特尔公司开展合作，推出了Dokchain医疗区块链技术解决方案，用来管理涉及交易的各方，交易被各方验证之后，可以根据之前达成的智能合约及时处理索赔请求。美国保险业巨头大都会人寿（MetLife）的亚洲分公司LumenLab公司基于区块链的保险产品“Vitana”获得成功试用，为有孕期糖尿病风险的孕妇提供经济保障。该产品可以把客户的电子病历连接到个人的手机上，使用区块链平台在短时间内发布保险单。客户收到诊断后，无须提出索赔，系统就会自动支付，大大提高了理赔效率。

精准医疗微观层面又获突破

● 液体活检应用边界继续拓展

精准医学在组织获取、空间异质、肿瘤突变等局限问题通过液体活检技术正在不断获得解决方案。目前，液体活检技术不仅能够辅助疾病诊断，其应用已经拓展到疗效预测和预后评估。由美国加利福尼亚大学戴维斯分校综合癌症中心的戴维·甘达拉（David Gandara）和基因泰克（Genentech）公司戴维·沙梅斯（David Shames）领衔的联合研究团队在《自然医学》（*Nature Medicine*）发表了一项重要的研究成果。该研究为免疫疗法疗效的预测提供了一种侵入性更小、重复性更好的替代检测方案。这意味着未来接受免疫治疗的癌症患者能够较为便捷、准确地获得对疗效的预期。另外，美国斯坦福大学医学院的研究人员发表在《临床肿瘤学杂志》（*Journal of Clinical Oncology*）的一项最新研究成果显示，利用循环肿瘤DNA能够快速评估弥漫性大B细胞淋巴瘤患者的治疗效果，该方法有望被运用到更多癌症病种的治疗中。

● 微生物组和重大疾病形成关联

最新研究显示，人类微生物组和重大疾病的发生、进展乃至疗效相关联。一方面，微生物与细胞共生能够影响局部甚至整个免疫系统，微生物产生的有毒的代谢产物或是致癌化合物能够直接导致癌症的发生，还能通过炎症或免疫抑制间接参与癌症的发生；另一方面，微生物能够影响药物的代谢。发表于《科学》（*Science*）的一项研究成果证实，某些肠道微生物会影响肝脏的抗肿瘤免疫功能，而抗生素消灭这些细菌能够改变肝脏中的免疫细胞组成，进而影响肝脏肿瘤的生长。可以说，未来精准医学和精准药物的开发离不开对微生物组的诊断与理解。发表在《科学转化医学》（*Science Translational Medicine*）的一项研究表明，消化道菌群嗜黏蛋白-艾克曼菌（A.muciniphila）随着年龄的增长会变得稀少，进而会导致肠道黏膜变薄并发生渗漏，这个破坏性的过程能够引发一系列炎症并增加胰岛素的抵抗性。

● 衰老细胞成为新的靶点

随着对衰老机制生物学研究的加深，研究人员逐渐认识到衰老细胞在人类衰老进程中起到了关键作用。近期的多项研究表明，衰老细胞的清除并不会引起显著的副作用，而衰老细胞裂解、基于免疫的衰老细胞清除以及衰老相关分泌表型（SASP）的中和是目前三大主流的靶向策略。来自中国温州医科大学、美国纽约大学和得克萨斯大学西南医学中心的研究人员发表于《自然》（*Nature*）的一项研究解析了 α-Klotho蛋白的分子结构，以及它协助传递一种延缓衰老的激素信号的机理机制。该研究驳斥了α-Klotho蛋白是一种重要的抗衰老激素这一存在20年的猜测。另外，发表在《自然》(*Nature*)的一项最新研究显示，通过阻断一种限制NAD+产生的酶，能够恢复和提升体内烟酰胺腺嘌呤二核苷酸（NAD+）的浓度和水平，该方法为营养科学和制药领域提供了新的思路。

监管领域推出“组合拳”

● 鼓励数字健康产品创新

为适应新兴技术监管的需要，FDA积极采取措施以推出灵活和创新的监管策略，确保新型的数字健康产品和技术能够被有效推进和顺利上市，并及时为患者提供服务。例如，FDA的器械和放射健康中心（CDRH）发布“数字健康创新行动计划”已经取得了实质性进展，并进一步明确了FDA对数字健康产品中包含应用软件的审查范围，同时明确将FDA的审查重点放在用于诊断或者治疗的高风险医疗设备的安全性和有效性方面。此外，基于人工智能医疗领域快速迭代创新的独特属性，FDA正在积极开发专门针对人工智能领域的监管框架，例如，允许公司对已经获得上市许可的人工智能医疗设备进行一些小的更改，而不必每次都提交审核申请。为了将数据分析整合到监管决策中，FDA正在筹划创建一个名为信息交换和数据转换（Information Exchange and Data Transformation，INFORMED）的内部数据科学孵化器，推动监管科学与数字化医疗同步发展。

● 加强干细胞领域整治

目前，干细胞疗法还普遍处于早期研发阶段，拥有巨大前景，但同时也具有很多不确定性，导致了该领域的“乱象”。2018年10月，一则哈佛医学院原心脏干细胞论文涉嫌造假的新闻震动了全世界干细胞领域乃至整个科学界。同年12月，FDA在网站发布新闻称12名患者在接受脐带血干细胞注射后发生细菌感染而住院治疗。实际上，在此之前FDA针对干细胞疗法的监管和执法行动已经开展了1年多时间，在新闻发布之前就对干细胞产品的涉事公司基因泰克发出过警告，并指出可能开展执法行动。2018年11月，FDA发布了包括干细胞产品在内的再生医学监管框架，紧接着在12月制定了更加细致和严格的干细胞产品监管的规范性文件，明确将干细胞产品纳入“生物类”药品进行监管和审批，从而增加了干细胞产业的准入门槛。

● 基因疗法监管迈入新阶段

美国国家卫生研究院（NIH）主任弗朗西斯·科林斯（Francis Collins）和FDA局长斯科特·戈特利布（Scott Gottlieb）在《新英格兰医学杂志》（*The New England Journal of Medicine*）发表的联合署名文章中指出，NIH和FDA已经将基因疗法整合到现有的监管体系中，但安全推动基因疗法还需要与时俱进的改革，建立相应的监管措施，以适应基于基因编辑等新兴生物技术的医疗产品上市管理的需求。例如，NIH和FDA合作开发了基因修饰临床研究信息系统（Genetic Modification Clinical Research Information System，GEMCRIS），通过该数据库能够了解相关领域的发展，对在研和已经投入使用的基因治疗产品进行跟踪，同时面向公众的网站保证了数据和信息的透明度。此外，FDA发布了一套与基因治疗相关的指导文件草案，就血友病、眼科适应证和罕见病等领域的产品制造、长期随访和临床开发提出相应的指导意见。

（文/汤　琦）

2.8 新医疗：从人工智能到抗衰老

当前，大数据、人工智能、区块链正加速向医疗领域渗透融合，治疗方法和医疗模式也在不断革新并获得拓展，以个体化、精准化、智能化医疗为特点的新医疗产业正在全面启动，产品和服务的结合将逐渐成为主流，围绕重大难治性疾病的创新将更加密集。人们将在健康管理、疾病诊断和疾病治疗等方面获得更加优化和丰富的体验。

医疗AI技术：提高诊断精度、加速药物研发

随着人工智能（AI）技术的新一轮发展，图像识别、深度学习等关键技术正逐渐渗透到药物研发、影像诊断识别、临床辅助治疗等多个医疗领域，成为新医疗的一面代表性旗帜。医疗AI技术通过对大量样本数据进行收集，建立数据模型，成功地减少了药物研发的周期、节约了成本，并为疾病的诊断治疗提供了便捷有效的路径。

在AI技术的辅助下，药物研发从假设驱动转变为数据驱动。目前，全球创新型药企都开始使用AI，基于疾病、用药等相关数据建立模型，预测药品研发过程中的安全性、有效性和副作用。例如，英国独角兽公司BenevolentAI利用AI进行药物分子挖掘，美国数据驱动型生物研究公司BergHealth利用AI筛选生物标志物，美国AI小分子发现的领军企业Atomwise则将AI技术应用于新药有效性和安全性的预测等。未来5～10年，运用AI技术开发的药物产品有望上市。

目前，AI对肺病、胃癌、甲状腺癌变、乳腺癌、皮肤病等多个病种的医学图像检测效率和识别精度都可以达到甚至超越专业医生水平。我国三大互联网巨头也相继发布了医疗AI产品：百度发布了基于百度医疗大脑的AI问诊项目；阿里发布了由阿里健康研发的AI医疗产品“Doctor You”；腾讯发布了其在医疗AI领域的第一款产品“腾讯觅影”。国内外重点关注企业及其发展动向见表2-8-1。

表 2-8-1　国内外重点关注企业及其发展动向

序号	重点关注企业/机构	要点/动向
1	BenevolentAI	AI药物分子挖掘
2	Berg Health	AI筛选生物标志物
3	Atomwise	AI新药有效性和安全性的预测
4	IBM	Watson肿瘤解决方案、会诊中心、药物发现
5	谷歌	疾病机器学习系统的开发
6	百度	基于百度医疗大脑的AI问诊项目
7	阿里巴巴	AI医疗产品“Doctor You”
8	腾讯	AI医学影像产品“腾讯觅影”
9	科大讯飞	智慧医院、语音电子病历、智医助理
10	图玛深维	医学诊断的系统开发

医疗区块链：直击当今医疗需求和痛点

区块链按照时间顺序将数据区块以顺序相连的方式形成去中心化的数据库，正好契合了新医疗在数据安全、数据互操作、降低数据沟通成本等方面的诸多需求和痛点。当前的医疗区块链应用多集中在电子健康记录、互操作性和安全性等方面。随着精准医疗、价值导向型医疗和患者中心型医疗系统的发展，区块链这种分布式技术将在医疗领域获得越来越多的应用。

为医疗保健领域开发应用程序界面的公司PokitDok和英特尔公司开展合作，共同开发名为Dokchain的医疗区块链解决方案。在英特尔开源区块链平台Sawtooth、英特尔芯片和软件防护扩展（SGX）技术的支持下，Dokchain的可扩展性、隐私性和安全等级都达到了前所未有的高度。此外，通信巨头诺基亚和芬兰最大的金融服务集团之一OP金融集团也联合推出了一个新的医疗区块链试点项目，有望成为医疗保险和医疗项目的一种激励模式，促使用户追求健康的生活方式。诺基亚公司表示，该试点在获得用户信任的情况下能有效获得全球健康问题的汇集。

在美国，医疗区块链技术已经获得政府方面的应用支持，伊利诺伊州政府和医疗健康领域区块链初创公司Hashed Healthcare合作开展了一项基于分布式账本和区块链技术的医疗试点项目，用于优化医疗证书数据和智能合同的共享，帮助实现本州和州际间相关许可工作流程的自动化。

目前，越来越多的区块链技术开发公司将目标锁定于通过区块链技术搭建更加安全、高效的医疗平台和创建更多的应用场景。相关资本在个性化医疗、可穿戴设备、药品供应链管理与区块链的结合方面较为活跃。可以预见，医疗区块链将有望获得更多关注。

液体活检技术：全面迎来爆发式增长

液体活检技术通过基因测序对血液中的循环肿瘤细胞（CTC）、血浆游离DNA（ctDNA）和外泌体进行定性和定量的追踪，实现了更为便捷、有效的早期诊断。目前，液体活检技术的应用已经进一步衍生到提示疾病的预后、发现潜在新药靶点及构建药物筛选模型等多个方面。

随着液体活检技术逐步走向成熟，相关技术正在往提高准确性、灵敏度和普适性等方向进一步突破。美国约翰·霍普金斯医院基梅尔癌症中心一项名为“CancerSEEK”的新型液体活检技术可以通过单次血液检查检测鉴定8种常见癌症的致癌因子，包括卵巢癌、肝癌、食道癌、胰腺癌、胃癌、结直肠癌、肺癌和乳腺癌。“CancerSEEK”技术的优势在于它不仅检测了血液中的突变基因，还锁定了血液中的异常蛋白质，从而帮助癌症患者进行更加及时和有效的治疗。研究人员估计，该项检测的费用不会超过500美元，甚至有可能低于目前检测单一癌种的费用。

此外，利用血小板RNA诊断非小细胞肺癌、通过检测cfDNA中的EB病毒基因筛查鼻咽癌、基于ctDNA甲基化诊断肝癌、凭借新型蛋白质组学技术筛选出超高特异性的卵巢癌标志物等多项技术也获得突破性进展。可以预见，围绕遗传中心法则，科学家针对癌症将逐渐建立起越来越具规模的监控网络。

2018年1月19日，国家食品药品监督管理总局（CFDA）通过创新医疗器械特别审批通道，批准了艾德生物的Super-ARMS® EGFR基因突变检测试剂盒，这也是中国首个以伴随诊断试剂标准审评获批上市的ctDNA检测试剂盒。随着液体活检技术逐步走向成熟并逐步获得监管认可，有望推动资本关注热度的持续升温，使产业迎来爆发式增长的机遇。

免疫细胞治疗：产业化进程再加速

免疫细胞治疗作为一种里程碑式的新型治疗手段，突破了传统手术及药物治疗的局限，为癌症等重大难治性疾病的治疗提供了全新的思路和途径。2017年被称为嵌合抗原受体T细胞（CAR-T）治疗元年，诺华制药和凯特制药两款CAR-T疗法产品的获批轰动业界。在这之后，产业迎来了全面加速。

免疫细胞治疗血液系统肿瘤的研究还在不断深化。发表于《新英格兰医学杂志》（*The New England Journal of Medicine*）的一项研究显示，美国麻省总医院的研究人员通过CAR-T免疫细胞疗法在治疗中枢系统淋巴瘤的临床试验中收获了很好的疗效。研究结果表明，该疗法能够显著降低扩散性大型B细胞淋巴瘤患者大脑损伤的恶化程度。

在免疫细胞治疗实体瘤方面，世界各国正在加速研发。发表于《科学转化医学》（*Science Translational Medicine*）的一项研究成果表明，经过基因修饰的T细胞对治疗神经胶质瘤具有很好的效果。如果肿瘤微环境中的免疫抑制效应和基因突变的复杂性问题得到更好的解决，有可能为该疾病的治疗提供一种很好的解决方案。此外，关于胰腺癌、肺癌、胃癌等其他实体肿瘤和新靶点的研究也正在不断推进。

人类微生物组：正在孕育新的产业

人类除了遗传基因，还有一组遗传信息是由出生以后才进入人体内（特别是肠道内）的数以万计的微生物带来的。这些遗传信息的总和叫微生物组（microbiome/microbiota）。现有研究表明，微生物组与人体免疫、神经、内分泌系统相互协调，甚至能够改变人类的表观基因组。作为理想的疾病标志物、药物靶点，人类微生物组被称为人体的“第二基因组”。

目前，人类微生物组计划（Human Microbiome Project）已经进入第二阶段，大量重磅级研究频频发表。美国贝勒医学院和得克萨斯大学休斯敦健康科学中心的研究人员在秀丽隐杆线虫中鉴定出一种可以延长寿命、延缓肿瘤进展和减少β-淀粉样蛋白（与阿尔茨海默病相关）堆积的细菌基因和化合物，从而揭示了有望通过肠道细菌的调控延缓衰老，提高动物寿命。

肠道菌群已经被证明与人类多种慢性疾病和免疫系统疾病相关联。美国哈佛医学院的研究人员设计并使用生物组三角测量的方法成功地阐释了肠道细菌和疾病之间的关联性并鉴定出导致结肠炎的肠道细菌。业界认为，该方法开创了肠道微生物组研究的新时代。

实际上，LocusBiosciences、Synlogic、ActoGenix等众多一度专注于基因组市场的生物技术公司都在向微生物组领域拓展，以期开发新的诊断和治疗产品。未来，对微生物组的利用将渗透到人类健康评估监测、慢性病早期诊断、新药研发、个体用药等多个方面。目前，微生物组已经成为国际新一轮科技革命的战略必争"高地"，预计5年内会形成新的产业。

抗衰老新策略：安全有效的新型药物

人们对衰老机制的认识正在不断深化。越来越多的研究集中于将衰老机制与染色体中的DNA和RNA相关联，通过对DNA、RNA损伤的修复来达到抵抗衰老和相关疾病的目的。尤其是对RNA的改造可以避免DNA基因改造带来的风险，为新型抗衰老药物的研究和开发提供了新的线索。

美国、德国和澳大利亚的研究人员发表在《科学》(*Science*)上的一项研究，揭示了允许细胞修复受损DNA分子过程的一个关键步骤，并证实了通过这种方法抵抗由衰老和辐射导致的DNA损伤是完全可能的。

RNA抗衰老机制是基于一种称为端粒的物质，它也被称为细胞的计时器，端粒的长度会随着年龄的增长缩短。美国休斯敦卫理公会研究所心血管科学部主任约翰·库克(John Cooke)在《美国心脏病学会杂志》(*Journal of the American College of Cardiology*)发表了一项通过端粒酶mRNA逆转早衰老化细胞的研究。该研究通过将RNA递送到细胞中编码产生一种端粒酶的蛋白质，从而有效延长端粒长度并增强细胞分裂和应激的能力来改善细胞的功能。研究人员认为，不论是早衰患者还是正常人，都无时无刻存在端粒侵蚀，通过这种方法有望解决很多与衰老相关的疾病。

自二甲双胍被批准进入临床试验以后，针对基础衰老和由衰老而引起的糖尿病、帕金森病、阿尔茨海默病、动脉硬化和其他功能缺陷的抗衰老新型药物制剂正陆续进入临床安全性和有效性证明的阶段。这类新型药物制剂有望在3～5年内上市，由此将带来巨大的市场空间。

(文/汤　琦)

2.9 干细胞技术离造福大众还有多远

干细胞是一类具有自我更新和分化潜能的细胞类型，大致可以分为多能干细胞及组织类型特异性干细胞两种类型。前者以胚胎干细胞（ES）、诱导多能干细胞（iPS）、体细胞核移植（SCNT）多能干细胞为代表，后者以神经干细胞、造血干细胞、间充质干细胞、脂肪干细胞等为代表。由于干细胞能够大量扩增并分化为有功能活性的细胞，这就为无限获得组织器官供体提供了可能，也为再生医学的发展指明了方向。

以再生医学为核心内容的新医学局面正在形成

近年来，干细胞基础与转化研究不断深入。基于分化与转分化技术的功能细胞获取、个体特异性组织与器官的体外构建、内源组织干细胞的激活调控机制的发现等科技进步，以再生医学为核心内容的新医学局面正在形成，这将对构建我国未来的国民健康体系产生巨大影响。目前，干细胞研究及其转化应用已经成为各国政府、科技界和产业界高度关注和大力投入的战略必争领域。欧美及日本等发达国家均将干细胞研究提升为国家科技发展的重要战略进行部署，并力推干细胞的临床应用。

干细胞研究所衍生的干细胞技术和干细胞产品正处于产业化的黎明阶段，并将是未来经济社会发展的强劲引擎。其中，有望形成产品并产业化的方向包括干细胞产品与临床应用、疾病模拟与药物筛选、细胞组织资源库的建设与运营、干细胞相关的功能型平台建设。

干细胞应用与产业化还需跨过的技术“门槛”

当前，国际上的干细胞研究正处于一个快速发展的阶段，干细胞自我更新、干性维持与分化的概念和技术不断突破，干细胞编程与重编程的机制逐步得以清晰呈现，组织干细胞、多能干细胞定向分化与转分化获得的功能细胞的治疗潜能不断被挖掘，基于干细胞获取、干细胞定向分化与转分化技术，可以通过多元的方法获得与疾病治疗相关的功能细胞。然而，在将干细胞研究的成果向临床应用进行转化的过程中，技术上有如下几个方面需要予以改善。

一是建立产生功能细胞的标准流程。由于干细胞技术相对烦琐，不同研究团队往往存在干细胞培养条件、定向分化条件、转分化条件的差异，同一团队、不同实验批次的结果也会存在差异。因此，需要结合体内体外功能指标，客观地比较通过不同技术手段获得的谱系细胞的功能，并结合编程与重编程机制研究，完善获得功能性细胞的技术方法，最终确定功能细胞产生的标准流程。

二是建立可供移植治疗的谱系细胞的功能评估指标。目前，多能干细胞向特定谱系定向分化的系统以及各种转分化系统已经建立。但是，这些定向分化、转分化而来的很多谱系细胞的功能是否可以用来治疗相应疾病还有待进一步验证。通常，针对一个功能细胞的验证包括体外功能验证、小动物功能验证、大动物功能验证几个方面。目前，大动物功能验证的工作需要进一步加强。

三是提高定向分化效率，确保安全性。干细胞治疗技术正在从临床研究逐步向临床应用阶段过渡。目前，不同组织来源的自体或异体干细胞治疗均存在大量的风险。例如，胚胎干细胞或iPS细胞移植入体内可能产生畸胎瘤，混杂具有部分自我更新能力的多潜能干细胞/前体细胞可能产生类似于肿瘤的占位性病变等。因此，需要提高定向分化的效率，在细胞中构建关键元件，以确保干细胞治疗的安全。

四是完善基因编辑技术的使用规范。虽然研究人员在非整合基因导入系统、mRNA和蛋白导入系统方面进行了卓有成效的研究，但在iPS生产、直接转分化、缺陷基因校正等过程中不可避免地会使用外源基因，对细胞进行基因操纵是不可避免的。如何对基因操纵进行安全性评估，尤其是在大动物模型中进行长期追踪是一项重要的课题。

干细胞应用与产业化还需跨过的体制机制“门槛”

干细胞研究将对基础研究有极大的推动作用，同时基于干细胞研究的新药创制、干细胞技术的临床应用以及干细胞产品的市场化还将对全球经济发展起着巨大的引擎作用。我国的干细胞研究、转化以及干细胞产业的发展需要符合我国政策、资源与机制体制等国情。

一是建立完善可操作的法律法规和行业标准。近年来，我国干细胞治疗领域的乱象饱受多方诟病，技术尚未成熟但干细胞市场化过热的现象禁而不止。因此，相应法律法规的完善和行业标准的制定是目前亟待解决的问题。只有在完善的法律法规指导下，在科学可行的行业标准规范下，在科研人员不懈的努力下，方可促进干细胞研究的医学转化，真正为患者带来康复的希望。

二是发展有我国特色的大型动物疾病模型基地。干细胞治疗的目的是要恢复脏器的功能，其治疗的有效性是重要指标之一。干细胞治疗的有效性评价和安全性评价主要在模型动物中进行。其中，小鼠、大鼠等动物模型都已建立成熟的平台。然而，灵长类模型具有我国特色，完善灵长类模型基地可以大大加快干细胞相关的临床转化研究。

三是坚持和强化长期稳定的研究经费支持。近几年，我国在干细胞研究与转化方面的投入有了明显的改善，而长期稳定的研究经费支持是保持当前干细胞超高速发展的基本保障。当前需要进一步深化科研经费管理体制，在合理使用科研经费的同时，创造宽松的经费使用环境。

四是加强目标导向与资源整合。当前的科研评价体系过度依赖项目、人才计划和论文影响因子等量化指标，这种过度量化的评价方式容易造成急躁、功利和保守的心态，不利于科学家之间的交流合作、科研单位之间的合作和国际同行合作。作为交叉学科，干细胞研究尤其需要加强目标导向和交流合作，需要集中优势资源对目标进行攻关。

五是逐步改善人才队伍的结构。国内的研究团队很大比例是由研究生组成，而国外研究的骨干力量是受到良好科研训练并且已经获得博士学位的博士后或研究科学家。在保持我国两端优势的同时，我国应大力发展中间层的科研骨干力量，包括对博士后政策进行修正、提高中级职称与副高级职称工作人员的待遇等。

（文/章小清　赵　越）

2.10 3D生物打印发展前瞻

3D生物打印（3D Bio Printing）是一种能够在数字三维模型驱动下，按照增材制造原理定位装配生物材料或细胞单元，从而制造组织工程支架、组织器官乃至医疗器械的技术。3D生物打印以细胞、生长因子等组成人体组织和器官的基本要素为加工对象。

对医疗和研究的重要价值

3D生物打印器官最终将取代异体移植器官，成为一种普遍的器官修复或替换的医疗模式。据不完全统计，全世界每年大概有200万人需要器官移植。然而，世界卫生组织的数据显示，全球平均器官供需比为1∶20至1∶30，可用器官极为短缺。3D生物打印技术将为器官病变和功能衰竭的患者带来希望。

此外，3D生物打印技术也将对药物研发产生深远的影响。未来，用3D生物打印的器官来检测药物试验效果，不但有利于缩短临床药物研发周期，还可以避免潜在的人体试验损害。专家估测，如果药物生产商采用3D生物打印的器官进行药物开发或试验，平均每种药物可节省上亿美元的研发费用。

行业市场未来前景广阔

国际制造学会主席、清华大学生物制造中心主任孙伟认为，3D生物打印技术可按所使用生物材料的生物性能和产生时间分为4个发展阶段（见图2-10-1）。

目前，3D生物打印在医疗中的应用尚处于前期探索阶段，成熟产品及市场销售总额较低。美国市场研究公司SmarTech Markets Publishing预计，到2024年，3D生物打印的硬件市场将达到5.48亿美元、材料市场将达到7.08亿美元、软件市场将达到3 000万美元。随着临床应用的深入发展，未来10年，相关材料市场的复合年增长率将达到24%，配套软件的复合年增长率将达到14%。

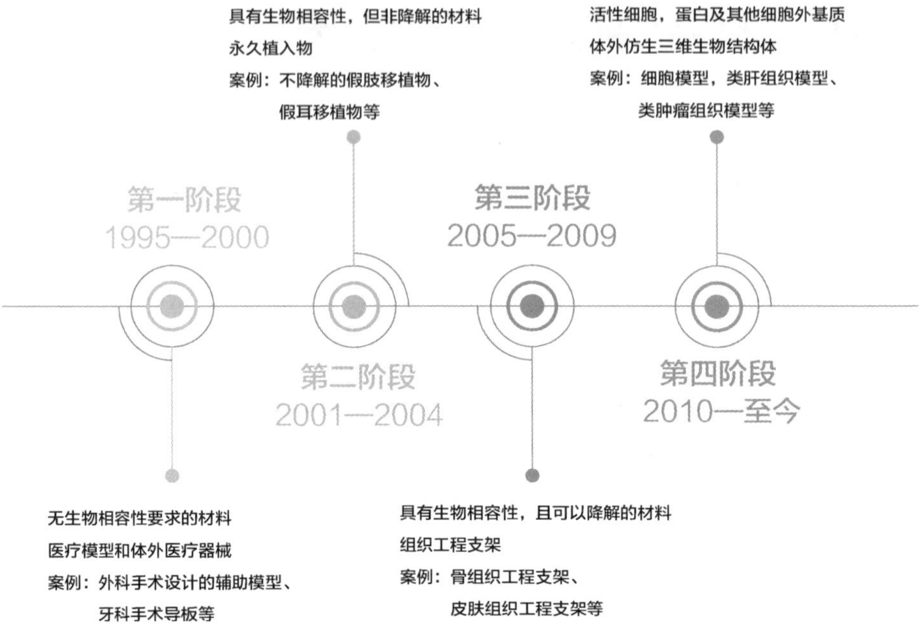

图 2-10-1　3D 生物打印技术的发展阶段

尽管3D生物打印面临形成组织的强度不够、培育组织的技术不完善以及缺乏电脑化的工具解决个性化器官设计等诸多难题，全球最大的3D生物打印公司Organovo公司执行副总裁兼商业运营官迈克·瑞纳德（Michael Renard）还是乐观地预测："未来10年有可能看到第一次简单的补充性疗法，而更加复杂的移植疗法将在未来20年间出现。"

3D生物打印技术体系

早在2013年，美国康奈尔大学机械工程与计算机科学技术教授胡迪·利普森（Hod Lipson）在他所著的《3D打印：从想象到现实》一书中就提出了"3D打印生命阶梯"的概念。利普森认为，把身体各部位根据结构的复杂程度排列成一个阶梯，阶梯底层是无生命的假肢，中层是简单的活性组织（如骨骼、软骨等），再往上是静脉和皮肤，最靠近阶梯顶层的是复杂且关键的器官（如心脏、肝脏和大脑等）。

3D生物打印包含6个关键的步骤，分别是影像数据的获取、组织器官结构设计、打印材料的选择、细胞培养、打印、临床应用。3D生物打印技术体系见图2-10-2。

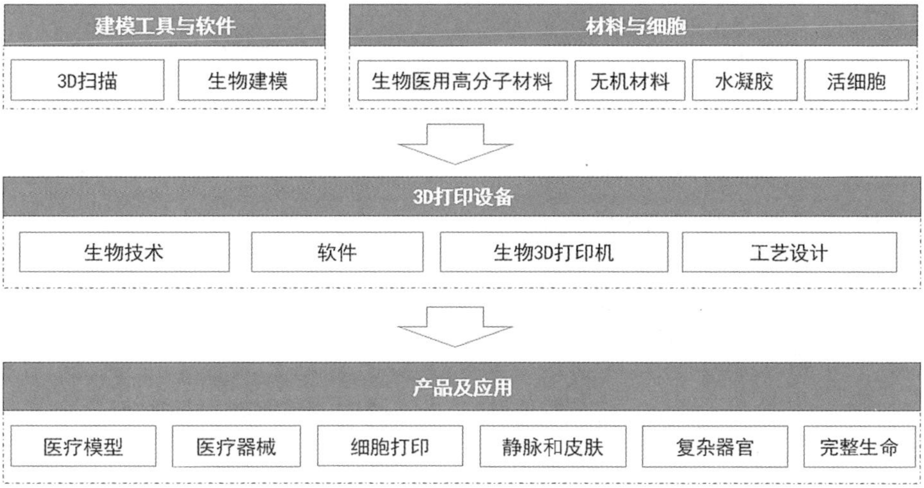

图2-10-2　3D生物打印技术体系图

国际前瞻计划和行动

近年来，世界各国正大力发展生物3D生物打印技术，抢占这一轮新技术浪潮的制高点。美国将3D打印列为重振美国制造业的重要技术，特别是针对3D生物打印技术，已先后出台《2020年制造业挑战展望》《推动组织科学和工程：多机构参与的战略计划》等多个政策和指南。欧盟委员会在《制造业的未来：2015—2020年战略报告》中提出重点发展生物材料、仿生材料和人工假体制造技术，并将生物技术列为支撑制造业未来发展的四大学科之一。2009年，美国国家科学基金会和美国南卡罗来纳州以4 000万美元总投资共同资助南卡罗来纳州器官生物制造研究计划。2013年9月，美国维克森林再生医学研究所获得美国海军信息战系统司令部和美国国防威胁降低局等提供的2 400万美元的项目拨款，主导“芯片上的人体系统”项目。项目利用3D生物打印，将人类器官打印在2英尺（约0.6米）长的芯片上，模拟心脏、肝脏、肺、血管功能，测试人体系统对化学和生物刺激，并进一步研究药物抗性。2018年，俄罗斯宇航员利用3D生物打印技术，在国际空间站制造出了老鼠甲状腺，这是人类首次在太空打印生物器官。2020年年初，在国际空间站美国国家实验室成功打印了大量人心脏细胞，实现了在太空制造心脏和肺等完整人体器官的第一步。美国3D生物打印技术的发展大事记及预期见图2-10-3。

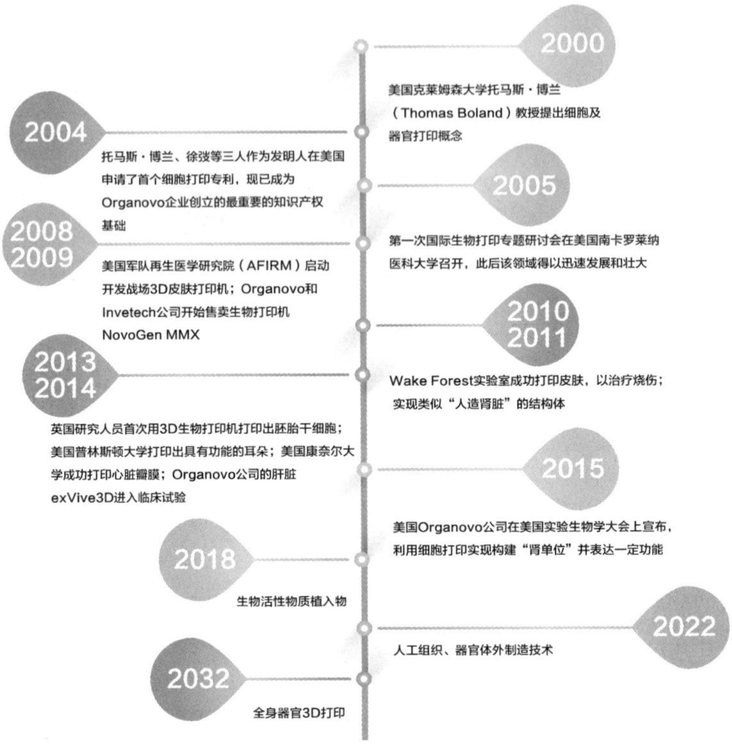

图2-10-3　3D生物打印技术的发展大事记及预期

我国正在迎头赶上

2012年以后，我国与3D生物打印相关的创新创业活动激增。不过，从整体的技术水平来看，我国与发达国家存在较大的差距，不仅体现在硬件上，如3D生物打印技术和制造设备的可靠性、可用性、产业化应用等方面，还存在于理论方面。鉴于3D生物打印技术的兴起，全球目前有超过300家专门从事该技术研究和开发的研究机构和公司。3D打印技术咨询网站3ders.org发布的全球二十大3D生物打印公司，其中包括3家中国企业。因此，我国亟须在与3D生物打印密切相关的材料科学、细胞生物学、药学、信息学等学科方面进一步开展系统的科学研究。

近年来，我国先后出台了一批支持3D生物打印技术发展的规划和政策（见表2-10-1）。不过，国家市场监督管理总局目前尚未出台明确针对个性化3D生物打印产品注册流程的法规条文，也缺乏一套完整的安全评价系统以保障病患人身安全。

表 2-10-1　我国关于 3D 生物打印领域发展的政策扶持

时　间	相 关 政 策
2012年1月	中国科学院和中国工程院立项启动“生物医用材料产业体系建设”项目
2015年2月	科技部发布《国家重点研发计划干细胞与转化医学重点专项实施方案》（征求意见稿），启动国家重点研发计划“干细胞与转化医学”重点专项试点工作，加强干细胞基础与转化方面的投入与布局
2015年3月	国家卫计委和国家食品药品监管总局联合发布了《关于征求干细胞临床研究管理办法（试行）意见》，进一步落实《干细胞临床试验研究管理办法》《干细胞临床试验研究基地管理办法》《干细胞制剂质量控制和临床前研究指导原则》的颁布
2015年5月	国务院印发《中国制造2025》，该方案由工信部牵头，会同国家发改委、科技部、财政部、国家质检总局、中国工程院等20多个国务院有关部门，组织50多名中国工程院院士、100多位专家起草。关键内容包括实现3D生物打印，诱导多能干细胞等新技术的突破和应用
2016年2月	《国家高技术研究发展计划（863计划）》的生物医药技术部分提及组织器官工程、生物反应器、基因组和生物芯片等攻关任务
2016年2月	工信部、国家发改委、财政部联合发布《国家增材制造发展推进计划2015—2016年》，将3D生物打印列为重点发展方向之一
2016年3月	全国人大代表、北京大学第三医院骨科主任刘忠军呼吁，改革3D打印技术等高科技产品上市审批流程
2016年3月	《中华人民共和国国民经济和社会发展第十三个五年规划纲要》将高性能医疗器械（组织修复与可再生材料、人工器官与生命支持设备、高端医学影像产品、结合3D打印的个性化治疗装备、医用生物材料等）纳入“十三五”重点突破领域
2016年6月	中国生物技术发展中心公示“生物医用材料研发与组织器官修复替代”重点专项，重点扶持新一代生物医用材料产业发展
2017年12月	工信部、发改委、国家卫计委、财政部等12个部门联合印发了《增材制造产业发展行动计划（2017—2020年）》，重点提及生物增材制造的材料、装备、核心器件等
2018年1月	国家知识产权局官网发布关于印发《知识产权重点支持产业目录（2018年本）》的通知，10个重点产业的先进生物材料中包含了3D生物打印

（文/赵　越　黄善光）

第三章 信息技术

全球信息技术领域的发展瞬息万变、精彩纷呈。整体而言，信息技术朝着智能化、微型化、个性化和精准化的方向持续演进，并在不断试错和快速迭代中日益丰富落地应用场景。计算机视觉、增强现实、5G、边缘计算、智能信息安全、物联网、区块链、大数据、4D 打印、量子计算等信息技术百花齐放，其发展及重要程度引起全球高度关注。

3.1 信息领域创新关注点

“十三五”时期，信息产业增速强劲，产业规模迅速扩大，产业结构不断优化，呈现良好发展态势。纵观信息领域国内外的重要突破，在新阶段、新格局、新环境下，在对全球信息领域发展趋势进行分析的基础上，结合国内外产业报告及领域专家分析，以下信息领域科技创新方向（见图3-1-1）值得重点关注。

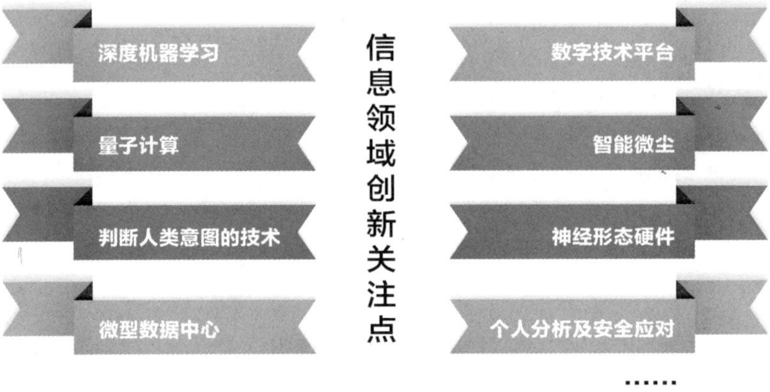

图 3-1-1　信息领域创新关注点

工业物联网平台

随着中国工业互联网产业联盟“AII”、美国的产业互联网“IIC”的成立和推广，产业界与互联网融合已在政府、产业、用户等各个方面形成共识，而工业物联网平台就是这种产业融合背景下的热点。工业物联网平台是一种软件组或云服务（物联网平台即服务），可促进产业设备、物联网终端（包括传感器、设备、多装置系统等）、云计算、大数据、企业资源、系统设计乃至用户体验的协同运作。面向5G、工业以太网的新型可重构接入系统研究、面向微服务的端到端软件定义网络通信、工业应用大数据分析云平台等方面有望取得突破。

微型数据中心

随着大数据发展的深入推进，中小企业、家庭、个人日益显示出对数据服务的深层次需求。微型数据中心呈组装式或集装箱式，大小从单个19英寸（1英寸=2.54厘米）机架到40英尺的运输集装箱不等，为中小企业、家庭和个人提供数据服务，可用于自动驾驶、智慧城市、智能制造、智慧金融、远程医疗、视频监控等多个场景。

智能家居

信息分布在家庭的各种设备中，家用电子产品和设备的互联大幅简化，价格也下降很多，其主要原因是：接入技术的成熟，无线电技术的发展和标准化（包括蓝牙、无线个域网和Z-Wave等低能量网络标准），允许任何低成本设备连接在家里，用户界面的简化，等等。物联网和智能家居的融合将使其越来越智能化，媒体娱乐、家庭安全、监控和自动化、健康和健身教育、能源管理产品和服务等方面都可能成为物联网2.0爆发的“突破口”。高德纳公司预测，未来物联网的产品数量将增长3倍以上，主要集中在智能家居领域。

智能顾问

智能顾问是智能机器的一类，可向用户建议最佳的运营状态、最明智的决策和问题的最佳答案。智能顾问必须经过高度专业化管理，深层处理和消化语言内容并接受严格的训练。智能顾问也通过机器学习增加经验、提高自己的能力。手机App在未来可能被个性化的智能顾问所代替。美国国际商用机器公司（IBM）和超级计算机沃森（Watson）合作，对智能顾问技术进行了巨额投资，使技术得以迅猛发展。IPsoft、Saffron等主要供应商，以及埃森哲、德勤和Wipro等可以迅速扩大用户渠道的IT服务领导者都在智能顾问的供应市场上表现活跃，促进了智能顾问的成熟。智能顾问的潜在商业影响力将持续发酵。

移动数据保护

随着移动互联网的高速发展，大数据技术的快速推进，人们对移动数据的保护问题越来越关注。移动设备的数据丢失或被盗窃，是企业和个人面临的巨大风险。因此，移动平台需要进行数据保护技术的深度开发。移动数据保护技术可以帮助企业和个人在移动设备上实现加密，其更侧重于云存储、智能手机和平板电脑的数据保护，更专注于特定技术市场的开发。

深度机器学习

深度机器学习中，深层神经网络（DNNs）超越经典计算和信息管理来创建可以自主学习感知世界的系统。数据源的爆炸和信息的复杂使得人工分类和分析变得不可行也不经济。DNNs能够自动完成这些事情，并有望解决与信息相关的重要挑战。DNNs使智能机拥有“智能”。DNNs可以是基于硬件或软件形式的机器，结合自己学习环境中的所有特点，处理从细微的细节到抽象内容的具体事务。这个领域正处于快速发展中，相关机构应该引起重视，并评估如何应用这些技术来赢得竞争优势。

判断人类意图的技术

判断人类意图的技术（PLTs）是利用语言处理技术降低人们的认知负担，让人们能够专注于他们的目标，而不是技术细节。PLTs通过触摸、讲话、键盘输入和其他手段与人进行正常的语言交流。PLTs会掌握对话，学习如何与人互动，从而产生较好的用户体验。微软、IBM、苹果等企业都在判断人类意图的技术方面投入了较大的研发力量。目前，语音识别和翻译是智能的，但不完美。为了提供自然语言对话，PLTs在理解和推理人的思想方面还需要做更多的工作。微软公司在Windows10中已经开始应用PLTs，但还远远不够。IBM公司斥巨额资金资助的相应研发项目已经向前迈出实质性步伐。

人体机能增进技术

随着技术的进步，从手机、可穿戴设备到植入式设备，甚至是遗传方式的改变，人类正不断提高自己的能力。增强机能的例子有很多，如：通过外骨骼增加体力；通过改善感官提高判断力；通过脑电刺激提高精神集中力和学习能力。日益增强的专业化工作对工作者的能力有着更高的要求，不断加剧的竞争使得许多人都想提高自己的能力，老龄化社会的临近更为人体机能增进技术的发展带来更多潜在价值。随着可穿戴技术的深入发展，人体机能增进技术也将逐渐走进大众生活，但该技术带来的伦理、道德、法律层面的问题需要加以重点关注。

智能微尘

虽然针对智能微尘的研究还处在实验室阶段，但是这种技术对经济、社会、军事等方面的重要性已经引起很多国家的重视。例如，美国南加利福尼亚大学机器人研究实验室受美国国防部高级研究计划局（DARPA）资助，对智能微尘展开研究，主要目的是使微粒尽可能小，对微小尺寸的微尘进行供电，并使微粒尽可能便宜。作为一个将传感器、通信系统集成在毫米级立方体内的技术，智能微尘还有很长的路要走。但是，智能微尘技术已经进入人们的视野。人们对智能微尘技术的关注度将不断提升。

3D生物打印

3D生物打印是3D打印在医学上的应用。这个系统通过医学成像数据和软件使活体组织器官具体形象化，并使用来自个体的自有或其他细胞，通过打印设备“打印”出一个人体功能器官。它主要应用在生命科学的两个领域，即临床研究测试和充分发挥肾、肝等在器官移植中的作用。继美国哈佛大学在血管印刷方面取得突破以后，3D生物打印也受到欧盟、俄罗斯等地区和国家研究力量的深度追踪和研究投入，并且产出了系列成果。3D生物打印是解决组织工程师难以实现的梦想的一个途径，它既符合工程学设计和市场需求，又满足组织工程设计人体器官、动脉等，涉及未来医学、工程和信息技术三方的融合。3D生物打印的关注度将进一步提高。

机器学习算法

涉及人工神经网络的机器学习算法是机器智能领域发展的重点。随着海量数据强大的计算能力逐步推动深度神经网络领域实现前所未有的进步，拥有智能机器技术的企业能够充分利用数据，调整以适应新环境，解决新问题。

纳米发电机

纳米发电机在自驱动系统特别是自驱动传感方面的关键技术，包括纳米制备技术、新型微电子技术、微加工技术与柔性三维封装技术，在物联网基础平台、人体器官移植等领域具有广阔的应用前景。在人体植入纳米发电机方面，功耗仅为10微瓦的心脏起搏器，非常适于纳米发电机驱动系统的示范应用。目前，纳米发电机面临的最大的挑战是发电能力、寿命问题、生物相容性的封装问题等。

面向智能制造的虚拟现实技术

虚拟现实技术是一种可以创建和体验虚拟世界的计算机仿真系统，它利用计算机生成一种动态的模拟环境，使用户沉浸到该环境中。虚拟现实在工业设计方面的应用进一步推动了制造业领域的智能化发展。美国数字制造与设计创新研究所于2016年投资1 200万美元，支持虚拟现实技术制造业设计领域的应用和发展。项目涉及以下几个方面：借助虚拟现实可穿戴与移动设备呈现传统车间说明文档内容，并实时搜集车间数据；利用3D摄像头、先进图像处理技术与计算机视觉算法，对专家操作细节进行跟踪捕获并转化为虚拟指令；开发用于工厂车间的实时、数据驱动型虚拟决策支持系统，主要是开发一种名为“FactBoard”的车间决策系统，将物流和制造系统的大量数据实时转化为一系列虚拟仪表盘，协助用户掌握生产情况。

面向电动汽车的无线充电技术

目前，无线充电的研发仍集中于家中的私人无线充电设备。如果将无线充电技术延伸到电动汽车上，未来电动汽车的发展将突破重要瓶颈。现阶段，锂电池被视为最适合大容量储存及快速充电的电池类型，但是，当电池没电时寻找充电站的问题依然存在。除了查天气、地图之外，电动汽车的驾驶还需要根据充电站的位置来决定驾驶路线。无线充电技术延伸到电动汽车，能让汽车更频繁地充电，减少对充电站的过度依赖，同时不需要大容量的电池，可进一步降低电动车的成本。国外的研究团队除了架设无线充电站，还开发有摄影镜头和射频识别（RFID）的车辆导引系统，并考虑长时间停车、短时间停车等多种停车模式。

神经形态硬件

神经形态硬件采用多进制信号来模拟生物神经元的功能。多进制信号的例子包括模拟水平和基于尖峰信号。这些方法能够传输更多的信息，但比数字信号的速度慢一些，较慢的速率能够保证在低功率下具有较高的可扩展性。生物神经元在成千上万的输入和数十亿神经元间表现出缓慢的处理过程（周期为100 毫秒）。目前，神经系统处在非常早期的原型阶段。IBM公司已向美国劳伦斯利弗莫尔国家实验室交付了系统，高通公司的Zeroth处理器驱动运行在高通传统处理器内核上的软件环境。美国市场研究咨询机构透明市场研究（Transparency）发布的《全球神经形态芯片市场2015—2023年》研究报告显示，全球神经形态芯片市场规模将从2015年的3.96亿美元上涨到2023年的18亿美元。人工智能是牵引神经形态芯片快速发展的主要原因，电路小型化也是推动力之一。制约神经形态市场快速发展的原因则是将复杂的神经形态硬件嵌入电路硬件中的制造成本仍然过高。

个人分析及安全应对

分析使用个人数据以帮助实现多领域的目标，包括个人医疗保健（健身跟踪）、安全（警觉和专注驾驶）、财务管理（财务跟踪以达到节约目标）、就业（优先工作计划以满足日常工作角色要求）、社会关系（与他人消磨时间）、自尊（个人发展）等，最终实现自我。同时，针对个人安全的应对策略成为世界关注的重点。数字权益活动家已经拉响政府扩大监控的警报。像谷歌公司这样的“推销员”也越来越“咄咄逼人”，正在汇编有关用户在线行为的详细资料。我们能做什么？警惕你的密码、升级软件以及加密信息。

商业无人机

2016年，亚马逊公司使用无人机向首位顾客交付了订单。亚马逊无人机携带装有爆米花和FireTV电视棒的包裹，在飞行几千米后将包裹投递到了英国剑桥附近的一个两层农舍，用时13分钟。商业无人机（UAV）类似于小型直升机、固定翼飞机和多轴飞行器，可以由人类飞行员在地面远程控制，或作为自主导航装备和用来执行空中监视。无人机通常包括全球导航卫星系统（GNSS）、摄像头、声呐传感器等，引导其进行成像、热和光谱分析。内存高速缓存和通信链路允许无人机收集和传输数据集，以及将它们传输到云进行记录或实例计算。

家用机器人

美国的iRobot、德国的卡赫（Karcher）、瑞典的伊莱克斯（Electrolux）、日本的松下（Panasonic）等是家用机器人的代表，国内家用机器人技术和企业的发展也是如火如荼。但是，总体来看，家用机器人的市场需求还未得到充分释放。一是价格仍较高，且技术、路线规划等没有大突破，消费者对这类产品的认知度有限。二是我国家用服务机器人渗透率十分低，在发达的沿海地区也仅有4%～5%，与家用吸尘器高达30%～40%的渗透率相比相差甚远。未来，家用机器人将进一步扩大市场容量，销量或将迎来爆发式增长。

数字技术平台

数字技术平台为数字业务提供了基本的构建模块，是数字业务的关键推动。高德纳公司指出，实现数字业务的新技术和商业模式有5个关键点，即信息系统、消费者体验、分析和智能、物联网以及业务生态系统。每一个组织都会有一些集合了这5项数字技术的平台。这些平台为数字业务提供了基础的构建模块，是数字业务的关键推动因素。例如物联网平台，大规模物联网平台可以实现基础和高级的物联网方案和数字化商业操作。物联网平台以一个混合方式部署，它将与基于云的元素（无论是私人的还是公共的）和分布于终端和网关之间的本地软件合并。

量子计算

量子计算的黄金时代即将到来。它将利用量子力学，为计算机运算带来指数级加速。科技巨头英特尔、微软、IBM、谷歌都向量子计算投入千万美元的研发资金。大多数研究人员认为，硬件不是核心问题。有效的量子计算需要算法的发展（量子算法），通过量子态的操作解决现实世界的问题。虽然目前已经开发了一些算法，但算法的缺乏仍然是根本问题。被看作是量子计算领域领头羊的谷歌公司已经做出了选择：极小的超导电路。研究人员预计，在50量子比特左右，量子计算机就能达到“量子霸权”（Quantum supremacy），在一些领域有传统计算机所不具有的能力，如在化学和材料学里模拟分子结构，以及处理密码学、机器学习的一些问题。

（文/孟海华 全利平）

3.2 信息产业技术创新大趋势

世界科技将延续智能化、微型化、个性化、精准化的发展特点，并在一些领域迎来突破性进展。计算机视觉、增强现实、5G、边缘计算、智能信息安全、物联网平台、区块链等成为近年来信息领域（见图3-2-1）备受关注的高频词，受到资本的追捧，正迎来新一波的发展热潮。

图3-2-1　信息产业技术创新趋势

计算机视觉等人工智能重要分支备受关注

计算机视觉被视为人工智能的重要分支，它就等同于人工智能的大门。人类大脑皮层的70%活动都在处理视觉信息，而人工智能旨在让机器可以像人那样思考、处理事情，因此计算机视觉技术至关重要。未来，基于学习的物体视觉和基于几何的空间视觉将继续“相互独立”发展，在深度网络中如何引入“鲁棒外点剔除模块”将是一个重要的探索方向。在应用方面，除了安防、视频广告、泛金融、智能手机以及互联网娱乐领域之外，医疗影像、工业制造、批发零售等领域也将开花结果。

增强现实将领航融入大众

当前，沉浸式技术正逐步从面向个人娱乐的消费类市场渗入企业级市场的垂直应用场景。高德纳公司预测：到2022年，70%的企业将尝试使用沉浸式技术和消费者互动或者服务企业；到2025年，40%的实体业务将通过扩展至付费虚拟体验来提升销售业绩以超越竞争对手；到2028年，增强现实（AR）、混合现实（MR）和虚拟现实（VR）等技术将改变用户感知世界的方式，带来全新的身临其境的体验。科技界相关人士认为，增强现实技术有望发展为后手机时代的主流技术，众多科技巨头已纷纷入局。苹果公司发布的ARkit（iOS 11的一部分）已被推广至宜家、塔吉特（美国百货商）和亚马逊等公司，可用于解决产品试穿、家居尺寸查看等多项需求；谷歌公司布局头戴式计算机设备领域，新版谷歌眼镜利用摄像头记录医生和患者的互动过程，可直接将数据传送至病历撰写人员，减轻医生工作负担。

5G将连接你我和物理世界

5G芯片、高频器件等产业短板将被补齐，第三阶段测试工作也将完成，全球统一的5G标准逐步形成。5G的大带宽和低时延能够更好地提供4K、8K等超高清视频。人工智能的引入会衍生出很多新的业务和新的空间。目前，相关场景的应用已经在加速开发。自工信部发放5G商用牌照以来，截至2020年10月，我国已累计开通5G基站超过70万个，终端连接数超过1.8亿个。随着5G产业支撑能力的不断提升，5G应用终端将不断丰富，5G与实体经济融合的程度将不断加深，5G融合应用的大生态将加速构建。

边缘计算成为新宠

随着5G网络的出现和普及，在相关架构的边缘将生成大量的数据，这些数据发送到中央服务器或云系统会引发严重拥堵，运算和处理速度变慢，反馈周期变长。因此，分数据中心将不断涌现，并且匹配新的边缘计算能力。边缘计算在视频分析等产生巨大边缘数据的领域将大显身手，诸如火车、飞机或汽车等交通领域的设备将暗含巨大商机，因为这些领域包含了大量单一的数据，而且这些数据可能并不总是与云系统相连，边缘计算大有用武之地。目前，国际前沿的边缘计算软件包括数据过滤分析、协议转换、应用逻辑、网络安全、设备管理、低延迟工业控制的处理等功能；硬件包括智能传感器、路由器和网络交换机，具有应用程序执行能力、低成本专用网关、智能手机/平板电脑、通用计算机以及高端计算机等，甚至是拥有大量CPU或GPU处理能力的微型数据中心。架构将是新类型的低功耗计算芯片和新的指令集，以及支持终端设备的神经网络等算法。

搭载先进算法的威胁检测工具受青睐

相关机构预测，应对威胁反应速度的要求，将促使20%的买家在购买意图上侧重于自动化。一些新兴市场已经把自动化放在了最前沿。最值得注意的是端点检测、响应（EDR）和网络流量分析（NTA）市场。对于人手不足、工作过度和容易出错的组织，使用人工智能安全解决方案是一种不错的选择。在国际市场上，信息安全技术的差异程度非常明显，芯片级的安全加密或与区块链技术相关的安全技术就显得极不成熟。在人工智能时代，信息安全方面应跳出传统信息安全的思维，从软硬件角度提前应对安全威胁和挑战。

打造广泛合作的数字业务支持生态系统

埃隆·马斯克（Elon Musk）发布的卫星互联网计划获得了美国联邦通信委员会（FCC）主席的支持，计划发射4 425颗通信卫星来实现卫星网络对全球的覆盖。物联网平台支撑物联网系统，包括配置和管理终端、协议转换、应用开发、数据提取和管理、网络安全、网络通信、工作流和业务流程管理。国际领先的物联网平台可以支持数字孪生和边缘设备、网关和中央系统之间的分布式处理等，能够以云服务的方式实施。亚马逊公司的AWS、微软公司的Azure、通用电气公司的Predix、西门子公司的mindsphere等便是这样的物联网平台。物联网平台能够帮助企业迅速降低成本，对企业商业模式再造发挥非常重要的作用。从市场来看，国际物联网平台的市场非常分散，呈现两极分化的局面。处于淘汰边缘的供应商发展速度不够快，无法保持竞争力；处于领先地位的供应商正在从狭义的物联网平台发展成为具有广泛合作伙伴的数字业务支持生态系统。从国际上的发展来看，物联网平台缺乏普适性及由此带来的市场不成熟是目前发展的主要障碍。企业希望物联网平台提供关键的解决方案，但这将涉及长期的物联网资产和流程。国内一些公益性物联网平台建设将取得重要进展，相关企业预计将推出更丰富的平台服务。

区块链初显身手

当前区块链的价值更多偏向于企业间的价值，以及企业在整个行业生态中的价值。这方面已经有比较多的案例。从另一个层面来说，区块链可以降低企业的环节成本，因为分布式分类账主要是以一种无篡改的方式记录交易。人们倾向于将区块链作为流程中许多问题的解决方案。虽然区块链似乎是一种适用的技术，但很可能还有其他更适合的技术，我们必须认真细致地评估其他技术的优点。目前，处于萌发状态的区块链技术要求任何考虑其使用的人在作出决定之前，都要评估其对功能性和非功能性需求的适用性。此外，大多数区块链项目需要得到生态系统中其他各方的采纳和支持才能取得成功，例如应该搞清楚需要支持的所有对象、支持动机，以及这样做的可行性。应及早处理，否则这些问题可能在以后阶段无法解决。

（文/孟海华）

3.3 5G技术发展趋势、瓶颈及攻关重点

5G，即第五代移动通信技术，将与其他无线移动通信技术密切结合，构成新一代无所不在的移动信息网络，满足物联网、云端化生活、智能交互等领域需求和人们居住、工作、休闲、交通等典型场景需求。

5G的技术体系

根据IMT−2020对5G的设计理念，5G包括新型信息中心网络（ICN）、新型软件定义网络（SDN）、网络功能虚拟化（NFV）、云计算、芯片等基础技术。按照3GPP的定义，5G还包括大规模天线、超密集组网、新型多址技术、全频谱接入及新型网络架构等关键应用技术。5G技术体系见表3−3−1。

表 3−3−1　5G 技术体系

5G无线传输、覆盖增强技术		5G 网络传输、资源配置技术		频效提升技术	能效提升技术	基础支撑技术
大规模多天线技术	高频段无线传输	动态自组织网络	网络功能虚拟化（NFV）	MIMO 天线技术，可利用节点扩展技术	多域协同无线资源管理	芯片
新型多址接入技术	动态频谱共享	毫米波	基带处理技术	多址接入非正交技术	多协同跨层资源的联合调度	云计算
双工模式	低功率小型基站	软件定义网络（SDN）	中间件技术	先进调制解码技术		边缘计算
超密集组网	宏站	ICN、IP的双重结合	资源动态配置技术			物联网
认知无线电		新型传输波形				可见光通信

5G关键技术趋势及相关瓶颈

● 大规模多天线技术

未来，通过使用大规模多天线阵列，5G基站可以在三维空间形成具有更高空间分辨率的高增益窄细波束，从而实现更灵活的空间复用能力，改善接收端阵列信号。更窄波束还可以大幅度降低用户间干扰，从而实现更高的系统容量和更大的覆盖范围。

大规模多天线阵列技术的主要研究方向包括高效信号处理技术、信道建模及系统性能分析技术、信道状态信息获取技术、成形码本的设计、多用户调度与资源管理技术、大规模有源阵列天线技术、覆盖增强技术以及高速移动解决方案等。

当前，大规模多天线阵列技术面临的挑战包括基带运算的复杂度、处理时间和成本问题，信道测量性能和信道状态信息反馈的导频开销问题，相位噪声与校正问题等。

● 新型多址接入技术

多址接入技术可以将信号维度按照时间、频率或码字分割为正交或者非正交的信道，分配给用户使用。

非正交多址接入成为主流方向。若继续采用传统的正交多址接入技术，难以实现5G需要支持的大容量和海量连接数。理论上，非正交多址接入将突破正交多址接入的容量极限，能够依据多用户复用倍数来成倍地提升系统容量。非正交多址接入需要在接收端引入非线性检测来区分用户，得益于器件和集成电路的进步，非正交多址接入已经从理论研究走向实际应用。

当前，多址接入技术面临的挑战包括系统容量、区域构成、频谱和信道利用效率以及系统复杂性和部署成本，设备基带处理能力、射频性能和成本等工程问题。

● 双工模式

双工模式是指实现信号的双向传输。该领域最新的研究方向是全双工。全双工是指同时同频进行双向通信，即无线通信设备使用相同的时间、相同的频率同时发射和接收无线信号。

但是，由于收发同时同频，全双工发射机的发射信号会对本地接收机产生干扰，如何简单有效地消除如此大的自干扰是个难题。目前，实现自干扰抑制主要有空域、射频域和数字域联合等技术方案，研究以高校的理论分析和技术试验为主，还没有成熟的产品样机和应用。

● 超密集组网

网络密集化是5G应对移动数据业务大流量和剧增系统容量需求的重要手段之一。

超密集组网的研究方向包括小区虚拟化、自组织自优化、动态测试驱动开发（TDD）、先进的干扰管理和先进的联合传输等。目前，主要方向是通过更加“密集化”的基站部署，使单个小区的覆盖范围大大缩小，以获得更高的频率复用效率，从而在局部热点区域提升系统容量达百倍。

但是，随着小区部署密度的增加，超密集组网将面临许多新的技术挑战，如回传链路、干扰、移动性、站址、传输资源和部署成本等。

● 高频段无线传输技术

5G需要在复杂应用场景中提供几Gbit/s甚至几百Gbit/s的通信能力，需要高、中、低频协同工作。高频通信已应用在军事和无线局域网方面，但在蜂窝通信领域的应用研究尚处于起步阶段。

高频信道的测量与建模、高频新空口和组网技术是当前的研究热点，主要解决传播损耗大、穿透能力有限、信道变化快、绕射能力差和移动性支持能力受限等问题。

高频段无线传输的主要障碍在于研制大带宽、低噪声、高效率、高可靠性、多功能和低成本的高频器件。目前，产业化瓶颈也比较突出。

● 动态频谱共享技术

频谱共享技术具备跨不同网络或系统的最优动态频谱配置和管理功能，具备智能自主接入网络和网络间切换的自适应性功能，目标是实现高效、动态和灵活的频谱使用，以提升空口效率、系统覆盖层次和密度等，从而提高频谱综合利用效率。

利用认知无线电技术进行频谱探测，继而进行高效的频谱管理，使得频谱资源在共享者之间得到最大化的利用率，是动态频谱共享技术发展的重要趋势。

频谱共享技术发展瓶颈包括新型网络架构及新增的无线接口设计、频谱检测机制和算法、数据库结构和频谱地图生成与管理、频谱资源的高效管理与分配、支持灵活带宽和工作频点的新型射频和多系统整合带来的安全性技术等问题。

● 软件定义网络（SDN）和网络功能虚拟化（NFV）

多种类型的业务和多样化的通信场景对5G网络提出了多样化的性能需求，而这些多样化的性能需求显然无法通过统一的网络架构来保证。

基于SDN和NFV来设计新型网络架构，提高网络面向复杂场景的整体接入性能，是5G发展又一重要方向。基于NFV按需编排网络资源，实现网络切片和灵活部署，满足端到端的业务体验和高效的网络运营需求。

但是，如何有效实现无线资源的虚拟化还需要深入研究。5G网络如何具备虚拟化切片的能力，使得每个网络切片都能够适配不同的业务和通信场景，以提供合理的网络控制和高效的资源利用，是当前5G发展的重要瓶颈之一。5G采用通用硬件平台，带来了比传统专用通信硬件可靠性低的问题，但5G服务工业互联网、车联网等需求提供高可靠性。因此，还需进一步研究如何提高在通用硬件平台上实现电信协议的可靠性，如容错系统设计等。

● 5G芯片

我国华为、展讯等公司相继推出了5G芯片，但在基带技术上与英特尔、高通等公司有着不小的差距。华为公司发布的5G芯片组，与国际先进水平相比，体积较大，并不适合于移动终端对尺度、功能和衔接速率的需求。高通公司的X50芯片的体积和欧元的50分硬币差不多大，充分显示其技术实力和领先地位。

我国在5G芯片方面的瓶颈主要体现在两个方面。一是国外射频芯片和器件技术已经非常成熟，尤其是面向高频应用的BAW和FBAR滤波器。我国BAW和FBAR专利储备十分薄弱，自主研发面临诸多壁垒。二是缺乏成熟的商用工艺支撑，整体落后世界领先水平两代以上。砷化镓、氮化镓等化合物半导体代工市场主要集中在我国台湾地区，锗硅和绝缘硅材料工艺方面主要被格罗方德、TowerJazz等大厂掌控。

● 云计算软硬件

5G网络是由大型服务器组成的云计算平台，主要通过具有数据减缓功能的路由器和交换机网络来连接基站，采用宏基站能够实现云存储功能，通过云计算处理时效性强的数据、处理多样化的业务、产生功能多样化的连接方式，全面实现信息通信技术的智能化。

当前5G的云化趋势包括基带处理能力的云化（云架构的RAN，即C-RAN）、采用边缘计算（MECC）以及终端云化。5G将采用MECC，即在靠近移动用户的位置上提供IT服务环境和云计算能力，使应用、服务和内容部署在分布式移动环境中，针对图像、视频、制图等，将计算和存储卸载到无线接入网，从而降低对通信带宽的开销，提高实时性。

但是，云计算的服务器、存储系统、云终端及虚拟化软件、中间件、云调度、软件定义网络等关键技术和设备的生产被国外企业VMware、EMC、OPENSTACK、IBM等掌控。在云服务方面，亚马逊公司占有全球一半以上的市场份额；在海量存储方面，国内市场一直被EMC、三星、SK海力士、美光、东芝等国际存储器巨头所垄断，国内存储器的发展一直比较缓慢。

- 毫米波高频段及高频器件

对毫米波高频段而言，频段高意味着波长小、相应的天线尺寸小，偏向于采用多天线。由于高频信号衰落快，需要超密集组网，在人口密集的特大城市，将面临城市居民的潜在阻力，中心城区高楼密集对有较强方向性特征的高频数据的遮挡不可避免，很难形成最佳用户体验。此外，高频关键器件的特性和成熟度对系统设计也带来一些新的挑战。我国5G试验已经规划了26 GHz和39 GHz作为高频试验频段，但此前高频段较少应用于民用通信领域，所以相关产业链配套环节并不十分成熟。其中，最突出的问题就是高频器件较为薄弱，研制大带宽、低噪声、高效率、高可靠性、多功能和低成本的高频器件仍是产业化的瓶颈。

从国际上来看，2016年三星公司和我国共同完成5G毫米波的关键技术测试。同年12月1日，三星公司又与日本电信巨头KDDI携手，成功在速度超过100 km/h的火车上，首度实现了在5G网络下的数据传输，传输速度顺利达到1.7 Git/s。

- 5G排除信号干扰的算法

现有的干扰协调算法已不再适用。在5G移动通信网络中，干扰是一个必须解决的问题。网络中的干扰主要有同频干扰、共享频谱资源干扰、不同覆盖层次间的干扰等。现有通信系统的干扰协调算法只能解决单个干扰源问题，而在5G网络中，相邻节点的传输损耗一般差别不大，这将导致多个干扰源强度相近，进一步恶化网络性能，使得现有协调算法难以应对。

为了满足移动性需求，5G需要新的切换算法。在超密集网络中，密集的部署及形状的不规则导致频繁、复杂的切换。新的切换算法和网络动态部署技术成为研究重点，除了通信算法的传统技术路径以外，神经网络等算法逐渐被人们重视，但目前高端算法掌握在谷歌、脸书等国际巨头手中。

● 5G网络安全

5G网络安全主要体现在3个方面。一是5G网络和业务运维的安全问题。5G采用的是通用硬件平台带来低可靠性问题，与5G服务工业互联网、车联网等的高可靠性要求相互冲突，需要进一步研究如何提高在通用硬件平台上实现电信协议的可靠性。二是接入设备的双重身份引发的安全问题。未来移动接入设备（如智能手机）可以临时升级成为小基站，以扩大网络的覆盖面积。但是，这样的设备角色切换在安全层级上使智能手机具有更高权限，而其他接入设备则需要通过该智能手机传递信息，由此可能引发信息泄露以及安全管理问题。三是超高密度用户接入引发的安全问题。5G网络提供对海量用户访问的支持，但由于网络中海量用户的接入需求，服务器端可能也会接收到来自海量用户的安全认证需求，这将可能面临针对海量用户加密方法、加密服务器性能以及新的感知网络、人工智能病毒攻击带来的安全问题。

未来5G通信领域技术攻关重点

一是基础技术及关键器件的研发。我国在这一领域的研发基础相对薄弱，尚未系统地掌握这一领域的关键技术与关键器件，势必影响我国5G移动通信产业的长远发展。目前，我国科研机构已经初步掌握单通道毫米波与太赫兹系统和器件技术，未来应重点攻克天线及射频通道数达到数百至数千时的系统与终端设计技术、混合构架波束成形集成电路设计技术、一体化天线与射频封装技术、设计与加工工艺等关键技术，并积极开展毫米波与太赫兹频段有效利用的基础理论与方法研究。

二是强化开放构架移动通信系统设计与关键技术研发。我国从事5G研发的核心企业主要来自传统电信领域的设备制造企业和运营企业，尚不完全适应未来信息网络不断由封闭走向开放的发展进程。我国应借鉴美国国家科学基金会（NSF）的5G发展思路，加强5G开放性新构架的研究，构建规模性、开放性、可重构的公共试验平台，鼓励新技术在开放环境下快速发展。

三是强化无线通信技术与高速光通信技术、先进计算技术、大数据技术的深度交叉融合研究。无线通信技术发展已逐步趋于性能极限，未来发展正呈现高速光互联、云计算、大数据、新型微电子与光电子器件、大规模射频与天线技术密切结合和相互融合的特征，以应对互联网络业务爆炸式增长与多样性发展的应用需求。未来应破除传统学科条块分割的限制，以系统应用为牵引，强化学科交叉融合研究。

四是芯片技术。未来应加大集成电路装备和材料领域的支持力度，实现国内高端芯片的自主可控发展。

5G领域的创新战略布局

发展5G，既要加快5G瓶颈技术的研发和储备，又要融合社会力量，抢占价值链高地，推动运营商运维新的商业模式。

一是长短结合，积极推进瓶颈技术的研发攻关。从长远来看，我国应分步推进解决5G高端芯片、云计算、云存储、云服务等国产化问题；从短期来看，我国应着力解决毫米波高频段及高频器件、5G排除信号干扰的算法、网络安全等应用技术的瓶颈问题。针对关键领域的人才、资金、技术等关键要素资源，上海要发挥已有的创新生态系统优势，制定相关技术的路线图，在产学研几个方面形成合力，各个突破，推动产业链共同进步，通过优化系统整体设计等方式来提升整体性能，从而规避相应瓶颈。

二是应用导向，推进4G和5G混合发展模式。通信行业是重资产行业，投资非常大，周期回报较长，一般要5年及以上才能收回成本。5G产业链比较长，生态圈里的创新主体多。由于前期4G的投入比较大，可以走4G和5G混合发展之路，支持面向行业领域的垂直示范性技术应用，鼓励5G渗透进制造、教育、医疗、公安、金融、汽车等细分领域的应用场景。

三是引导社会力量共同参与，形成资本力量积极参与的5G“大环境”。5G的发展一方面靠政府的力量推动，另一方面需要社会的力量拉动，双方形成合力，积极与社会资本对接，积极引进全球优秀人才在5G领域创业，支持产业龙头企业发力5G行业。

四是稳步推进5G基站建设与试点，并进行政策引导。5G技术在发展中前进，5G产业也在逐步成熟，在做好局部区域网络覆盖的基础上，政府可推进属地的“5G+产业”的发展，引导运营商、社会资金共同成立产业孵化资金，在新的商业模式成熟后再在全国推广普及5G。

五是做好相关配套产业研发。5G终端的高速率对网络通信设备、服务器处理能力都提出了较高的要求，如果大容量的数据都在网络上高速传输，对带宽、路由器的要求是不可想象的。目前，5G技术仅仅解决了移动端的接入问题，作为系统应用、工业互联网应用环节，网络层、应用层等环境需要同步进行高速化改造。因此，未来5G将以雾存储及计算为主，以5G基站或分散的云机房作为存储、去中心化的计算载体。

六是探索新商业模式。4G改变生活，5G改变社会。4G时代成就了抖音等短视频类媒体、社交平台、电商平台。5G时代将进入视频时代，可能会兴起播商（通过视频实时展示商品）、浸入式虚拟交易、基于裸眼3D的虚拟现实（VR）/增强现实（AR）实时互动游戏。经市场初步调研，中青年人群愿意多花比当前通信资费高1倍及以上的费用来享受5G给他们带来的生活快捷与便利、在线式的3D情景交互。

七是与Wi-Fi 6的竞合。对5G目前的规模应用，很多专业人士都寄希望于工业互联网、家庭高清视频的发展。我们经过调研发现，很多工厂因为无线环境的复杂性、工厂管理的安全性、本地化，同时考虑到5G资费高、穿透率弱，故相关领导还是希望使用工厂内网，配合正在发展的Wi-Fi 6的技术，进行实时控制与管理。目前，市面上已有家用万兆电竞路由器，三频并发速率可达到11 000 Mbit/s，包括2.4G和2个5G频段，远高于5G的传输。在家庭娱乐方面，5G也会同样面临Wi-Fi 6的挑战。目前，我国已经启动5G标准与Wi-Fi自动切换的研究。

（文/孟海华）

3.4 区块链技术市场前景分析

2019年10月24日，习近平总书记在主持中共中央政治局第十八次集体学习中强调："区块链技术的集成应用在新的技术革新和产业变革中起着重要作用。我们要把区块链作为核心技术自主创新的重要突破口，明确主攻方向，加大投入力度，着力攻克一批关键核心技术，加快推动区块链技术和产业创新发展。"自此，我国区块链技术发展翻开了新篇章。

区块链是一种可信的分布式数据库，具备去中心化、不可篡改性、可追溯性、开放性、匿名性等特性。2016年12月15日，国务院正式印发《"十三五"国家信息化规划》，将区块链与量子通信、未来网络、类脑计算、人工智能等新技术一并列入战略性前沿技术布局方向，这也是区块链首次上升到国家科技战略层面。

随着区块链技术发展的逐步加快，其创新带动明显、集成应用广泛，产业效益显著、协同效率提升、货币体系完善等技术应用特点日趋凸显。然而，在世界政治经济格局变化的新形势下，以货币主权挑战为代表的金融霸权正悄然在全球范围内兴起，如何借助区块链技术予以应对也成为新的课题。

全球区块链市场格局

● 欧美占区块链市场主导地位

区块链作为全新的计算机技术应用模式，全球区块链市场稳定增长。市场研究机构全球市场洞察（Global Market Insights）最新报告预测，至2024年全球区块链技术市场规模将超过160亿美元。当前，以欧美为首的许多国家都正在加速布局区块链。2019年11月，知名调研机构国际数据公司（IDC）发布的《全球半年度区块链支出指南》显示，美国仍然是当前全球区块链投资最大的区域（见图3-4-1），占全球比重达39.7%，西欧、中国、亚太地区（中国和日本除外）、中东欧分列第二至五位，占比分别为24.4%、11.2%、8.1%与5.2%。以德国安联保险、美国VISA、摩根大通等企业为首的全球金融保险业巨头相继入局区块链行业，用于提升自身业务竞争力。例如，美国支付巨头VISA近年来持续加大区块链应用投入力度，推出基于区块链技术的跨境支付网络，运用分布式账本技术，为国际金融机构间的跨境交易提供成本更低且更有效率的结算、支付流程，已为全球超过2万家金融机构提供服务。

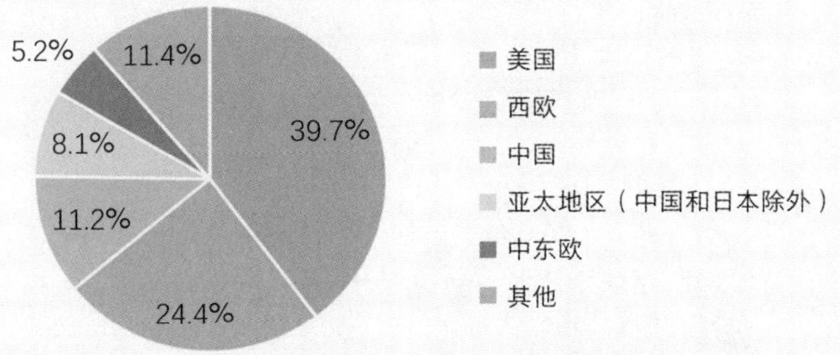

（来源：IDC公司《全球半年度区块链支出指南》）

图3-4-1　2019年区块链投资全球市场规模

● 中国区块链市场增长空间巨大

国内方面，根据IDC最新报告，2018年中国区块链市场支出为1.65亿美元，并始终保持增长态势，预计到2022年将达到16.7亿美元，复合年均增长率将达到78.3%，超出了全球平均水平。银行业、制造业、零售业为目前中国区块链支出规模位列前三的行业，其中银行占整体市场支出46%以上。正是由于银行业、制造业和零售业越来越多地运用区块链技术来简化企业运营流程，降低支出成本，预计将持续推动国内区块链整体市场的扩张。同时，我国在区块链领域拥有良好的基础，百度、蚂蚁金服、腾讯等大型互联网企业与趣链、万向区块链、唯链等区块链技术企业在底层平台、应用场景、解决方案等方面早有布局。我国区块链技术创新也愈发活跃。中国信息通信研究院发布的《区块链白皮书（2019年）》显示，全球区块链公开专利申请数量达1.8万余件，其中中国申请量已超半数，位居全球第一，这标志着未来中国将在国际社会赢得更多的话语权。可以预见，我国扎实的区块链产业基础与对科技原始创新的重视态度，将有力支撑起中国区块链的未来发展。

区块链技术集成应用五大热点领域

在区块链发展模式上，相较于美国政府采取与企业紧密合作研发探索区块链技术，欧盟强调对金融科技行业的优先关注，我国则更多地探索“区块链+”在实体经济中的运用，推进区块链与经济社会融合发展。当前，我国数字金融、物联网、智能制造、供应链管理、医疗健康等多个行业与区块链技术的集成应用正在不断铺开，应用前景广阔（见图3-4-2）。

图3-4-2　区块链技术集成应用五大热点领域

● 区块链＋数字金融

数字金融行业是区块链最先落地也是当前应用最频繁的领域之一，凭借区块链技术去中心化、开放性等天然特点与传统金融业特性的良好契合，将显著提升金融业的系统运转效率、降低资金往来的成本并控制风险。高德纳公司于2019年5月发布的区块链报告显示，2017年有85%的区块链业务集中于银行、证券、保险等金融行业，至2019年这一比例仍超过38%，在所有行业中位居第一。国内已有招商银行、建设银行、京东科技、蚂蚁区块链等相当数量的金融科技企业在跨境支付、保险、证券资产管理等细分领域融合区块链技术应用，有效地解决了银行间跨境交易、证券清算、保险精算等传统难点。例如，2018年12月底，由中国银行业协会联合国家开发银行等共同发起的“中国贸易金融跨行交易区块链平台”正式上线运行并完成了国内首笔跨行信用证链上验证，体现了区块链技术在跨行交易场景中数据共享、隐私安全等方面的独有优势。

同时，在高德纳公司的最新企业首席信息官（CIO）调查中，接近1/5的金融业首席信息官表示他们已经或将在近期对区块链集成应用付诸实践，另有超过50%的首席信息官表示准备在未来3年内部署区块链。区块链具有改变金融业传统业务模式的潜力，不远的将来，区块链的商业应用价值有望得到真正兑现。

● 区块链＋物联网

近年来，中国正从经济高速发展阶段转向高质量发展的关键阶段，物联网逐步成为万物互联时代经济转型升级的推进器。随着越来越多的物理对象接入，大量物联网设备的实时处理需求不断涌现，数据共享与隐私安全问题也随之而来，现存物联网中心化的数据处理结构、设备安全体系正面临巨大的挑战。在此背景下，物联网融合区块链的分布式网络结构应运而生，利用区块链不可篡改性与去中心化等主要特点，为解决物联网演进过程中出现的难题提供了新的发展思路。智慧城市作为物联网的典型应用场景之一，数据的采集、存储、共享、传输、处理、应用是智慧城市运行的核心要素，但其对大量数据的需求与开放共享之间的隐私矛盾冲突日益凸显。目前，国内区块链领军企业百度正在从智能医疗、智能司法、智能政务、智能交通等四大方面着手，打造“基于可信网络的智能城市”，而区块链技术将在解决数据权属、数据流通安全性等方面起到关键性作用。

锡安市场研究公司发布的报告显示，2018年全球各个国家区块链物联网市场规模为3 200万美元，至2025年这个数字将超过30亿美元，年均复合增长率达91.4%，展现出强劲的增长动力。但是，也有专家认为，区块链与物联网的整合尚处于相对早期阶段，不同区块链平台间的标准不一致、数据传输效率的限制导致距离真正规模化商业应用仍有待时日。不过，可以确定的是，区块链与物联网的技术互补性决定了两者集成发展的光明前景，相关企业与解决方案将逐步兴起。

● 区块链＋智能制造

自2015年5月国务院正式颁布《中国制造2025》行动纲领以来，加快推进智能制造生产模式已经成为我国推进信息化与工业化深度融合发展的关键路径。对智能制造而言，现存的集中式管控系统存在流通环节难以监管、生产运营环节响应速度较低等问题，而分布式的区块链技术将为企业运营的各个环节提供巨大的增值潜力。第一，区块链的可追踪、透明性等特点，将通过使产业链上下游信息上链，为企业从采购、加工、流通等制造业各个环节创建一种全新可信的运营模式，解决过去不可避免的人工错误、商业欺诈等问题，减少智能制造成本。第二，区块链智能合约技术的加入还可助力企业实现生产制造流程中的自动化服务，将制造商所需的物资信息于区块链平台上预先注册，通过智能合约自动匹配供应商、验证，显著提高交易效率，规避交易风险。

普华永道会计师事务所与上海唯链信息科技有限公司在区块链非金融领域应用的市场调研显示，制造业等传统行业比新科技行业对待区块链的态度更积极，60%的受访者表示区块链将对制造业产业重大影响，支持率在零售、教育科研、制造、服务、IT或高科技、媒体等6个行业中排名第三。国内已有不少地区、企业着手“区块链+智能制造”应用的探索，上海临港正在打造的15家区块链智能工厂正是我国区块链融合先进制造业发展的一个缩影。我国拥有良好的制造业基础，当前处于迈向制造强国的关键时期，融合区块链技术的智能制造势必成为我国打造制造强国的重要战略举措，为我国经济转型升级提供新动能。

● 区块链+供应链管理

英国著名物流专家马丁·克里斯托弗（Martin Christopher）对供应链的定义是指涉及将产品或服务提供给最终消费者的过程和活动的上游及下游企业组织所构成的网络。供应链管理包括物料流、信息流、资金流的管理，旨在支撑企业核心竞争力增长的同时，最大可能性地降低物料管理和运配的成本。传统意义上的供应链存在企业信息不对等、产品溯源难等痛点问题，不能满足大数据时代的价值传递需求，迫切需要对供应链管理体系进行升级。区块链技术通过构建一种基于共识机制的分布式账本系统，为供应链各参与主体提供一份可用、可信、可靠且可追溯的信息流共享版本，在最终商品质量出现任何问题时，根据其透明且不可篡改的记录，对供应链的任意环节进行追责，从而督促改善企业之间的多方协作机制。例如，在食品供应链管理中，由于食源性疾病存在潜伏期的特性，我们很难简单地追踪问题食品来源，从而造成很大的食品安全隐患。阿里巴巴、福建光阳蛋业、沃尔玛、众安科技等企业均已经开始运用区块链技术构建追溯系统，旨在提升中国食品供应链的安全性。

法国市场调研公司Reportlinker预计，至2024年全球区块链供应链市场规模将接近27亿美元，2018年至2024年间复合年均增长率超过80%，同时，亚太地区的市场吸引力正在迅速扩张，华为等解决方案提供商将持续增加。“区块链+供应链管理”依托搭建透明可溯源的数据平台，整合协同资源，有望成为我国供给侧结构性改革的重要实践。

● 区块链+医疗健康

伴随着数字化时代医疗数据的爆发式增长，医疗信息的数据共享难题已经成为医疗健康领域发展的瓶颈。中商产业研究院预计，2020年医疗数据量将占到全球数据总量的5.1%，但海量数据价值难以真正变现。一方面，由于医院专有技术、患者隐私等种种原因，医院不愿意共享病历、影像资料等医疗数据，院间、科室间的信息孤岛直接导致医疗数据的资源浪费。另一方面，医疗数据的价值利益催生出一批黑客窃取医院信息，形成一条黑色产业链，甚至有医院内部员工参与其中，侵犯患者隐私，造成数据资源的流失。区块链技术去中心化、共识机制等特点成为破题关键，通过构建医疗健康数据链，实现电子病历、电子处方的上链，从而打通数据壁垒。

突破数据共享瓶颈、构建共享可控的数据平台已成为国际共识做法。IBM公司发布的报告称，2020年全球将有超过50%的医疗机构采纳区块链技术方案，美国、韩国等国家的大量医疗组织纷纷采用区块链技术革新医疗健康领域。国内方面，华为云区块链走在了前列，其构建的医疗健康BCS平台成功落地实践，帮助医疗机构更容易获取相关重要数据，为患者提供更精准的诊断与更快捷的治疗。从总体情况来看，国内“区块链+医疗健康”的产业成熟落地尚处于初级阶段，但随着未来区块链技术的发展，我国区块链将在提升医疗数据信息化水平与开放共享等方面起到至关重要的作用。

抢占全球区块链发展高地，助力经济社会发展

回顾中国区块链的发展历程，从2009年区块链与加密货币诞生，2017年全面禁止首次代币发行（ICO），再到2019年重归政策风口，呈现出从谨慎发展态度到严格监管再到理性发展的总体趋势。我国区块链领域正在

经历去伪存真、沉淀积累的过程，涌现了一批区块链技术企业与应用案例，产业生态逐步成型。但是，在面对西方发达国家目前仍主导全球区块链市场甚至利用手段长臂管辖全球金融市场的严峻形势下，国内区块链的发展壮大之路仍十分漫长。中国人民银行行长易纲在庆祝新中国成立70周年活动新闻发布会上指出的“中国人民银行的数字货币将替代部分现金”，或许成为针对西方金融霸权的积极响应。国家经济社会的发展离不开新兴技术的迭代升级。当前，我国已正式把区块链技术提到了前所未有的战略高度，努力让我国在区块链这个新兴领域走在理论最前沿、占据创新制高点、取得产业新优势，这对区块链技术来说是一次很好的机遇。我们需要基于区块链技术、产业的发展现状与趋势，充分发挥我国在区块链领域有良好基础的优势，加强关键技术攻关、推动应用场景落地、构建技术标准体系、加速人才队伍培养，全面提升我国区块链的竞争力与市场规模，赢得更多的国际话语权。

（文/范　幸）

3.5　全球大数据产业的投资与市场前景分析

纵观国内外，大数据已经形成了产业规模，并上升到国家战略层面，大数据技术和应用呈现纵深发展。面向大数据的云计算技术、大数据计算框架等不断推出，新型大数据挖掘方法和算法大量出现，大数据新模式、新业态层出不穷，传统产业开始利用大数据实现转型升级。人工智能、深度学习、工业物联网、虚拟现实、智慧城市等领域的发展推动大数据的应用普及。新兴行业、传统行业围绕数据服务体系，已经形成了传统行业数据平台、互联网数据平台及行业资讯类数据平台，如大数据智能公共服务平台（见图3-5-1）。以数据应用为基础的新一代数据服务企业，在促进主体行业发展的同时，促进了行业内中小企业的发展。

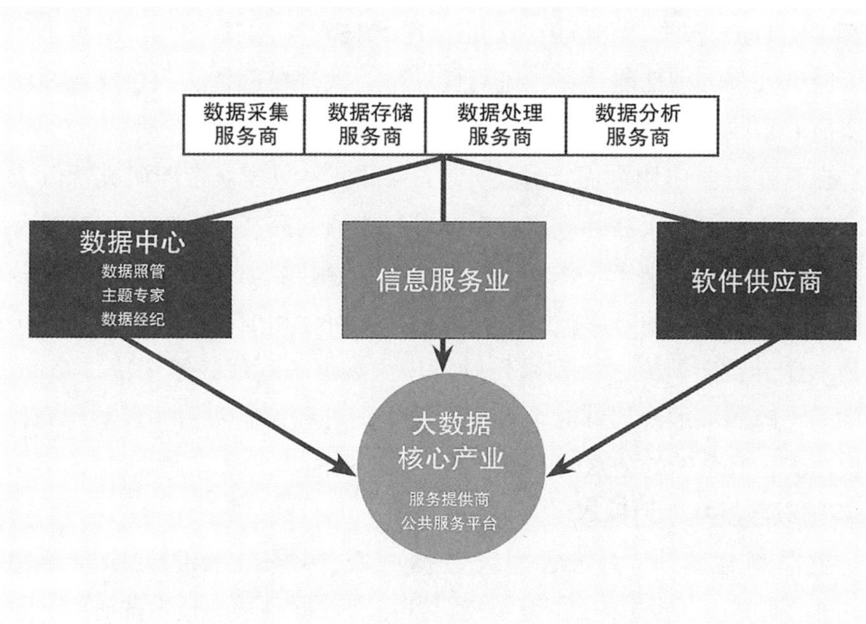

图3-5-1　大数据智能公共服务平台

大数据发展的产业环境分析

● 美国政策层面发力

美国推出了一系列公开数据计划，在健康、能源、气候、教育、金融、公共安全等领域开放数据和信息，促进创新和突破，从而推动经济发展。美国致力于扩大联邦数据公开范围和受用对象的范围，尤其扩大高价值数据资产，探讨如何进一步扩展收集和分析工业竞争和创新相关的数据。为了进一步挖掘联邦政府数据的应用潜力，促进创新发展与社会进步，2016年1月，美国商务部发起了一项旨在使政府数据更加容易使用的数据易用性计划（CDUP）。2016年5月，白宫发布《联邦大数据研发战略计划》，这是2012年奥巴马政府实施大数据研发计划以来出台的首份顶层规划文件，文件针对大数据研发中的重点和难点问题加强部署，为未来的大数据研发列出7条战略计划，旨在建立大数据创新生态系统，加强数据分析能力，从大量、多样、实时的数据库中提取有效信息，服务于科学研究、经济增长与国家安全。白宫在大数据、高性能计算、网络安全、量子信息、人工智能等领域接连出台研发计划，或在已经实施计划的基础上制定研发战略。2016财年，美国联邦政府各部门投入的网络与信息技术研发预算（NITRD计划）达40.9亿美元，比2015财年增长3.1%，涵盖了大数据、网络安全、高性能计算、可靠性软件、大规模网络、人机交互系统等重要前沿领域。

在具体行业应用方面，2016年3月4日，美国公众营养研究部际委员会（ICHNR）发布了联邦政府首个营养科学研究路线图（2016—2021年）。该路线图是继国家纳米技术计划、网络与信息技术研发计划等国家科技计划后的又一个重大的跨部门研发计划，旨在引导和推进未来5～10年美国的公众营养健康研究，特别是鼓励运用大数据等现代技术手段，跨部门、跨学科、跨领域地开展针对个性化的健康促进和疾病防治的科学研究，以期提高美国及全球的公众营养健康水平。

● 英国以数据共享为根本

英国新建哈瑞（Hartree）大数据中心，投资1.13亿英镑；新建艾伦·图灵研究所，投资4 200万英镑，开展大数据科学与技术的研究；投资1.5亿英镑建立了第一个国家级老年痴呆症研究所；建立应对重大疾病新的数学研究中心。此外，英国成立了大数据战略委员会，发布《开放数据战略白皮书》，统一政府数字平台，开放政府部门数据通道，设立数据开放共享奖励基金。2019年以来，《特殊类别数据的处理指南》、“英国个人数据保护充分性的决定草案”等相继发布，旨在开发利用数据资源产生更大的商业价值和促进经济增长。

● 瑞典启动大数据专项

瑞典国家重点科研计划（NFP）大数据专项（Big Data，NFP75）计划在2017年至2020年间共投入2.5亿瑞士法郎。该专项主要分为3个板块：（1）大数据信息技术，包括大数据分析基础性研究、大数据基础设施构架、数据库和计算中心；（2）大数据相关社会及法律问题，包括大数据对社会经济发展的影响预测（如对贸易、商务模式、人员交通及物流的影响）、个人隐私及空间的保护及相关的社会伦理和法律问题及对策等；（3）大数据应用，包括大数据在交通、健康、灾害及社会风险控制、能源转型领域开展基础性应用研究。瑞士国家重点科研计划由瑞士联邦政府推出，目的是对关系瑞士社会经济发展全局的重要领域开展基础性研究并提出对策建议。

● 我国积极营造大数据发展环境

2014年和2015年，“大数据”被写入国家《政府工作报告》。在2015年3月5日举行的“两会”中，李克强总理在政府工作报告中提到，制定“互联网+”行动计划，推动移动互联网、云计算、大数据、物联网等与现代制造业结合，促进电子商务、工业互联网和互联网金融健康发展，引导互联网企业拓展国际市场。随后，《关于促进大数据发展的行动纲要》发布，国家自然基金委、科技部支持了大量大数据研究项目。北京、上海、天津、重庆、广东、贵州等省市制定了大数据发展规划，多地开始建数据产业基地：天津着力打造国家数据聚集区，与北京、河北联合建“京津冀大数据走廊”；重庆计划将大数据培育成重要战略性新兴产业，加快建设两江云计算产业园；陕西西咸新区、湖北武汉光谷、贵州贵安新区等地正在建设国家级大数据基地。

● 上海成立数据交易中心

2016年4月1日，上海数据交易中心挂牌成立。上海数据交易中心是经上海市人民政府批准，上海市经济和信息化委、上海市商务委联合批复成立的国有控股混合所有制企业，承担着促进商业数据流通、跨区域的机构合作和数据互联、公共数据与商业数据融合应用等工作职能。上海数据交易中心以国内领先的“技术+规则”双重架构，采用自主知识产权的虚拟标识技术和二次加密数据配送技术，结合面向应用场景的交易规则，将在全面保障个人隐私、数据安全前提下推动数据聚合流动。上海将围绕“资源、技术、产业、应用、安全”融合联动这一条主线，聚焦“政府治理和公共服务能力提升、经济发展方式转变”两个方面，建设“交易机构+创新基地+产业基金+发展联盟+研究中心”五位一体大数据产业链生态发展布局，力争打造国家数据科学中心、亚太数据交换中心和全球“数据经济”中心，形成集数据贸易、应用服务、先进产业为一体的大数据战略高地。

大数据产业的行业需求预测

● 企业需求

一是传统企业的大数据转型。随着互联网化进程的不断推进，在改变用户消费习惯的同时，众多传统企业面临一系列问题，其中一条核心主线就是如何使用已有数据以及如何采集用户数据。为了有效利用数据，很多传统企业开展了试探性的使用和分析，并逐步结合互联网平台，形成闭环数据。地产、制造、金融企业已经在逐步建立互联网销售平台。平台的建立并不是要加大产品的销售量，而是通过平台对传统营业网点、销售渠道的信息进行有效管理，从而建立可供判断或分析的数据。这样可以更好地了解客户的潜在需求，更快地适应市场变化，从而带动新一轮研发的生成或变革。此类企业的成长点、市场化性质以及企业性质将区别于传统企业，走上新业态、新模式的道路。目前，在车联网、互联网金融、汽车电商、房产电商等领域都相继有成功的案例出现。

二是平台企业的大数据战略。针对IT投入相对较少、IT基础较为薄弱的领域，比如零售、餐饮、服装、农业、出版等行业，企业不会自建云计算及大数据平台，更多的是依靠专业化的数据服务企业或数据服务平台来满足数据分析的需求。行业数据服务平台架构的初衷主要是用云服务方式解决上述行业的信息化建设及运维需求。目前，上海类似的行业数据平台不少，建筑业的筑想网、医药业的安捷力等都是在行业垂直领域专业度很高的企业，较之通用、普适性的平台，此类平台与行业发展更具有共存性和相通性，是大数据产业发展过程中一个非常重要的组成部分。

三是互联网企业大数据规模化发展。互联网传媒是大数据应用比较快的一个产业领域，传媒由传统的单向被动模式转变成为双向互动模式，在吸引用户群体的同时也通过定义用户肖像推动精准营销。精准营销使企业享受了新媒体带来的最实惠的成果，也为企业带来了一份较之传统传媒更加具体的数据分析报告。同样在互联网领域，无论是社交平台还是移动应用，在其互联网平台构建的过程中，收集、汇总、分析数据都是非常重要的环节。通过甄别不同年龄段、性别、爱好的用户群，互联网平台能够精准定位并推送不同的消息，而在这些精准定位的背后，则是每天几十甚至几百TB的数据增长量和分析量。可以说，有了互联网才有了大数据产业的蓬勃发展。

● 热点关联领域需求

一是金融大数据。中国金融信息服务产业存在产业链分布广、市场空间巨大的特点，与此同时，又表现出产业集中度非常低的现状。因此，未来必将经历大量的并购整合，最终出现几家庞大的IT服务机构。传统金融服务领域的人才资源、市场能力、技术及研发方面在全国范围内都具有不可比拟的优势，产业环境、配套资源都非常成熟。目前，金融信息服务产业链已经拥有了证券、期货、金融期货、科学技术等交易所，以及钢铁、有色金属等各类生产物资交易所，拥有像安硕信息、万得资讯、金仕达、银联、普兰金融、春雨供应链等一大批具有行业代表性的龙头企业，还有一批以经尔纬为代表的掌握大数据技术及具有资源整合能力的公司。金融领域的数据库建设比较完善且都为结构化的数据，随着人工智能、深度学习等新兴技术的介入，大数据将显示出大有可为的趋势，对基于大数据分析的成果的需求也将更加旺盛。

二是交通大数据。一是智能交通。在交通和环境信息的基础上，交通部门可以实现交付跟踪、工作流程监督和人力资源管理。在智能交通系统中，如果车辆使用了该应用，交通部门就可以监测到相关数据。智慧城市首席信息官可以使用从物联网信息库中获取运输和交通过程的信息，这将大大改善交通运输，有助于建立服务型的支付方式，而不是简单的付款程序，如时间收费制度。智慧城市的核心价值是根据交通数据来建立对公民有益的基础政策。智能交通领域也产生了很多新的商业创新。二是自动驾驶。目前，谷歌公司借助大数据及车载技术和传感器，以及高级辅助驾驶系统、软件、地图数据、GPS和无线通信数据等，实现了无人驾驶。可以预见在不久的将来，大数据在自动驾驶领域的应用将越来越被看好。

三是新媒体大数据。大数据引领的新媒体已经颠覆了国外数个传统媒体，比如停刊的美国《新闻周刊》以及德国出现战后最大的纸媒倒闭潮等。以眼球经济为基础的传统媒体展示型广告已快速向以数据为基础的网络媒体精准型广告转变。百视通和东方明珠的整合已经打造了全国最大的千亿级别的传媒上市公司，公司在电信、广播电视及互联网领域海量数据处理具有丰富的研发及应用经验，所用技术涵盖了分布式计算、海量数据处理、流计算、机器学习及神经网络等，重点关注互联网广告投放技术、效果监测、目标受众行为的分析及精准细分、广告智能匹配等。可以预见未来几年，新媒体大数据将越来越受到业界的追捧。

四是制造业大数据。目前，我国正在利用大数据推动信息化和工业化深度融合，研究推动大数据在研发设计、生产制造、经营管理、市场营销、售后服务等产业链各环节的应用，研发面向不同行业、不同环节的大数据分析应用平台，选择典型企业、重点行业、重点地区开展工业企业大数据应用项目试点，积极推动制造业网络化和智能化。最近几年，国家和地方政府日益重视大数据在制造业特别是高端智能制造领域的应用，例如《中国制造2025》的发布。从这个意义上来说，大数据在制造业应该发挥的潜力巨大，释放空间和余地很大。

大数据产业技术预见

● 大数据引领新一代信息技术

从2012年起，高德纳公司对大数据产业技术的发展进行了跟踪调查。相关数据显示，大数据热炒概念的时期已经成为过去，多数投资者已经成为理解概念和数据源应用方面的行家。比较而言，大数据基础设施方面的部署及其产业应用的深度环节更能引起他们的兴趣。他们不再单一理解大数据，而是从新一代信息技术维度重新认识大数据与网络安全、人工智能等相关领域形成的综合体。大数据的投资仍在继续，但略呈下降趋势。总体而言，73%的受访者表示已经投资或有计划投资大数据领域。其中，近半数（48%）受访者表示，他们的机构已经投资大数据领域，投入资金的增幅为1%～3%。25%受访机构表示有计划投资，没有计划投资的稳定在22%。

人们对大数据的投资态度更加理性，究其原因主要有两个影响因素。一是投资机构正从关注数据和分析的模糊概念转移到具体的产业技术应用细节。二是短时间内大数据技术转化为消费者使用的产品的难度较大。虽然73%的受访者表示，他们已经投资或正在计划投资大数据领域，但许多仍停留在试点阶段。

● 带来的机遇未改变

高德纳公司的调查显示，投资公司投资大数据的原因并没有改变，如何提高客户体验仍是首要关注焦点。在过去几年中，许多组织正在尝试建立自己的客户枢纽或建立新的网络安全解决方案基础设施，而不是简单地与供应商已经提供的目的应用和基础设施进行接洽。高德纳公司指出，大数据产业及其带来的价值和优势需要被进一步广泛认可，大数据思维需要在经济产业内进一步广泛渗透。

● 密切相关的技术领域

在2017年5月25日贵阳大数据产业论坛上，高德纳公司首席分析师雷伊·瓦尔德斯（Ray Valdes）认为，在未来，数字化商业、区块链、人工智能（智能机器）、物联网、自动化交通、智能化契约等领域将产生超出人们想象的数据，并对基于巨量数据的分析结果有着持续旺盛的需求。可以预见，这些领域在未来将呈现更多大数据价值。

大数据投资前景预判

● 人工智能在相关领域的成功应用，必须依赖大数据

当前，国际巨头纷纷在人工智能领域投入巨大资源，如苹果公司的Siri、IBM公司的Watson、微软公司的Cortana等，而谷歌和百度等搜索引擎公司更是网罗了世界上最优秀的科学家投身到人工智能技术的研发和应用中。2016年5月，美国白宫科学和技术办公室宣布的“精准医疗计划”和“癌症登月项目”均依赖人工智能在医疗数据中寻找模式，最终帮助医生诊断疾病并提出治疗措施，从而改善病患护理和健康成果。谷歌公司已经成立Alphabet，重新整合集团资源，随后推出基于人工智能的新搜索算法RankBrain，联手福特公司研发无人驾驶汽车、DWave量子计算机

测试，并将人工智能融入聊天板块。微软公司第三代“微软小冰”已经发布，开源机器学习工具包DMTK，微软牛津计划推出最新接口、人脸情绪识别器。2015年8月，英特尔公司投资无人机公司Yuneec 6 000万美元，9月投资量子计算机5 000万美元，10月收购Saffron，12月以167亿美元收购Altera。德勤公司发布的报告《未来已来·全球AI创新融合应用城市及展望》显示，2025年世界人工智能市场规模将超过6万亿美元，2017年至2025年的年复合增长率可达30%。同期，艾媒咨询预测，中国人工智能产业规模将呈现爆发式发展趋势，2025年可达4 000亿元人民币。谷歌公司的AlphaGo系统之所以所向披靡，是因为其有庞大的棋局数据库支撑。同样，教育、医疗、交通、城市安全等领域的人工智能应用也离不开大数据。

因此，投资者应该关注：一是核心技术研发的投入，研发过程结合大数据和人工智能技术，形成良好的基础架构，会产生“更多的数据产生更好的智能”的效果；二是形成统一的标准和体系，这样才能加快各行业知识和语义之间的融合，使得数据产生协作效应；三是龙头企业，这是大数据、人工智能产业链的关键节点，也是行业发展的风向标和推动产业化正向循环运转的动力。

● 智慧城市建设、新城镇建设中大数据潜在爆发期尚未到来

大数据与深度学习、人工智能、虚拟现实交叉的领域成为资本追逐的焦点。例如，日本提出建设超智能社会（SOCIETY 5.0），实现ICT技术在全社会的深度融合应用，受到诸多大数据公司和风险投资机构的关注。日本建设超智能社会，基于以人工智能、物联网、大数据为代表的ICT技术，研究开发先进机器人、超级计算机、传感器、高速通信等技术，实现网络空间与现实空间高度融合的信息物理系统，运用大数据促使社会生活各领域实现高度智能化，推进经济发展与社会进步。与此同时，在我国各地大力推进的智慧城市建设中，大数据在新兴技术交叉应用的环节将有着重要的一席之地。大数据与智慧交通、绿色环保、民生安全等领域相融合，在人工智能、深度学习的带动下，大数据应用商机无限。近年来，我国智慧城市建设如火如荼，浙江、江苏等地智慧城镇建设在全国引起广泛关注，如果没有行业大数据支撑，智慧城市、新城镇建设将是苍白无力的。

● 支撑分享经济智能大数据应用平台被看好

分享经济在短时间内崛起并成为全球现象，规模和影响力都呈现出指数级增长。2014年12月，著名会计师事务所普华永道发布的预测报告指出，全球分享经济的规模将从2015年的150亿美元增长到2025年的3 350亿美元。在全球经济努力复苏的背景下，分享经济模式的新颖性和巨大发展潜力受到各国政府的高度重视，甚至提升到国家战略的高度。大数据、云计算、人工智能将构建支撑分享经济的智能平台，而这些平台将日益彰显其经济价值。在分享经济的新模式中，大数据起到了核心作用，其价值不言而喻。

（文/孟海华）

3.6 虚拟现实的五大前景预测

虚拟现实（VR）主要指利用先进的显示技术、计算机技术、传感技术、人工智能技术等多种技术生成一个逼真的三维视觉、听觉、触觉或嗅觉等感觉世界，让用户可以从自己的视点出发，利用自然的技能和某些设备对这一生成的虚拟世界客体进行浏览和交互考察。虚拟现实包括整机设备、感知交互设备、3D内容、软件平台、高性能计算等五大核心系统（见图3-6-1）。虚拟现实技术革命性地改变了人类对真实世界的感知，从技术上改变了传统的视觉、听觉与触觉体验，使用户置身其中，实现自然环境下基于各种感知的高级人机交互，呈现出一个全新的虚拟世界。可以预见，未来几乎所有领域的应用，其体验都可能因为采用虚拟现实技术而升级为身临其境式的交互方式，如战略应用、专业应用、文化娱乐、游戏等。

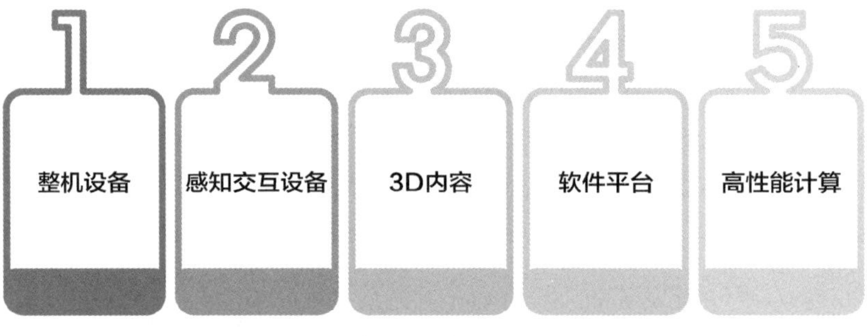

图 3-6-1　虚拟现实五大核心系统

国内外发展现状

虚拟现实技术最早发源于美国，经过半个多世纪的发展，随着计算机软、硬件技术的快速进步，虚拟现实技术已经完成了实验室原型验证和系统化实现，进入了目前的快速发展和完善阶段。其应用领域也从国家战略相关领域（如军事）走入了大众生活（如动漫、游戏）。

如今，美国、法国、德国、日本等国家的虚拟现实技术与产业发展比较成熟。从技术来看，发达国家主要注重于专业领域特性的虚拟现实仿真、分析系统的开发，如波音、空客等公司的飞行模拟器，美国的虚拟医疗，德国工业机械虚拟设计软件等。从产业发展来看，主要产品有桌面虚拟现实产品、增强虚拟现实产品、沉浸式虚拟现实产品和分布式虚拟现实产品等四大类，主要企业有Oculus、索尼、安卓、YouTube、Netflix、脸书、谷歌、三星、HTC等。

在核心技术方面，软件巨头微软公司在虚拟现实算法方面成果丰硕，2015年研发的HobLen增强现实技术震惊业内。谷歌公司正在研发支持虚拟现实设备的安卓操作系统，可能成为将来开发虚拟现实设备的公司必须采用的核心基础软件。

在行业应用方面，虚拟现实技术已经在国家战略行业（国防军事、航空航天、装备制造）和大众生活领域（医疗卫生、教育培训、商务消费、文化娱乐）取得了很多成功的应用。随着虚拟现实交互设备，移动终端、大数据、网络应用的高速发展，虚拟现实将涵盖几乎所有领域的应用。

在我国，北京、上海、深圳的虚拟现实技术与产业发展基础较好。从技术来看，北京航空航天大学的虚拟现实技术与系统国家重点实验室、中国科学院计算技术研究所的虚拟现实技术实验室等国家级虚拟现实研究单位，在虚拟现实建模理论、人机交互、虚拟人合成等技术方面具有丰富的研究积累。上海交通大学、上海电气集团股份有限公司、上海汽车集团股份有限公司等高校和企业在虚拟医疗、虚拟制造等方面具有较强的研究积累。上海大学、复旦大学等高校在高精度三维虚拟人物技术研究方面也取得重要进展，促进了本地乃至全国文化产业的发展。深圳在虚拟现实硬件研发方面处于国内领先地位，从立体投影到裸眼立体显示器，从数据手套到三维扫描等，在游戏、影视等娱乐生活方面应用广泛。此外，近年来国内资本市场纷纷看好虚拟现实，大量的社会资本向该领域集聚。

与发达国家比较，国内虚拟现实硬件处于简单仿制阶段，工艺和集成有不小的差距，复杂或者专业性较强的产品还无法自行开发，主要是因为没有完善的行业理论和实践数据作为支撑。国内虚拟现实软件只能实现场景漫游和简单交互，属于低端产品。

产业前景预测

一是跨界融合相关技术领域的创新发展。从长远来看，虚拟现实技术主要沿着更大空间的多样化逼真感觉、更短时间的内容与环境交互两个维度发展。例如，逼真的立体视感和沉浸体验需要宽视野、高分辨率的显示技术和设备，虚拟大型地理数据进行三维浏览和交互处理时需要高容量的存储、通信及大数据技术。未来的虚拟现实还将深度融合传感技术、机电控制、人工智能、量子通信等技术，高仿真、大尺度、智能化、交互瞬间化代表着国际虚拟现实的未来发展趋势。

二是虚拟现实智能硬件设备技术将继续受到追捧。从短期来看，虚拟现实目前重点关注的是头戴式体验，比较有代表性的是头戴式显示器Oculus Rift、微软公司推出的Hololens全息眼镜，谷歌公司推出的谷歌眼镜等。但是，国际上的“大腕公司”并不满足于此，正在开足马力寻求真正商业价值的突破：在科学视算、教育和娱乐方面，寻求根本性变革，以增强用户的体验；在计算能力、移动性、续航能力和便携性方面，运用世界最新科研成果加以改进，融合带动移动互联网技术，增加对领先用户之外的巨大服务群体的黏性。虚拟现实设备有望成为智能手机之后规模最大的智能硬件设备。

三是改变生产和培训方式，支撑智慧城市建设。除了游戏娱乐体验之外，虚拟现实在智能制造、高端仿真及培训方面的应用将是国内更为重要的应用方向。针对工业辅助设计的虚拟装配、产品三维化设计等越来越多地在国内的工厂、车间应用，采用虚拟现实技术建设的各种交通工具、飞行器的模拟培训系统将陆续进入铁路、航空培训公司的课堂。基于三维GIS的数字城市、数字国土将成为国家信息化工程的非常重要的组成部分，城市大尺度虚拟规划、虚拟开发将是虚拟现实技术应用的重要方向。

四是特殊环境、行业、领域应用，保障安全和节省成本。在医疗方面，从辅助外科手术、手术导航到虚拟手术、身体康复都可以通过虚拟现实技术加以实现，患者痛苦更小、花费和风险更低。在军事方面，军事仿真模拟和虚拟现实训练正以其技术上的优势帮助缩减训练费用而得到各个国家的青睐，已经成为发达国家国防工业的重要环节。

五是虚拟现实将重塑人们的行为方式，丰富社会生活。例如，购买新房、与医生互动，或者观看演唱会、体育比赛，虚拟现实都将带来全新的视觉体验。从交互方式由单向信息传播向双向互动沟通的演进趋势来看，虚拟现实设备有望成为广播（听觉）、电视（视觉、听觉）、电脑（交互、视觉、听觉）和智能手机（便携、交互、视觉、听觉）之后，为用户提供从信息到“环境”的交互内容（感知、便携、交互、视觉、听觉），成为人机交互的新入口。

（文/孟海华）

第四章

材料科技

材料科技的进步是各个领域科学发展与应用推广的物质基础。近年来，发达国家针对材料科学纷纷制定了重点科技发展战略，如美国的“材料基因组计划”、欧盟的“石墨烯旗舰计划”等。与一些科研成果接近应用端、市场飞速发展的领域相比，材料领域更靠近创新链和产业链的上游，更强调循序渐进和长期积累的研究过程。但看似缓慢的变化背后也积聚着巨大的能量，一旦释放将导致市场格局和产业走势的剧变。

4.1 材料领域创新关注点

“十三五”期间，材料研究取得了许多明显改变范式的进展，几乎涵盖了所有的材料类型，发现的速度也在加快。基于国内外产业报告及预测分析，展望“十四五”，材料领域有以下14项内容值得重点关注（见图4-1-1）。

图4-1-1　材料领域创新关注点

多种新型半导体材料

随着以传统硅基半导体材料为基础的超大规模集成电路的性能逐渐逼近物理极限，摩尔定律逐渐显露出失效的趋势。为了打破即将到来的瓶颈、推动电子信息产业的持续进步，近年来新的半导体材料始终是材料领域的研发热点之一。

第三代半导体材料是以宽禁带为特点的一类半导体材料，包括碳化硅（SiC）、氮化镓（GaN）、氧化锌（ZnO）、金刚石、氮化铝（AlN）等代表性材料。这一特点使得第三代半导体材料与第一代（Si）、第二代（GaAs、InP）半导体材料相比，具备更高的击穿电场、热导率、电子饱和速率以及更好的抗辐射能力。从宏观表现来看，就是在高温、高频、高辐射剂量及大功率等传统半导体材料（尤其是Si）难以胜任的场合具有显著优势。以最典型的SiC材料为例。SiC能够带来更高的光电转换效率，用于LED照明可降低40%的能耗，应用于太阳能发电则可减少25%以上的转换损失。SiC还能够减少功率元件的电力损失，应用于超高压直流输电和智能电网领域可减少60%的电力损失，并提高40%的供电效率；应用在家电、高铁、新能源汽车、工业电机等领域也可实现20%～50%的节能效率。效率的提高也会带来器件体积的减少，如用于电脑适配器就可减少80%的体积。2014年起，美国就成立了以SiC为代表的第三代宽禁带半导体产业联盟，目前已经获得美国各级政府的1.4亿美元的投资。日本政府则更早认识到SiC的重大意义，将其视为未来节能战略的重要技术，并在2013年将其纳入“首相战略”。

2016年，美国犹他州大学的研究人员发现，二维氧化锡（SnO）是有史以来第一种稳定的P型（带正电荷的“空穴”运动）二维半导体材料。“石墨烯之父”、英国曼彻斯特大学物理与天文学院教授安德烈·海姆（Andre Geim）发现，超薄硒化铟（InSe）具有相当大的带隙，室温下的电子迁移率达到2 000 $cm^2/(V \cdot s)$，远远超过了硅，在更低温度下，这项指标还会成倍增长。德国慕尼黑工业大学的研究人员则发现了一种柔性的无机半导体材料SnIP，具有类似于DNA分子的双螺旋形，体现出了极强的柔韧性，可以反复折弯而不断裂。这种材料能够体现出类似于砷化镓（GaAs）的电子性能，而且热稳定性更高，原料价格低廉，几乎没有毒性。

柔性玻璃

美国康宁公司正在研发一种柔性玻璃，它除了比传统玻璃更薄、更耐磨、更通透之外，还具有一个突出的特点——柔性，甚至可以卷起来，其生产过程也借鉴了造纸工厂的灵感。这一材料可以用于电子设备的曲面屏幕，以及太阳能电池和照明等场合。

有机-无机混合的钙钛矿构型材料

钙钛矿构型材料的化学成分并不是$CaTiO_3$，只是由于其晶格结构是同钙钛矿类似的ABX_3构形而得名。事实上，目前流行的钙钛矿太阳能电池材料是一种有机-无机混合材料。例如，典型的甲胺铅碘（$CH_3NH_3PbI_3$）材料由有机短链、铅离子和碘离子分别充当A、B、X的角色。钙钛矿太阳能电池的效率自2009年出现以来屡创新高，十几年间其光电转化效率从3.8%提高到了25.2%。钙钛矿太阳能电池材料还能以薄膜形态沉积于玻璃表面，并且可以通过工艺的调整展现出不同的透明度和色泽外观，具有很好的环境美化效果。如果能进一步解决其生产成本问题，并对有机成分的老化情况深入研究，钙钛矿太阳能电池将有望在不远的未来形成一场能源界的革命。一些具有类似构型的有机-无机混合的钙钛矿构形材料还能够用于高效率LED等领域。

性能多样的超材料

“超材料（metamaterial）”指的是一些具有人工设计的结构并呈现出天然材料所不具备的超常物理性质的复合材料。这些超常性能主要是由其精细的微观结构而非组成成分导致的。光子超材料是超材料领域最主要的研究方向之一，能够通过微观结构的设计体现出负折射率等自然界不存在的特性。一些亚波长尺度的物质结构能够产生奇特的宏观光学现象。例如，蝴蝶翅膀的色彩就是源于其微观结构，而非简单的反射特定波长的入射光。科学家利用这一原理制造出了许多以往不可思议的材料，被称为光学超材料。光学超材料极大地扩展了人们对材料的介电常数、磁导率、折射率等性能的选择范围，从负值到正值、从无穷小到无穷大、从均匀到渐变等均可实现。用光学超材料制造的超级透镜，可用来观察尺寸小于光波波长的材料。光学超材料还有望用于2D全息图像，甚至用于研发隐形衣。

美国密歇根大学的研究人员研制了一种具有特殊力学性能的超材料，材料表面软硬质地可以根据受力情况转换。施加轻微的压力可以在不损坏或削弱材料本身的情况下，改变表面刚度几个数量级。用这种材料制造的火箭可以在发射时保持刚性、降落时变软以实现重复利用。用这种材料制造的自行车轮胎可以在骑行时自动变换硬度，以适合任何路况。汽车在发生事故时，用这种材料制造的方向盘可以及时软化保护乘客，不再需要额外的安全气囊。力学超材料的发明也为超材料的发展提供了新的方向。

液态自驱动金属

液态金属可以通过“吞噬”少量物质而获得能量，并具备无须外接电力的自主高速运动能力。在不同的环境中，液态自驱动金属能够体现出拐弯、变形、分裂、融合、互动等复杂的行为，甚至给人以“金属生物”之感。这一性能虽然距离电影中的液态机器人仍然遥远，但有望应用于智能发动机、微型机器人、高效泵送机构、柔性运动机构等，为机械领域带来诸多变革性进步。

有实用潜力的热电材料填充方钴矿

目前，人类社会所使用的主要能量来源均是通过热机形式由化学能转化来的。在这一过程中有超过2/3的能量最终都以废热的形式流失了。人类发现具备热电效应的材料已经超过60年，但兼顾高效、可靠、环保、廉价等多方面因素的实用性热电材料始终没有实现。

方钴矿在传统研究中是一种效率不高的热电材料。但是，科学家发现在这一材料中掺杂其他元素，对晶体结构进行修饰有可能大大提高其性能。这种经人工处理过的新材料被称为填充方钴矿，其热电模块组件已经能够实现近10%的能量转换效率，可直接利用汽车发动机产生的温差产生电能。随着研究的持续深入，实用性的热电材料相信不久就能大量应用。

新型二维材料黑磷

石墨烯作为第一种宏观二维材料，显示出了诸多神奇性质而受到普遍关注，尤其是在电子工业中被视为具有颠覆性潜力的新材料。然而，石墨烯是电的良导体，缺乏能隙结构的先天缺陷目前还难以解决，距离集成电路方面的应用仍然非常遥远。

针对这一问题，科学家尝试寻找一种既具有二维材料的特性，又具有能隙结构的新材料。黑磷则被寄予了厚望。普通的白磷经过精确的热处理具备了层状结构，再经过一系列处理后即可分离为单层的二维材料。黑磷具有可调半导体的特性，能够用于代替目前的许多半导体元件，如晶体管、传感器、太阳能电池、电路开关等。此外，黑磷对光线的分散效果也超过石墨烯，因此有望率先应用于光电领域。

纳米压电材料

压电材料受到外力作用时，能将机械能转变成电能。氧化锌纳米棒受力弯曲时就会产生微弱的电压。将两块材料的摩擦面做成齐整密布、具有压电效应的纳米结构。这样两块材料来回摩擦，会产生群体压电效应，造成群体纳米电源叠加。将两块材料的纳米结构插入对方的缝隙的摩擦方式可以避免表面的磨损。这样的摩擦式纳米电源已经可以为体积很小的微纳电子器件供电，可使这样的器件结构变简单，生产工艺简化，制造成本下降，使用寿命延长，利于大规模工业化生产与实际应用。很多低频率的机械可以用类似的方法转化为电能。目前，一些研究成果已经可以实现超过300伏的输出电压。

智能纤维

在我国，纺织行业一向被视为典型的传统产业，早年更一度是压缩落后产能的标杆性行业。智能纤维的发展给这一行业带来了新的升级路径和市场空间。智能纤维是指能够感知外界环境或内部状态所发生的变化，并能做出响应的纤维。不同的智能纤维性能可能差距极大，例如：相变纤维能够通过吸/放热量来实现对温度的调节；记忆纤维能够在特定环境下恢复原始形状；凝胶纤维能够对温度、pH值、光照、压力等条件做出体积或形态方面的响应；电子纤维能够导电以及消除静电。各种各样的智能纤维能够赋予织物各种奇特的性能，甚至使衣服也实现功能化、信息化，如能够将人体运动能量转化为电能并给手机充电的裤子、具有显示功能的衣服等。这将为整个纺织行业带来一次革命性的发展机遇。

超导材料

超导材料的研究已经持续了数十年，其间经历过多次高潮和沉寂。拓扑超导在2006年被发现以来，迅速成为凝聚态物理界新的研究热点。同年，我国科学家首次发现了铁基高温超导材料中的一种新型一维拓扑边界态。拓扑超导体体内是有能隙的超导体，表面能够产生一种被称为Majorana费米子的无能隙态。据理论预测，Majorana费米子可以用于量子计算，因此对拓扑超导材料的研究将直接关系到未来计算机的发展。

迷雾重重的金属氢

2017年，美国科学家成功将氢气压缩制成固态可导电的“金属氢”，率先实现了全球多个团队多年以来的研究目标，摘得这一高压物理学的“圣杯”。此前，金属氢被认为在木星等大天体的内核中存在，地球内是不存在的。金属氢的能量密度高达218 kJ/g，约是TNT炸药（4.65 kJ/g）的50倍，有望用于火箭燃料等。在290 K（16.85℃）的高温下，金属氢还能显示出了超导现象。在实验室中利用特殊处理的金刚石材料并制造出495 GPa的极端高压环境能制造出这一物质。尽管后来“金属氢消失”的新闻又引起了广泛的争议，但金属氢的研究本身仍然是值得长期关注的。

仿生材料

仿生材料涵盖的材料种类千差万别，但模仿、超越生物体材料的性能始终是仿生材料研究的核心思想，并且多年以来产生了大量成果。近期的研究热点包括：模仿蝉翼表面纳米锥结构研发出了具有优秀抗雾能力的纳米织构材料；首次合成了强度及韧性超过生物软骨、皮肤的合成水凝胶；受到植物种子的启发，通过操作微结构来控制热处理中的各向异性收缩而实现自成形的陶瓷材料。可以预见，各类材料领域都有可能产生许多具有奇特性能的新型仿生材料。

车用新材

汽车节能减排的两大途径——车体轻量化和新能源动力，归根结底都需要依托新材料领域的不断进步。在车体轻量化材料方面，高强度钢、镁铝合金、碳复合材料、长纤维增强材料、低密度聚丙烯材料、低挥发性有机物绿色环保材料、免喷涂材料、无卤阻燃材料等各种新材料都在持续提升自身性能，并越来越广泛地应用于实际产品。在新能源材料方面，锂电池较为成熟，相关的正极材料、负极材料、电解液、隔膜等锂电池材料也将持续增长。氢燃料电池的应用进程虽然较为滞后，但仍然是一个重要的、不可替代的并行技术路线，相关材料有望在未来进入快速增长的轨道，甚至超过锂电池的规模。

显示材料

经过近10年的长期持续、高强度的投入和扶持，我国在新型显示方面已进入高速增长的快车道。到2022年，我国的产能将达到2亿平方米，比2017年增长1倍。同时，产品的水平也在快速追赶日韩等国家，10代、10.5代、11代生产线已经完工或开始建设。此外，国际上OLED的材料工艺尚未定型，我国也同样有发展机会。但是，在更上游的材料市场，包括光学膜、液晶材料、OLED材料、发光材料等在内的显示材料70%以上依赖进口，我国仍处于大而不强的状态。在显示器的整体产值中，光学膜材料占到了20%～30%的份额，液晶和OLED材料占到了15%～20%的份额。MarketsandMarkets公司预测，全球显示器市场到2022年将达到1 691.7亿美元，相应显示材料的市场规模将达到600亿～800亿美元。

（文/沈应龙　黄善光）

4.2 全球新材料产业的投资与市场前景

新材料是信息、制造、新能源、节能环保等各产业转型发展的物质基础，受到了各国政府的普遍关注。据不完全统计，目前已经有超过20个发达国家或新兴国家出台了与新材料产业相关的新兴产业发展战略，与新材料产业相关的各类科研和产业计划已经超过100项。在我国，新材料产业是七大战略新兴产业和《中国制造2025》十大重点发展领域之一。

新材料产业涵盖的产品种类繁多，功能应用、市场现状差异极大。世界不同国家新材料的发展战略、优势领域，甚至统计范畴，都存在较大差异。工信部等四部委联合发布的《新材料产业发展指南》显示，我国在“十三五”期间重点发展先进基础材料、关键战略材料、前沿新材料三大方向。其中，气凝胶、3D打印材料、石墨烯、碳纤维、锂电池材料是未来值得关注的五大投资热点（见图4-2-1）。

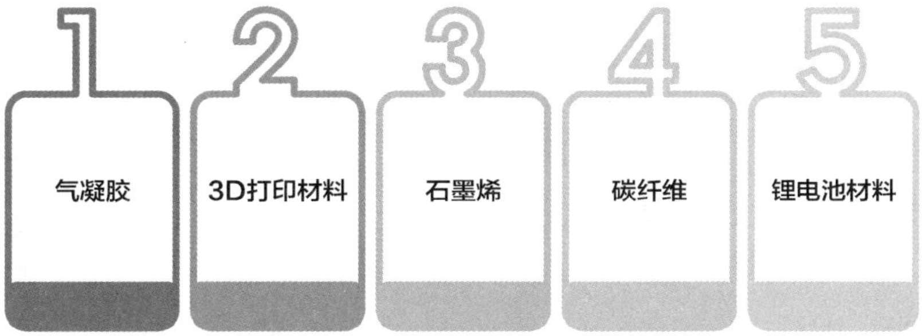

图4-2-1　材料领域五大投资热点

五大投资热点

● 气凝胶：爆发式增长可期

气凝胶作为新型保温材料，与传统绝热材料相比，具有更加优秀的隔热性能和耐腐蚀、长寿命等优点。由于成本较高，气凝胶以往的主要目标市场为航空航天、核电、舰船、军工等高精尖领域，市场空间有限。目前，气凝胶产业整体上仍处于早期发展阶段，研发活跃，产品价格处于快速下降通道。一旦价格接近某一临界点，气凝胶将迅速引起革命性变化，大规模侵占其他保温材料的市场空间，形成难以预料的爆发增长态势。现阶段，某些工业应用场合采用气凝胶材料的工程总造价已经逐步接近传统保温材料的水平。我国气凝胶产业技术发展基本处于国际一线水平，兼之我国节能环保政策的严格推行，未来5～10年国内气凝胶市场有望达到临界点，全面占有我国高达1 200亿元规模的保温材料市场。

随着技术进步，气凝胶产品的性价比逐渐上升，冶金、石化、建材、热力管网等工业市场正在逐渐打开。近年来，气凝胶市场的复合增长率已经达到了36.4%。业内预计在未来10年左右我国将迎来工业和建筑保温材料的一次全面替换，而气凝胶作为一种革命性的隔热材料会因此形成数百亿元规模的潜在国内市场。此外，气凝胶在吸附催化、吸音隔音、绝缘、储能、海水淡化、药物缓释、体育器材等消费品领域的应用也值得期待。

● 3D打印材料（增材制造材料）：开始值得关注

以3D打印为代表的增材制造具有快速成型、节约材料、通用性好、适于数字化、易于加工复杂工件的特点，越来越成为智能制造中的重要环节，在近些年也取得了高速发展。目前，各类塑料仍然在所有3D打印材料中占据主导地位。尼龙的市场规模最大。ABS树脂技术成熟、型号丰富，应用最为普遍。从玉米、土豆中提取淀粉等生物质原料制成的聚乳酸（PLA）则因其绿色环保的优势也逐渐被推广。光敏树脂独特的选择性固化性能使其具有巨大的市场潜力。此外，各种陶瓷、金属粉末也有少量尖端应用。尤其是金属粉末，虽然销量较少，但高昂的价格使其占据了3D打印材料销售总额的80%。随着3D打印的应用场景不断扩展，更多不同性能的3D打印材料需要进一步探索，如聚醚酰亚胺（PEI）、聚芳醚酮（PAEK）、碳纤维增强材料、硅胶、石墨烯等。我国的《新材料产业发展指南》明确指出，要重点研究钛合金、高温合金、铝合金等高品质金属粉末，高分子聚合物，氧化铝、氧化锆、碳化硅、氮化铝、氮化硅等陶瓷粉末、片材，以及细胞/材料复合生物“墨水”等生物增材制造材料。这些方向都是我国3D打印材料产业的投资机会。

● 石墨烯：亟待产业升级

石墨烯从诞生之初就被认为极有可能带动一场席卷全球的新产业革

命，受到了各主要工业国家的高度重视。近年来，我国各级政府陆续出台了多项支持政策。在此刺激下，我国石墨烯产业经历了一次爆发式增长，规模已经迅速增长到全球首位。但是，中国石墨烯产业快速发展的背后，仍然存在极大的隐忧。一方面是低端化、同质化问题严重。一些生产线号称有数百吨的生产能力，但大多是均匀度差的多层、粉体产品，很难找到市场，能够实现盈利的企业不多。另一方面，相对于看似庞大的产能规模，石墨烯的下游应用尚未打开。由于石墨烯缺乏带隙的问题始终无法解决，目前石墨烯成为新一代半导体基材的可能仍遥遥无期。被寄予厚望的柔性触摸屏导电膜目前仍不成熟，重庆抢先推出的“石墨烯屏”手机的显示性能存在较大缺陷。石墨烯电池的概念虽然火热，但其中石墨烯主要起改善电极性能的作用，并不能对电池整体性能产生革命性影响，且添加量很低，实际市场规模有限。目前，国内厂商实际参与的主要应用仍然是导电浆液、功能涂料等较为低端的产品。

未来，我国的石墨烯产业究竟会如预计一样引领全球，还是如同当年的光伏产业一样昙花一现，其关键在于产业发展能否快速由目前的“量变”切换为“质变”：在上游开发CVD等高端生产设备，防止以往集成电路、精密加工等产业被“卡脖子”的窘境；在中游攻关大尺寸、单晶、单层、高均匀度的石墨烯产品及其储存、转移技术；在下游继续致力于导电膜、散热膜等产品的实用化，并大力开发在传感器、复合材料、智能服装等领域的新的应用。这些也是石墨烯领域未来投资的主要方向。

● 碳纤维：加速进口替代

碳纤维具有非常优异的物理性质和化学性质，被广泛用于航空航天、交通工具、新能源装备、工程建设、体育休闲等领域。长期以来，我国碳纤维产业规模较小，同国外先进企业差距明显，进口产品占整个市场销量的80%以上。尤其是航空航天、工业应用等高端产品市场，进口产品占有率甚至达到95%，且长期处于被禁运的窘境。

经过长期的潜心发展，近年来我国的碳纤维产业发生了一系列突破性进展。目前，国内T300级和T700级碳纤维产品质量已达到国外同类产品水平。2016年，哈尔滨天顺化工科技开发公司在成功实现低成本T700碳纤维量产后，又利用自产千吨线生产的原丝，再次突破低成本T800级碳纤维生产技术，产品的拉伸强度、拉伸模量等各项指标均达到日本T800

级碳纤维技术水平。中复神鹰碳纤维公司的千吨级T800原丝生产线也投入生产。这些成果打破了国外禁运的限制，加速了国产碳纤维的进口替代步伐。

由于汽车轻量化、航空航天、新能源等领域的拉动，多个机构都对未来碳纤维市场的发展给出了乐观判断。研究和市场（Research and Markets）公司于2020年1月发布的市场调研报告显示，预计2020年至2025年碳纤维市场的复合年增长率将超过12%。

● 锂电池材料：竞争激烈

在锂电池的成本中，四大核心材料的占比接近40%：正极材料18%，负极材料7%，电解液10%，隔膜4%。锂电池最主要的下游应用领域包括消费电子、新能源汽车和储能。其中，消费电子市场已趋近饱和，自2011年后增速逐渐放缓。锂电池主要的市场增长动力已经逐渐过渡到新能源汽车和储能两个领域。2016年，全国电池企业锂离子产品主营业务收入为2 824亿元，同比增长33.3%，实现利润总额235.6亿元，同比增长73.5%。随着锂电池需求打开，动力锂电池的产量以及市场规模也迈入快速发展阶段。预计到2025年，我国动力电池出货量可达422.28亿瓦时，我国储能电池出货量可达60.0亿瓦时。预计到2025年，我国电解液总体出货量可达到86.5万吨，年均增长速度约为31.7%，我国电解液总体市场规模将达到197.8亿元，年均增长速度约为18.6%。

目前，正极材料中三元材料的市场需求尚未满足，而铁基材料接近饱和。大量厂商已经看到这一趋势，开始提前布局相关产业。我国共有200多家正极材料生产企业，但厂家产品同质化严重，集中于中低端市场，高端市场则被日、韩等国的企业控制。据不完全统计，近1年内我国新规划了19个三元锂电池电极材料项目，其中公布了产能数据的16个项目的总产能就达到60万吨，已经超过了当年全球正极材料的预期需求。

负极材料的技术较为稳定，仍以石墨类为主，钛酸锂、金属合金、硅碳合金等新型负极材料短期内仍不够成熟。全球锂电池负极材料市场份额前6名的企业依次是贝特瑞、日立化成、杉杉股份、三菱化学、日本碳素和日本JFE，6家企业之和约占全球市场的70%，中日企业大致相当。

锂电池隔膜的产能主要集中于日本的旭化成、东丽以及韩国SKI、美国Celgard等4家公司，其市场份额之和超过全球市场的60%。由于技术难度和市场壁垒原因，我国企业尚未形成规模，仍有进口替代空间。

中国军团正迅速成长

长期以来，我国材料产业一直给人以低端、落后的整体印象，“低价卖资源、高价买产品”的现象在很多材料领域都有发生。这在很大程度上是由于以往的研发积累不足、产业发展不充分，因此在一些传统、既有的材料产业更加明显。新近出现的一些新材料则回避了“补课”的难题，中国材料产业在这些新领域能够甩掉“先天不足”的包袱，同国外竞争者站在同一起跑线上开展竞争，并且迎来了弯道超车的机遇。石墨烯、气凝胶等材料在中国的产业发展和国外同步开展。我国的石墨烯产业已经在专利、产量、企业数量等多个方面居于世界领先位置。此外，在以碳纤维为代表的一些长期重点攻关的新材料领域，我国相关产业也在近些年取得了重要突破，整体产业由低端逐步向高端升级的趋势明显，原有的国外厂商占据垄断地位的市场格局有重新洗牌的可能。

美好前景隐藏风险

与其他直接面向产品的产业不同，材料产业自身的发展极度依赖下游的产业应用进展，对各种新材料未来市场发展趋势的预期都是基于对其可能的应用场景的判断。因此，材料的应用研发滞后、下游应用开发滞后，甚至新型替代材料的出现都会带来巨大的不确定性，并导致目前的预测难以实现。事实上，目前石墨烯在集成电路、柔性显示等重大应用上还未解决关键性问题。气凝胶要在实际产品中实现实验室理论性能，并进一步降低成本，仍需大量研发工作。未来的广阔市场能否如期而至，仍然有待事实的检验。

此外，国内各地“一窝蜂”式的缺乏统筹考虑的扩张产能也会为新材料产业的健康发展带来隐患。尤其是在市场应用尚不明朗的情况下，重复建设低端产能更无异于豪赌。有光伏产业的前车之鉴，对新材料产业的投资应当更加关注产品品质的提升、下游应用的开发和上游关键设备的研制，而非对某个热门材料本身的概念炒作。

（文/沈应龙）

4.3 纳米技术在各产业的发展趋势展望

纳米材料，是指在三维空间中至少有一维处于纳米尺度（0.1 ～ 100纳米）范围或由它们作为基本单元构成的材料。纳米材料及其相应的制取、组合技术已成为21世纪世界科技发展的主流方向，也是世界各国最主要的研究热点之一。当前，我国在纳米领域发表的SCI论文累计已经跃居全球第一，同时相关专利的申请量累计达20.9万件，占全球总量的45%。然而，在美国专利及商标局的专利统计数据中，即使不计美国自身，我国大陆地区的专利数量也居于韩国、日本、中国台湾地区之后，说明我国相关产业参与国际化竞争的程度仍然不够深。

《前瞻产业研究院纳米材料行业报告》预计，2022年我国纳米材料市场的规模可达1 955亿元。除了在新材料产业中形成了较为明确的纳米材料板块外，纳米技术还广泛影响了环境、能源、信息、生命健康等诸多其他产业，并且具有极其广阔的发展前景。未来，以下产业或领域有望通过纳米技术的应用实现技术或市场突破（见图4-3-1）。

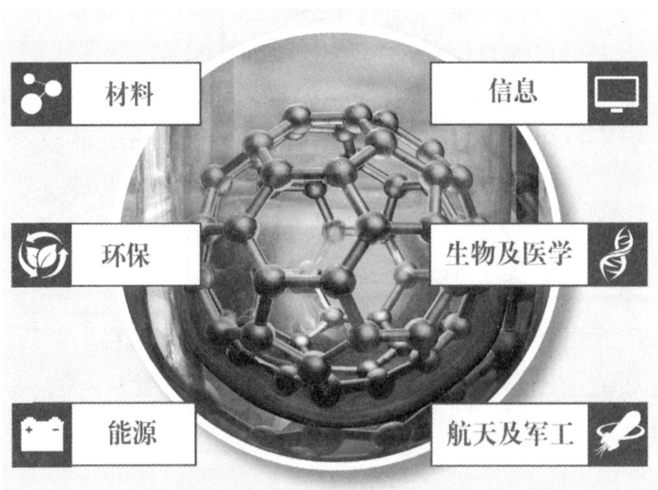

图4-3-1　通过纳米技术的应用实现技术或市场突破的领域

材料产业

纳米材料的发展能够带动整个材料产业的结构调整和升级换代，全面支撑国民经济和国防建设的需要。纳米材料产业在未来5～10年预计可为上海市带来直接经济效益超过50亿元，间接经济效益超过100亿元。

● 纳米粉体（颗粒）材料

纳米氧化钛、介孔氧化硅等无机纳米粉体可以用于吸附、催化药物载体等用途。不同材质的纳米粉体可以用作各种不同用途的着色染料，如汽车涂料、塑料加工以及高档油墨和印刷行业的（彩色）金属颜料，高档珠光颜料，新型晶片颜料，玻璃颜料，防伪颜料和红外反射（或透明）颜料，等等。聚合物纳米复合材料有望替代金属材料，用于发动机齿轮、油过滤器等汽车结构件。

● 纳米纤维

窄分布超细微纳米纤维的织物同时具有高效、低阻的特性，并具有空气滑移效应，可以用于各类过滤、防护产品，如防霾口罩、空气净化器用静电纺纳米滤芯、防雾霾纱窗静电纺纳米滤层等，提升产品的性能。将气凝胶制备为纳米纤维，可以获得高效轻质的保暖材料，能够制备出单件质量在500克以下的超轻纳米纤维保暖服，可用于航空航天、潜水和军事等不同领域。快速可控的光响应、光驱动变形纳米功能纤维，可以用于制备在复杂环境下具有自我保护功能的服饰。具有持续传输、共价抗菌和组织细胞引导功能的纳米纤维制备的复合功能敷料可用于糖尿病足、静脉溃疡等多种普遍性慢性难愈病症的治疗。纳米级别的陶瓷纤维、二氧化硅纤维具有明显的柔性，是能够用于各类高强、阻燃、高温隔热需求场合的新型复合材料。纳米纤维防水透湿膜有望突破传统产品耐水压和透湿量难以同步提升的技术瓶颈，同时实现高耐水压、高透湿量的功能。

● 纳米功能塑料

具有99.9%高效抗菌性能并可保持2年以上的纳米抗菌塑料有望实现规模化制备，在家用电器、汽车、食品包装、医疗等领域具有广泛的应用前景。利用石墨烯作为填料可使塑料具有导热、导电性能，可替代换热器中的铜管。

● 纳米功能涂层

利用纳米技术对涂层表面的微观结构与形貌进行设计，可提高涂层的附着力与功能性，推动海洋重防腐、长效防污、减阻、抗粘、超硬、防覆冰、环保等功能的海洋领域特种涂层涂料的研制。智能纳米涂料将具有突出的高强度、耐久性，并且可以附加除异味、除甲醛、智能调湿、自润滑、自修复、智能磁性等各种特殊性能。纳米技术还可以赋予汽车面漆及电子产品表面涂层更好的耐水、耐划伤、耐紫外线、耐酸雨等性能。

● 先进水凝胶材料

具有纳米结构的新型手性水凝胶可在人体细胞生理和病理研究、医药筛选等研究中用于仿生微环境材料，此外还可以用于化妆品、整容等领域。

环保领域

在环保领域，纳米材料和技术的应用能够提高能源的利用效率，并在空气污染控制、水质控制、土壤污染控制等领域发挥作用。未来5 ～ 10年，纳米技术在环保领域预计可为上海市带来直接经济效益超过20亿元，间接经济效益超过50亿元。

● 空气净化

车库、公路隧道等半封闭空间机动车污染物主要包括一氧化碳、氮氧化物和碳氢化合物等。采用纳米技术有望实现以上污染物的低成本快速检测，并通过催化、吸附等方式实现无二次污染的常温净化。采用纳米技术还可以针对室内空气中常见的低浓度、复合性空气污染物，如挥发性有机物（VOCs）进行有效富集与高效去除。

● 水净化

发展高效吸附剂、催化剂、絮凝剂和多功能膜等纳米材料，以及以微纳米气泡为代表的先进纳米技术和联用技术，有望实现江河湖海等自然水体的高效低成本治理。等离子激元和上转换发光等效应的宽光谱响应光催化氧化纳米材料，将能够在3 ～ 5年内实现成本更低、效果更好的环境污染物高级氧化技术应用。快速大容量纳米晶吸附材料能够用于水体的重金属吸附。

● 多种污染物快速识别与检测

特殊结构与形貌的纳米材料可用于研发自然水体或工业废水中低浓度

抗生素、农药和重金属等的新型快速检测方法。利用不同污染物与纳米材料选择性的作用机制，可实现土壤污染物的分离、检测和甄别。

能源领域

纳米技术是发展清洁低碳能源的重要途径，在太阳能转化为电能、化学能（如氢气、甲醇等），二氧化碳转化为甲烷，热能转化为电能，电解水制氢以及有机小分子高效制氢等方面均有重要作用。未来5～10年，预计纳米技术在能源领域可为上海市带来直接经济效益超过20亿元，间接经济效益超过100亿元。

● 能源转换

纳米能源催化材料可以实现甲烷高效活化、合成气高选择性转化和二氧化碳的光电催化转化，满足碳-氧、碳-碳或碳-氢的高效选择性转化应用需求。半导体和金属纳米电催化剂可以实现直接利用太阳光对水、氮气和二氧化碳等环境分子进行光电催化转化。新型含氟纳米材料可实现电能与化学能、热能之间的高效转换，并能够相对独立地调控热电转换材料的各项参数，可实现温差发电及热电制冷等方面的初步应用。纳米技术还可实现具有高催化活性和高稳定性的非贵金属催化剂对传统贵金属催化剂的替代，发展出新型高附加值的电催化制氢过程，实现氢气制备与乙醇等有机化合物的转化反应同步进行，显著提升电解水制氢的工业应用价值。

● 能源存储

基于锂、钠、硼、氮、镁、铝等轻质元素的新型高氢量纳米储氢材料（络合物或亚胺基材料），有望实现吸放氢温度小于200℃、可逆储氢量大于5wt%、循环寿命大于500次的固态储氢设备。采用纳米技术可提升电极、隔膜的性能，推动锂硫电池、锂空气电池、钠离子电池、液流储能电池等新一代二次电池的发展。

● 能源生产

通过超薄晶体和纳米结构精准调控等技术，可以提高各类薄膜太阳能电池的转化效率和热、湿稳定性，并推动器件的柔性化发展。非贵金属催化剂、纳米结构膜电极、纳米固体电解质等技术，能够显著提高燃料电池的寿命、稳定性和效率。

信息领域

以新型纳米材料及微纳制造工艺为基础，与现有集成电路产业中硅基工艺结合的新型纳米材料、低功耗柔性器件以及新型纳米光电器件和传感器件，将普遍应用于电子产品、环境监测、食品安全、电子通信及互联网等领域。未来5～10年，纳米材料与技术在信息领域预计可为上海市带来直接经济效益超过200亿元，带动相关产业产值1 000亿元。

● 电子信息产业基础材料

石墨烯、氧化锡、黑磷等新型低维晶体材料的研究为下一代计算机的发展打开了新的道路。高性能及安全环保的纳米抛光材料、电子浆料和电子墨水等产品，有望在5年后实现规模化生产，并全面实现进口材料的替代。

● 电子器件及集成

高性能超柔性半导体单晶纳米薄膜（＜100纳米）大规模转印（晶圆级）是集成电路行业发展的关键技术。纳米材料与器件是新型柔性智能器件与服装发展的基础。例如：纳米纤维能量转换器可用于制备智能发电织物，高效收集人体生物机械能，实现电子产品的自驱动或自供电功能；高灵敏度的可穿戴纳米压电传感检测系统，可实现对人体健康状况（如脉搏、心电功能、脑电波、血糖、pH值和乳酸等）的实时跟踪和分析；智能电子皮肤、织物传感器、弹性织物电路和柔性织物天线等也均需依托纳米技术发展。

● 传感及显示器件

新型纳米传感器件可以集成光、电、磁、化学及生物活性等多方面特性，并可与微纳机电系统（NEMS/MEMS）器件制备技术相结合在环境监测、食品安全、汽车电子和军工等领域中广泛应用。新型光电转换机制的纳米级像素成像芯片，有望突破可见光衍射极限，推动摄影、摄像、高分辨X射线衍射成像等设备性能的显著进步。基于量子点材料的平板显示器件，比传统LED背光的传统液晶电视在画面质量与节能环保上更具优势，已成为业内液晶电视新的发展方向。

生物及医学领域

在生物及医学领域，纳米技术在组织修复与替代材料、诊断与治疗、基因与细胞等方向均有应用前景。应用纳米技术革新现有诊疗技术，有望取得颠覆式创新成果并实现临床上的应用，如新型组织再生材料、体内外精准诊断纳米技术和新型抗肿瘤纳米药物等。未来5～10年，纳米技术在这一领域预计可实现30亿～50亿元的产业链，并产生百亿级规模的间接经济效益。

● 组织修复与替代

纳米生物材料具有良好的理化与生物安全性能，可用于发展口腔科应用的纳米复合材料、黏固剂、牙髓密封材料以及牙齿再造材料、人工血管、骨科修补材料等。具有组织诱导功能的纳米医学材料，可用于新型器官3D打印、新型组织工程和新一代植介入医疗器械，有望催生多种组织替代物、功能修复物、个性化定制增材制造产品和新一代植介入医疗器械、新型功能药用辅料的问世。

● 诊断与治疗技术

由生物大分子构成并利用化学能进行机械做功的纳米系统又被称为分子马达，可实现肌肉收缩、物质运输、DNA复制和细胞分裂等生命体活动的体外模拟。基于对纳米颗粒-生物界面作用和纳米颗粒-环境因素作用进行的研究，有望研制出能够穿过生物屏障并进入病灶组织或疾病细胞的功能化靶向纳米载体材料和纳米机器人。基于纳米技术的药物递送新技术，可显著改善药物溶解性，提高药物的生物利用度，绕过某些生理屏障，增强药物利用效率。具有主动靶向功能的药物载体材料和安全高效的包载化学药、生物药的纳米药物，能够对重大疾病如肿瘤进行有效治疗。由单分散、对人体安全的无机纳米材料组成的理疗纳米系统，具有较长的血液循环时间，进入肿瘤后能够特异性地响应肿瘤的微环境，掌握其在肿瘤部位的有效富集、化学反应导致的肿瘤细胞的变异、凋亡的化学动力学和生物学机制的情况。纳米医疗器件可实现血糖等人体指标的实时检测和调控，提高糖尿病等代谢性疾病的治疗水平。新型荧光磁性纳米探针可追踪体内树突细胞导向到淋巴结的迁移过程，这一技术有望发展为癌症成像检测及早期诊断的新方法，有助于对治疗实时监控。

● 基因与干细胞研究

利用纳米技术改造天然带有孔道的蛋白或者合成纳米孔，可以开发出单分子测序技术，实现传统测序技术所需要的扩增能力，低成本、高准确率地直接测定核酸。高效负载RNA、DNA和细胞活性因子等的纳米载体材料可实现高效安全的治疗效果。纳米辅助基因快速测序、纳米颗粒调控细胞信号通路和调控机体免疫反应等技术有望推动基因工程技术的全面发展。二维、三维纳米结构可调控干细胞增殖与分化，利用这类纳米材料作为生物分子载体可诱导干细胞的迁移与定向分化，也可促进干细胞分离、纯化和富集。利用纳米材料作为干细胞载体，可提高生物载体功效及降低药物副作用。基于纳米技术开发的新型量子点和纳米造影剂可实现对干细胞的标记和示踪。

航天及军工领域

航天与军民融合方向是未来纳米技术发展及应用的重要方向，航天领域对材料轻质化、防辐射性、高力学性能、高抗腐蚀性和综合光电声磁性能的超高要求，使纳米技术有望在航天领域大显身手。这一方向预计5年后可产生500亿元的直接产值和5 000亿元的间接产值，将为我国航天与军民融合事业的发展作出重大贡献。

基于纳米技术制备的超结构及阵列，能够制造突破黑体热辐射效率极限的中远红外窄带热辐射器。高导热陶瓷基板用粉体材料、轻质高强纳米合金材料、纳米太阳帆是未来航天探索的重要材料基础。光学微结构的超精密纳米加工与检测为我国超高灵敏光电复合探测技术、航天领域高分辨率空间探测器和高精度导航系统的研发和改进提供了重要支撑。新型纳米隐身涂层、纳米吸波材料、特种密封材料及多功能复合材料能够显著提高军事装备的性能。

（文/何丹农　沈应龙）

第五章

能源科技

能源科技的迭代创新发展推动了全球能源产业的转型发展，作为全球最大的能源生产国和消费国，能源科技和产业的健康发展关乎我国资源、环境和社会的可持续发展。展望“十四五”及今后更长时期，我国进入加快培育和发展战略性新兴产业的关键时期，同时也迎来发展绿色低碳产业的重要机遇期。促进能源科技和产业发展，已成为符合国家和区域发展需求和资源特色的必然选择。

5.1 新能源领域创新关注点

回顾“十三五”期间，全球能源格局发生众多变化，给全球新能源产业发展带来巨大的机遇和挑战。基于国内外相关分析，“十四五”期间新能源领域的以下10项内容值得重点关注（见图5-1-1）。

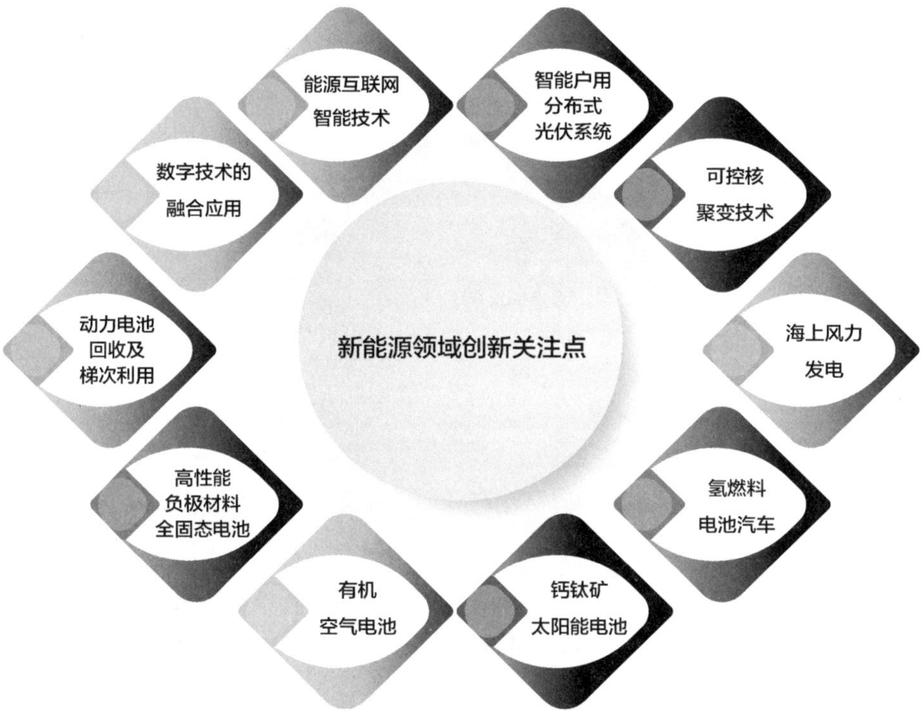

图5-1-1　新能源领域创新关注点

能源互联网智能技术

能源互联网是能源和互联网深度融合的产物，已经成为当前全球新能源领域关注的新焦点。所谓能源互联网，就是将所有的能量信息（分布式的产生、供应、消耗），通过网络互联，得到及时的反馈，并根据需求予以选择控制。在电网层面，能源互联网比智能电网更关注新能源的占比和影响，当可再生能源占到80%甚至更高时，传统的智能电网系统将不足以支撑这一环境，这就需要能源互联网来实现。能源互联网智能技术将成为未来新能源领域发展的一大关键点。相关技术主要包括智能大电网数据采集和分析诊断技术、智能电网交互终端技术、智能电网需方响应技术、智能变电站技术等。

智能户用分布式光伏系统

国际能源署（IEA）发布的《世界能源展望2020》指出，到2040年时，光伏发电或将成为“电力之王”，电力行业将引领能源系统低碳化的发展道路。因此，分布式、智能化和终端化光伏系统将成为关注重点。除了屋顶和水面分布式光伏电站外，智能户用分布式光伏系统也将成为热点。目前，国内外已有公司开始研发模块化的智能户用分布式系统，如英利集团推出的金丝羊系统，通过模块化改造，把整套系统重新设计制作了逆变控制一体机。预计未来将有更多智能化、系统化和模块化的户用光伏系统产品出现。

可控核聚变技术

核聚变是将两个较轻的核结合而形成一个较重的核和一个很轻的核（或粒子）的一种核反应形式。与核裂变相比，核聚变具有资源丰富、安全、清洁等优点，核聚变燃料可来自海水，因此核聚变的燃料几乎是取之不尽的，而且核聚变不会产生污染环境的放射性物质，同时受控核聚变反应可在稀薄的气体中持续稳定地进行。科学家制造的可控核聚变装置常被称为“人造太阳”。近年来，可控核聚变已有大量的研究，如英国提出要在2040年建造出一台装机容量为5万千瓦的核聚变发电站。我国的合肥与成都都建有用于核聚变试验的环流器，成都的中国环流器2号M装置已经建成并成功释放电流，有望引领这一领域的技术发展。

海上风力发电

在碳减排的大背景下，预计“十四五”期间风电装机量将超出市场预期。全球风能理事会预测，到2030年，全球新增海上风电装机将达到31.9

吉瓦，相比2019年的6.1吉瓦，增长超过4倍。在“碳中和”的最终目标引导下，能源结构调整将是必然途径。预计到2025年非水可再生能源发电占比有望达到20%，用电量每年稳步增长，将倒逼风力发电量增长，有效推动装机量增长。从世界各国来看，海上风力发电正成为能源领域的重点发展方向，如日本为实现到2050年碳中和的目标，计划到2040年安装30～45吉瓦的海上风力发电机组。德国和丹麦则将通过北海和波罗的海的集群，在联合开发海上风力发电方面进行更密切的合作，旨在将欧洲的风力发电装机容量从目前的12吉瓦增加到2030年的60吉瓦，到2050年增加到300吉瓦。从长期来看，国内风力发电零部件企业的全球竞争实力相对较强，海外渗透率有望持续提升。

氢燃料电池汽车

氢燃料电池汽车具有零排放、一次加氢续航里程长、加氢时间短等优点，世界各国均非常重视对氢燃料电池汽车的研发和推广工作。目前，日本丰田公司的第二代氢燃料电池车Mirai已在日本上市，中国的上汽集团则推出了全球首款氢燃料电池MPV战略车型大通MAXUS EUNIQ7。近来，我国氢燃料电池产业政策密集落地：2020年10月27日发布的《节能与新能源汽车技术路线图（2.0版）》提出，2030—2035年实现氢能及燃料电池汽车的大规模应用；同年11月2日发布的《新能源汽车产业发展规划（2021—2035年）》提出，到2035年燃料电池汽车实现商业化应用；同年12月21日发布的《新时代的中国能源发展》白皮书提出，未来加速发展绿氢制取、储运和应用等氢能产业链技术装备，促进氢能燃料电池技术链、氢燃料电池汽车产业链发展。在政策和巨大市场空间的推动下，我国的氢燃料电池汽车产业链有望加速发展。

钙钛矿太阳能电池

钙钛矿太阳能电池技术曾被“世界经济论坛”评为最有前景的技术之一，被视为最有希望取代传统石化能源的新能源电池之一。目前，南京大学现代工程与应用科学学院谭海仁教授课题组在“大面积全钙钛矿叠层太阳能电池”上获得新突破，其成果发表在2020年10月5日出版的《自然能源》（*Nature Energy*）杂志上。2020年11月25日出版的《焦耳》（*Joule*）刊登了美国斯坦福大学开发的可以快速生产稳定的钙钛矿电池的新方法，这一新工艺为钙钛矿的生产树立了新的里程碑，解决了钙钛矿太阳能电板规模化生产所面临的障碍问题，给钙钛矿太阳能技术的商业化带来希望。

有机空气电池

金属（如钾、钠、锂等）空气电池是一种极具发展潜力的高比容量电池技术，其理论能量密度上限可达11 000瓦时/千克，远远高于传统的锂离子电池，得到了学术界和产业界广泛关注。然而，由于存在金属枝晶、空气电极孔道堵塞等问题，导致该类电池安全性和循环寿命不佳，限制了该类电池的实际应用。香港中文大学研究团队设计制备了钾联苯（Potassium Biphenyl）复合有机物，并将其作为负极取代传统的金属负极，与空气电极组成新型的有机空气电池，有效地解决了金属空气电池由来已久的金属电极枝晶生长和循环寿命短的问题，从而获得了高安全、高倍率和长寿命的空气电池，为空气电池开辟全新技术发展路径。有机空气电池最适合应用于大型电厂能源储存，如风力发电或太阳能发电，亦可用于火力发电厂调频，家用太阳能电池板也有机会使用到。

高性能负极材料全固态电池

以金属锂作负极的全固态锂金属电池在理论能量密度和安全性上都远优于传统锂离子电池。锂离子电池产业化已走过30个年头，2020年电池技术进入一个新的变革周期。目前，锂离子电池的安全问题仍未解决，固态电池成为下一代锂电技术的发展方向。现阶段固态电池量产的产品还较少，产业化进程仍处于早期，主要集中于欧美、日韩和中国三大阵营。日本丰田公司对外展示了其固态电池技术，在电量耗尽的情况下，只需要充电5分钟就可以充满，续航里程达500千米。韩国三星先进技术研究院则利用银碳复合材料层作为阳极，研发了一种新款全固态电池，可使电动汽车续航高达800千米。固态电池技术的发展对整个新能源汽车领域都将是一个新的突破口。

动力电池回收及梯次利用

国际市场研究机构Markets and Markets发布的报告显示，预计到2025

年全球锂离子电池回收市场规模将达122亿美元，到2030年将稳定增至181亿美元。亚太地区的锂离子电池回收市场将以最高的复合年增长率增长。同时，中国也是电动汽车和储能等应用中锂离子电池回收的最大市场之一。2020年10月，工信部在回复政协委员《关于技术驱动、规范制度、推动新能源汽车高质量发展的提案》的函中表示，下一步工信部将完善新能源汽车安全监管制度，积极推动新能源汽车动力电池回收利用立法工作，研究制定《新能源汽车动力蓄电池梯次利用管理办法》，支持梯次产品市场化应用。在政策的持续引导下，我国动力电池市场规模增量可期，动力电池回收和梯次利用技术的风口将来临。

数字技术的融合应用

随着数字技术的加速发展，能源领域的数字技术应用日益深入。数字技术与新能源汽车技术的结合趋势也越发明显，如智能充电桩以及后台运营管理系统等，将互联网、大数据等数字技术与新能源汽车融合在一起，实现了智能充电网络的重大突破。德国波鸿鲁尔大学电力系统技术和电力机电一体化研究团队开发了一种新的传感器技术，用于监测电池的电流和电压，可以减少电池的技术负担，以及添加新的功能，从而降低电动车和其他类型的锂离子电池的重量和成本。此外，智能化的能源管理系统将有望实现能源管理的真正集成化，尤其是针对分布式的家庭用户，可实现全面协同控制家庭的储能、恒温和太阳能系统。

（文/傅翠晓）

5.2 新能源产业投资指南

“十三五”期间，新能源产业发展势头良好，整体上交出了一份较好的答卷。在政策、市场和技术的多重影响下，当前新能源领域有哪些方向值得政府、机构和个人投资者关注？基于国内外产业报告及预测分析，以下八大方向值得重点关注（见图5-2-1）。

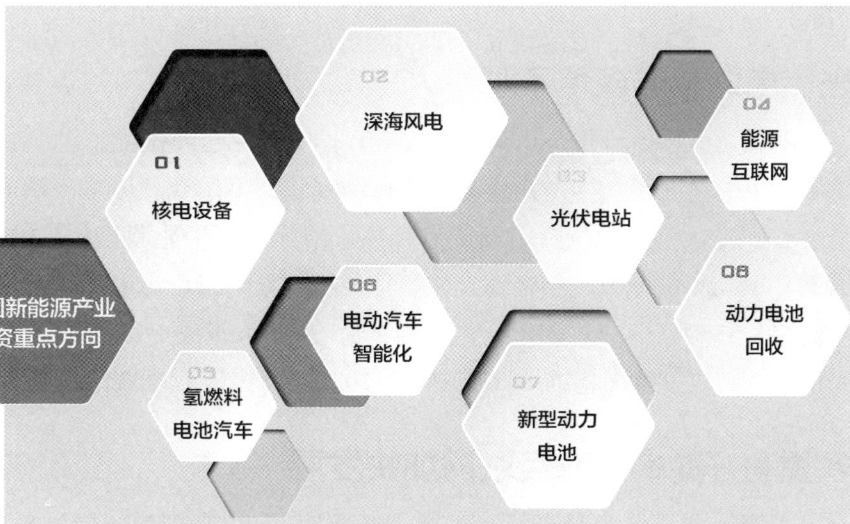

图5-2-1　我国新能源产业投资重点方向

我国核电设备迎来投资高潮

“十三五”期间，国内核电行业利好不断。首先，中国核工业集团、中国核工业建设集团两大集团重组。其次，作为国内核电设备龙头之一的东方电气业绩不断攀升，采用四代快中子堆技术的霞浦快堆已于2017年12月29日开工，提升了未来核电建设的预期。在“一带一路”沿线，有28个国家计划发展核电，规划机组126台，总规模约1.5亿千瓦。国际原子能机构预测，未来10年，除中国外，全球有60～70台百万千瓦级核电机组开工建设。依照百万千瓦级核电机组综合造价约150亿元人民币计算，未来10年国际核电市场规模将高达1万亿元人民币。

深海风电技术创新潜力持续增大

风能作为一种相对成熟的可再生能源，其技术创新的潜力仍在不断被创新者挖掘。国外，全球首个漂浮式海上风电场已于2017年10月开始向苏格兰电网输送电力，并利用创新的电池存储系统为约2万户家庭提供电力；国内，上海率先试水深远海风电项目，漂浮式风机将在不久的将来涉足更远海域，而海底电缆也将从更深海域将电能传回陆上。预计到2050年，漂浮式风电的装机容量将从目前的100兆瓦增长到250吉瓦，增长2 500倍。

光伏电站运维谨慎乐观

随着光伏发电价格与市场逐步趋同，国家补贴也将随之取消。在补贴越来越少的情况下，国内光伏电站的运维现状并不乐观。但是，从市场前景来看，光伏电站的投资市场依然存在。国际可再生能源机构（IRENA）数据显示，2010—2019年全球光伏累计装机容量维持稳定上升趋势，2019年为578 533兆瓦，较2018年增长20.3%，预计未来的一段时间内，全球光伏累计装机容量还将继续保持增长，2025年将突破1 700吉瓦。

多重利好助推能源互联网加快发展

国家能源局已经公布了《首批“互联网+”智慧能源（能源互联网）示范项目评选结果公示》，确定了首批56个“互联网+”智慧能源（能源互联网）示范项目，标志着我国能源互联网发展迈上了新的台阶。同时，我国新能源汽车产业正在加速发展，新能源汽车的大力推广将带动充电桩产业的发展。自2018年开始实施的“双积分”制度将使新能源的利用达到一个阶段性的高潮。未来，预计能源互联网市场规模至少在5万亿元人民币以上。

氢燃料电池汽车步入商业化阶段

近年来，氢燃料电池汽车以其零排放、长续航（500～1 000千米）、加氢时间短（3～5分钟）等优点备受业界关注。江苏如皋作为国内最早涉及氢能产业的城市之一，在2017年已实现产业销售收入突破50亿元人民币。2018年2月，上海的《上海市鼓励购买和使用新能源汽车实施办法》提出，对燃料电池汽车商业运营示范区内运行的燃料电池汽车按照不超过中央财政补助1∶1的比例给予上海市财政补助。在政策的持续引导下，国内氢燃料电池汽车将加速步入商业化阶段，助推其进入爆发期。Global Market Insights公司预测，到2024年全球氢燃料电池汽车的市场规模将超过90亿美元。

电动汽车智能化技术加速示范应用

无论是谷歌和优步这样的高科技企业，还是丰田、通用和大众这样的传统汽车制造商，目前都在全力进行无人驾驶汽车技术的研发工作，尤其是电动汽车的智能化技术更是重点发展方向。研究机构预测，2021年全球无人驾驶市场规模将达到70.3亿美元。中投顾问认为，真正意义上的无人驾驶汽车有望在2020—2025年出现，到2035年全球无人驾驶汽车销量将近1 200万辆，市场空间将达6 000亿元人民币，国内市场空间接近1 500亿元人民币。然而，因为政策因素和道路实际测试情况，无人驾驶汽车发展较为缓慢。目前，国内无人驾驶的技术水平与全球领先企业的差距正在逐渐缩小，且随着政策支持力度的持续加大，我国将推动特定区域加快实施早期试点。

动力电池行业加速技术革新

目前，整个锂电行业都在关注电池成本，这给电池企业带来了极大压力。在原材料价格上涨等诸多不利因素下，电池价格依然持续下降，再加上行业投扩产项目频发，产能已超市场需求。在低端产能过剩、高端产能不足的整体态势下，市场竞争加剧，低端车型和微型车也不再受到补贴政策的青睐。在上述多重背景下，电池企业进行技术革新、产品换代势在必行。可以预计，“提质降本”将是未来动力电池行业主要关键词之一。

动力电池回收市场将爆发

随着新能源汽车产业的快速发展，动力电池的生产以及使用量快速增长。当新能源汽车搭载的动力电池容量衰减至80%左右时，动力电池将被淘汰，但此时的动力电池仍然能通过梯级利用的方式应用于储能设备，投放到商业住宅储能站、电动汽车充电储能站以及电信基站等场所。2020年，我国新能源汽车动力电池已开始进入规模化退役期，锂电池报废量达20多万吨。据测算，到2025年动力电池报废量近百万吨，到2030年数字会进一步翻番。

（文/傅翠晓　全利平）

5.3 智能微电网发展态势及投资重点

智能微电网技术是新型电力电子技术、分布式发电技术、热电冷联产技术以及储能技术的综合应用。其具有如下主要特点：（1）智能微电网中的电源大多是混合的，一般包括多个分布式发电（Distributed Generation，DG），如光伏电池、燃料电池、风力发电、生物质能、微型燃气轮机等，可以减少环境污染，提高能源利用效率，符合电力可持续发展要求；（2）当主网发生故障或扰动后，智能微电网可以从并网运行模式转换为孤网运行模式，能实现即插即用和无缝切换，具有独立运行能力，充分利用DG发电能力继续向重要负荷供电，提高向用户供电的可靠性。智能微电网不仅解决了DG大规模并网的问题，还发挥了它的效能，是能源互联网的基础，将促进能源互联网在需求侧应用的落地。

智能微电网技术体系

智能微电网技术主要包括微电源、储能元件、能量管理和控制系统、负荷等几大部分。微电源包括传统电源（如汽油机发电、柴油机发电、蓄电池等）和可再生能源（微风力发电、太阳能电池、燃料电池、生物质发电等）。控制设备包括中央控制设备、本地控制设备（电存储设备、热存储设备、电力电子装置等）。负荷有普通负荷和特殊负荷，当有紧急事件发生时，智能微电网可以根据需要甩掉普通负荷，从而保证特殊负荷的用电供应。

当然，智能微电网并不一定由上述提到的全部部件组成，可能是其中的一部分。但是，智能微电网的结构决定了智能微电网的性能及其运行的好坏。一般来说，一个成功的智能微电网应该是本地化的、分布式的、高度自动化的及环境友好的小型电网体系（见图5-3-1）。

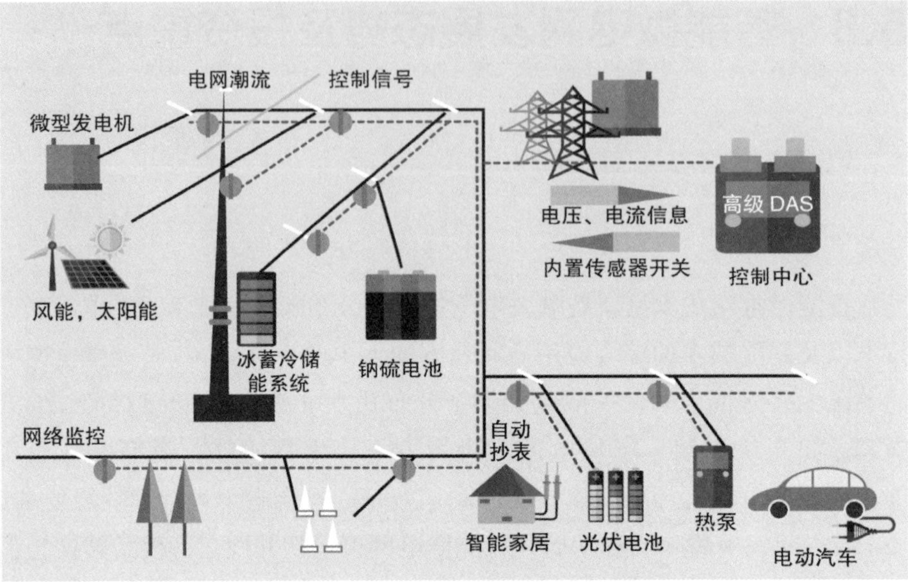

图 5-3-1　智能微电网技术体系结构

国外智能微电网发展态势

作为一个新的技术领域，智能微电网在各国的研究和发展呈现不同的特色。

美国最早提出了智能微电网的概念，并由国家电力集团、伯克利劳伦斯国家实验室等研究机构组成美国电力可靠性技术合作组织（Consortium for Electric Reliability Technology Solutions，CERTS），在美国能源部和加利福尼亚州能源委员会等的资助下，对智能微电网技术开展了专门的研究。CERTS定义的智能微电网提出了一种与以前完全不同的分布式电源接入系统的新方法，当主电网发生故障时，微电网可与主电网无缝解列或成孤岛运行，一旦故障去除后又可与主电网重新连接。

欧洲提出要充分利用分布式能源、智能技术、先进电力电子技术等实现集中供电与分布式发电的高效紧密结合，并积极鼓励社会各界广泛参与电力市场，共同推进电网发展。目前，欧洲已初步形成了智能微电网的运行、控制、保护、安全及通信等理论，并在实验室微电网平台上对这些理论进行了验证。其后续任务将集中于研究更加先进的控制策略、制定相应的标准、建立示范工程等。

日本立足于国内能源日益紧缺、负荷日益增长的现实背景，开展了智能微电网研究，但其发展目标主要定位于能源供给多样化、减少污染、满足用户的个性化电力需求。值得关注的是，由日本新能源产业技术综合开发机构（NEDO）主持的智能微电网示范项目是由政府投资，日本电报电话公司（NTT）、东芝等企业参与的。整个项目早在20世纪90年代末即开始启动，全套项目分多地点、多阶段，从不同角度全面验证各种智能微电网技术。例如，全面比较市面上不同厂家太阳能电池板的发电效果，及其倾斜角度等条件的影响；第一次进行大功率（400千瓦）储能变流器（PCS）的大电网并网冲击性测试；对风力发电、光伏发电、大电网以及储能设备的功率比例关系等进行比较。这一项目的建设模式对我国智能微电网发展具有重要的启示意义。

我国智能微电网发展特色

我国在可再生能源综合利用方面，微电网变流器、控制器等设备技术水平和世界同步，多能互补独立微电网系统示范规模世界领先。我国在可再生能源和电力行业的很多公司进行了研究部署，建立了多个示范系统。在国家863计划、科技支撑计划支持下，我国重点在边远地区、沿海岛屿建立了一批示范系统：建成世界第一个且海拔最高的青海玉树10兆瓦级水、光、柴、储互补微电网示范工程；建立了浙江东福山岛、鹿西岛、南麂岛等3座兆瓦级风、光、柴、储互补微电网，浙江摘箬山岛风、光、海流能、储互补微电网，广东珠海2座兆瓦级风、光、波浪能、柴、储互补微电网，山东即墨大管岛波浪能、风、光互补发电系统等示范工程；正在建设的青海兔尔干兆瓦级可再生能源冷热电联供新型农村社区微电网；在南极地区，我国中山站正在开展风、光互补供电的探索和尝试。

综合起来看，中国的智能微电网按照其运行特点主要分为3种典型类型（见表5-3-1）。

然而，我国的智能微电网在实际应用上还存在诸多挑战。

第一，目前国内尚无统一的智能微电网体系技术标准和规范，在很大程度上影响了智能微电网技术的研究和示范工程的建设。智能微电网建设、运营模式与目前电力法规还存在一定的冲突，国家相关政策尚不明晰，已成为智能微电网未来发展的主要障碍。

表 5-3-1　中国智能微电网的建设特点

智能微电网类型	城市智能微电网	农村智能微电网	企业智能微电网
运行方式	GD，IG	GI，IG	GI，IG
分布地区	经济发达城市	农村、郊区、草原	山区等偏远地区
电压等级	中压配网（10千伏）	低压配网（400伏）	中压配网（10千伏或以上）
容量	数百千瓦至10兆瓦	数千瓦至数百千瓦	数百千瓦至10兆瓦
主要目的	事故状态下保障重要电源供电，确保供电可靠性和电能质量，节能减排，提高抗灾能力	利用可再生能源为偏远地区供电，促进农村城镇化	提高供电可靠性和能源利用效率，降低成本
主要微电源类型	清洁能源发电和可再生能源发电	可再生能源发电	传统电源

GD（Grid Dependent）：依赖于大电网的模式
IG（Isolated Grid）：微电网可连接到大电网并网运行，也可与之断开进入孤网运行的模式
GI（Grid Independent）：独立于大电网的模式

第二，智能微电网中关键设备如储能变流器、并网接口、协调控制器、继电保护及自动化设备还不够完善，在国家层面还缺乏统一的技术标准，特别是智能微电网中多种接口形式电源协调稳定运行技术还有待进一步的研究和深入的实验验证。

第三，智能微电网技术的发展与先进的电力电子技术、计算机控制技术、通信技术紧密相关。但是，国内电力电子技术在智能微电网中的应用水平不高。智能微电网中使用大量的电力电子装置作为接口。一方面，电力电子装置的可控性有潜力为用户提供更高的电能质量；另一方面，电力电子装置使智能微电网内的分布式电源相对于传统大发电机惯性很小或无惯性，在能量需求变化的瞬间分布式电源无法满足其需求，所以智能微电网通常需要依赖储能装置来达到能量平衡。另外，基于电力电子器件的本身电气特性和控制特点，通过逆变器接口的电源过载能力低，故障特性与旋转发电设备具有明显不同，从而使智能微电网运行及故障特性与传统电网有明显区别，增加了继电保护及自动化控制等方面的配置难度。

此外，智能微电网的保护控制技术尚不成熟。

智能微电网的研究热点

● 智能微电网运行控制技术

智能微电网的运行控制技术是智能微电网研究领域中最为关键的技术之一。智能微电网控制的基本要求包括：任一微电源的接入，不对既有的智能微电网系统造成明显影响；能够协调智能微电网的发电出力与负荷，自主选择运行点；能够稳定地在并网和孤网两种模式下运行，并在两种模式之间平滑切换；可以对有功、无功进行独立控制；具有自主校正电压跌落和系统不平衡的能力。目前，智能微电网已经形成三类经典的控制方法：基于电力电子技术“即插即用”和“对等”概念的控制方法，基于能量管理系统的控制，以及基于多代理技术的微电网控制。欧洲在2005年提出了智能微电网逆变电源的控制策略：PQ（定功率）控制策略和VSI（电压源型逆变器）控制策略。经过近几年的发展，VSI控制策略逐步由单台VSI发展为多台VSI，即提供参考电压和频率的逆变电源由一台变为多台，从而进一步提高了智能微电网接入大电网的安全性和可靠性。

学术界已提出的智能微电网控制架构主要有两类：一类是以欧盟ICROGRIDS项目提出的微电网中央控制器（MGCC）为代表的主从控制，可以是单主或多主模式；另一类是以美国CERTS微电网为代表的对等控制，各微源处的控制器都能响应系统负荷需求并自动分摊且无须借助和其他微源间的通信。当前，主从控制的研究主要围绕MGCC为核心的控制体系展开，如将模糊理论用于微源本地控制器的设计、将最小化势函数法用于MGCC的设计等。对等控制的研究重点是对传统下垂控制器进行改进，如针对低压线路呈阻性的特点，有学者提出了基于虚拟同步旋转轴的解耦控制策略。

● 智能微电网的稳定性

当前，对智能微电网稳定性的研究多集中于小扰动稳定性分析，研究手段大多为用状态空间法对智能微电网系统建模，在平衡点处线性化后求出状态矩阵的特征根来进行稳定性判定，并由此衍生出基于概率理论的稳定分析算法，如点估计法。但是，现有研究大多针对智能微电网自身稳定性而未涉及智能微电网与配网稳定性的相互影响。

● 智能微电网的建模仿真

智能微电网的建模仿真主要集中于微源本体建模和逆变器等电力电子接口建模。从工具上来看，以MATLAB/Simulink和PSCAD/EMTDC为主。也有学者从较新的视角针对智能微电网某一专题采用多学科手段建模，如将风力发电、光伏发电出力用概率分布进行表征，并采用蒙特卡罗法对智能微电网供电可靠性进行分析。借助负荷建模理论，利用元件的相似性对智能微电网整体建模，也是一种新颖的研究思路。

● 智能微电网的继电保护

智能微电网保护的研究源自对DG保护的研究。由于仅为少数DG保护进行分散投资，无论是从成本还是保护配置维护上而言都不经济。因此，更好的解决方案是将众多DG构成微电网，并视作整体来进行保护设计。智能微电网保护的研究趋势包括：在传统方法上融入人工智能技术和新型暂态保护原理，以提高保护对方向信息的敏感性；基于分层分区或多代理思想的多级保护体系设计；直流智能微电网保护设计。

智能微电网的投资热点

● 新能源/可再生能源发电

目前，智能微电网主要以多种可再生能源为主，电源输入主要为光伏、风力、氢、天然气、沼气等多种成熟发电技术。基于新能源的智能微电网技术成为投资的关注热点，一是因为国家和地方推进新能源领域的优惠政策，二是因为新能源的成本近年来持续走低，产业化前景看好。

● 储能

储能是智能微电网中不可缺少的一部分，它能够起到削峰填谷的作用，极大地提高间歇式能源的利用效率。现在的储能主要有蓄电池储能、飞轮储能、超导磁储能、超级电容器储能。目前，较为成熟的储能技术是铅酸蓄电池，但有寿命短和铅污染的问题。未来，高储能、低成本、优质性能的石墨烯电池市场化将给储能行业带来机遇。储能技术目前发展成本高，世界各国都在攻关这项技术，目的是实现“低成本+高储能”。

● 智能微电网能量优化调度

与传统电网调度系统不同，智能微电网调度系统属于横向的多种能源互补的优化调度技术，可充分挖掘和利用不同能源直接的互补替代性，不仅可以实现热、电、冷的输出，也可以实现光/电、热/冷、风/电、直流/交流的能源交换。各类能源在源-储-荷各环节的分层有序梯级优化调度，达到能源利用效率最优。

● 智能微电网保护控制

智能微电网中有多个电源和多处负荷，负载的变化、电源的波动都需要通过储能系统或外部电网进行调节控制。这些电源的调节、切换和控制就是由智能微电网控制中心来完成的。智能微电网控制中心除了监控每个新能源发电系统、储能系统和负载的电力参数、开关状态和电力质量与能量参数外，还要进行节能和电力质量的提高。

智能微电网是目前发展较快的新型网络结构，智能微电网和大电网进行能量交换，双方互为备用，是实现主动式配电网的一种有效方式，从而提高了供电的可靠性。智能微电网的悄然兴起将从根本上改变传统电网应对负荷增长的方式，其在降低能耗、提高电力系统可靠性和灵活性等方面具有巨大潜力。目前，微电网技术已经成为电力系统改革的新方向，其在市场化的进程中必然会不断提升关键设备的性能。

（文/平　帆）

5.4 长三角“氢能走廊”的发展机遇

2019年《政府工作报告》首次出现氢能源，明确提出要推动加氢设施建设。长三角区域具备发展氢能的基础和优势，在当前背景下，需要抓住机遇、明确任务、加快布局，推动长三角区域成为国际氢能应用发展的标杆，让氢能为长三角区域一体化发展提供持久的新动能。

氢能产业已成为全球瞩目的未来产业

氢能是能源转型的重要突破口。氢能作为一种清洁的二次能源，具有来源广、燃烧热值高、能量密度大、可储存、可再生、零污染、零碳排等优点，被誉为21世纪控制地球升温、解决能源危机的“终极能源”。从能源更替的历史来看，一方面能源形态是从固体（煤炭）到液体（石油）再到气体（天然气、氢气）演变的，另一方面主要能源的碳氢比是不断减碳增氢的（煤炭、柴薪碳氢比为1∶1，石油碳氢比为1∶2，天然气碳氢比为1∶4，而氢气的碳氢比则是正无穷）。从能源生命周期来看，氢作为储存不稳定能量的介质，具有巨量（吉瓦级）的能量储存容量和长期放电持续时间，一直被视作太阳能、风能等不稳定可再生能源的桥梁。氢作为像电一样的能源载体，可以将地球上的能量源源不断地应用到人类生活的方方面面。随着能源变革的不断推进，氢能的战略价值也逐渐凸显。国际氢能委员会发布的《氢能源未来发展趋势调研报告》显示，到2050年，氢能源需求将是目前的10倍，全球能源需求的18%将来自氢能源。

氢能成为世界各国的战略布局重点。美国早在1990年就制定了“氢研发5年管理计划”，1996年出台《氢能前景法案》标志着美国正式踏入技术研发、示范阶段，2018年美国能源部先后投入超过3 000万美元用于氢燃料电池项目。日本在2014年4月制定的“第四次能源基本计划”中明确提出，加速建设和发展“氢能社会”的战略方向，致力于推广氢能源发电商业化；2017年12月发布的“氢能基本战略”提出，到2030年实现氢燃料发电商业化，全民参与“氢能社会”建设。韩国政府在2018年6月表示，政府和企业到2022年将投资2.6万亿韩元加快韩国氢燃料电池汽车生态系统的发展。2019年1月17日，韩国正式发布“氢能经济发展路线图”，将氢能产业定为战略投资领域，通过发展氢能拉动经济的创新增长。法国在2018年6月发布国家氢能计划，宣布投资1亿欧元用于工业、交通等领域。

氢能的规模化应用有望率先在交通领域实现。近年来，全球氢能产业链不断完善，中上游制储氢关键技术持续突破，下游应用成本逐步下降，行业基础设施建设不断提速，相关重大项目陆续启动，全球氢能市场持续升温。氢燃料电池相比锂离子电池具有续航里程长、充电时间短等优势，可将交通工具变成能源互联网的一个重要组成部分，推动能源结构清洁化，使能源和交通系统更加高效、智能。未来十余年，燃料电池汽车将成为全球汽车市场增速最快的细分市场。预计至2032年，全球燃料电池汽车销量将超过500万辆。

区域合作是发展氢能的重要路径

单个城市独自发展氢能是不经济的。燃料电池汽车的普及需要有完善的氢能基础设施建设，但加氢站建设前期投入资金需求量巨大，规模小而运营成本高。一两个城市的单独规划也难以有效形成网络和规模效应，会限制氢能的推广和应用。

各国纷纷开展区域合作推动氢能应用。日本政府为推进下一代的能源建设，在2011年提出要以四大都市圈（东京圈、中京圈、关西圈、北九州圈）为中心，通过区域合作和官民合作模式，建立100个商用加氢站，然后通过高速公路连接。德国政府为了促进氢能和燃料电池在区域内的实际应用，在2018年提出了氢能区域建设的想法。美国加利福尼亚州在旧金山、洛杉矶建加氢站，通过高速公路连接形成局部网状，发展氢燃料电池车。2018年，美国俄亥俄州坎顿–斯塔克地区交通管理局（SARTA）牵头，联合俄亥俄州清洁燃料公司、克利夫兰州立大学等多家机构共同组成联盟，共同起草了中西部各州的“替代燃料运输走廊”行动计划。

长三角城市群具备建设“氢能走廊”的良好条件

近年来，全国各地纷纷出台氢燃料电池地方规划，以期在氢燃料电池产业发展上占领先机，形成了以华东、华北、华南、华中、东北、西北、西南各大城市群为代表的七大氢产业集群，而其中最被业内看好的是长三角城市群。

长三角区域氢资源供应具备优势。目前，国内最可靠、最经济的氢来源是工业副产氢，宝钢等企业在炼钢过程中所产生的氢资源，通过简单的分离净化，即可直接用作燃料。此外，江苏盐城的风电、光伏产业规模较大，也可通过再生能源电解水制氢，为氢资源的供给提供了清洁路径。

长三角区域氢能产业技术实力雄厚。据统计，仅2017年我国氢燃料电池投资项目就达1 000多亿元。技术实力较强的长三角地区聚集了我国燃料电池发展的主要企业（见图5-4-1）。上海氢燃料电池技术研发在全国首

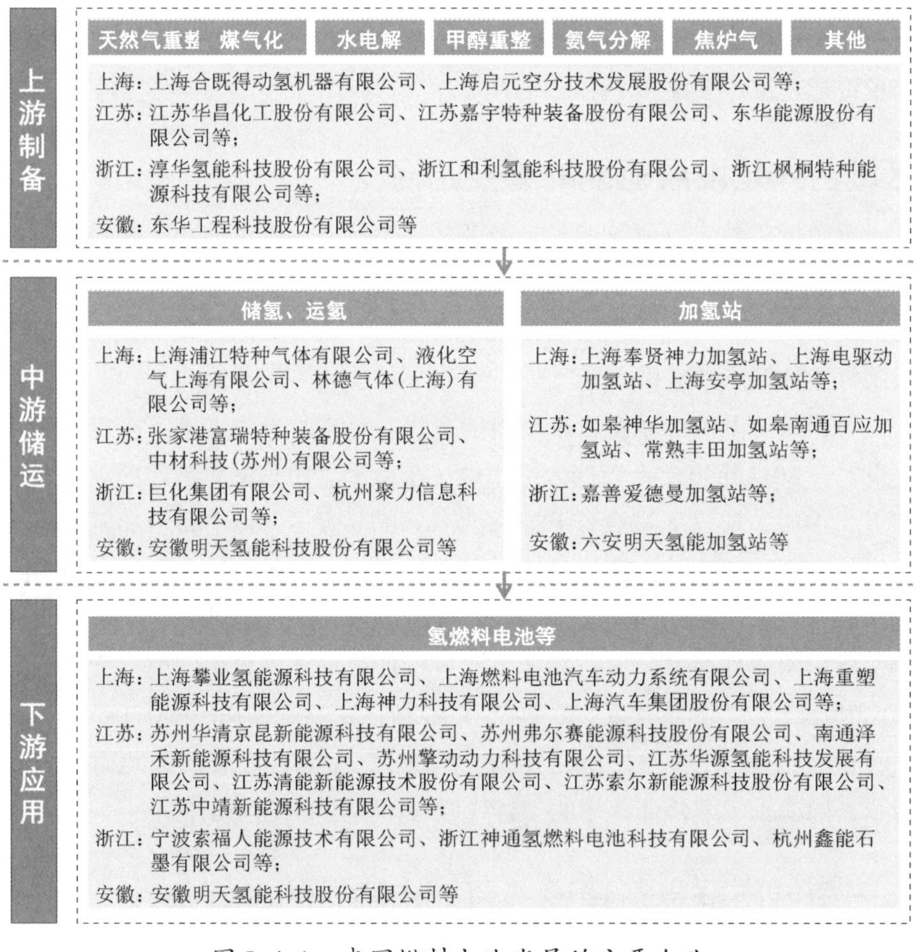

图5-4-1　我国燃料电池发展的主要企业

屈一指，同济大学氢能技术研发历史悠久，具有扎实的技术基础。上汽集团是整车企业中最早布局燃料电池的，并与中国科学院大连化学物理研究所合作成立公司，在车用燃料电池电堆和系统开发方面具有较强实力。江苏无锡、盐城等也在积极部署燃料电池的研发和产业化。

长三角区域具备良好的氢能示范应用基础。在示范运行上，上海在2010年世博会期间的示范运行取得了良好反响，2018年上海化学工业区开始了批量通勤服务，江苏如皋于2018年开启了经济开发区氢能公交的示范运营。在载体空间上，有江苏如皋氢能小镇、浙江台州氢能小镇、江苏张家港氢能燃料电池国家双创集中示范基地等一批特色地区。在区域交通领域应用氢能的基础条件上，长三角区域高速公路网络化建设和高等级航道网构筑均为“氢能走廊”提供了日益优化的物理依托。

长三角区域在推动氢能发展上已形成基本共识。上海以及江苏的苏州、南通、如皋等城市纷纷出台了燃料电池汽车发展规划。如皋还将氢能产业作为当地主导产业之一，发展特色经济，被联合国开发计划署授予“中国氢经济示范城市”，成为目前我国唯一获此殊荣的城市。2018年4月，中国汽车工程学会与上海、如皋、南通、盐城、湖州等地联合制定的《长三角氢走廊建设发展规划》，提出要通过创新模式，引领区域产业聚焦、升级，打造世界上独一无二的氢能与燃料电池汽车产业经济带。

长三角“氢能走廊”亟须进一步统筹规划

长三角区域在氢能产业的资源条件、技术力量、产业基础及政策环境等方面在国内均具有明显优势，应充分发挥其优势，作为先行先试区，加快建设“氢能走廊”，集中力量打造氢能产业经济带。但是，我们也应当认识到，长三角区域一体化的产业链深度融合还未形成，氢能产业的大规模发展还需要进一步加强区域联动、统筹规划。

● 加强长三角“氢能走廊”顶层设计

氢能产业作为一个战略性产业，涉及地方利益诉求，仅靠地方政府和相关企业的推动仍然不够，需要国家的顶层设计。建议将建设长三角“氢能走廊”纳入长三角区域一体化发展国家战略，以国家战略视角，聚焦整个产业，围绕基础设施、资源供给、关键技术攻关、政策保障等环节从长三角整个区域进行整体规划，推动长三角区域氢能产业协同发展，加快实现长三角区域的氢基础设施和交通体系的一体化，推动利益共享一体化，从而为未来我国全面展开氢基础设施的规模化发展积累经验，助力我国能源转型和技术创新。

● 明确发展思路，分阶段推进建设

长三角区域应充分用好得天独厚的水陆交通资源，以“水陆并进、水上先行”的思路，分阶段推进长三角“氢能走廊”建设。一方面，沿着水陆两种载体，串联沿线氢能产业发展较好的重要城市，加快建设氢高速网络，形成闭环走廊，如水路考虑联通上海—南通—盐城等地，陆路可重点串联上海—苏州—无锡等地。另一方面，鉴于目前我国对氢能安全问题并未形成统一的认识，甚至仍将氢能作为一种危险品来管理，从制氢、储氢、加氢，到氢燃料电池技术集成和应用，每个环节都还存在不同程度的安全或技术难题，在技术难题仍未完全解决的情况下，以水路航运作为氢能产业发展的先行运输渠道更为稳妥，可降低潜在安全风险。

● 营造应用环境，促进技术创新

氢能产业大规模发展的前提是要具备适宜的应用环境。长三角区域“氢能走廊”作为先行先试区，需加快推动区域联合，出台和完善制氢、储氢、加注等方面的标准和法规，完善相关配套体系，激发用户应用积极性，从而驱动技术创新进一步加快步伐。长三角城市群要进一步加强合作，通过技术合作、联合引进国际人才、设立产业基金等多种途径支持制氢、储运氢、加氢及燃料电池基础材料、核心技术和关键部件的技术攻关，重点突破膜电极、空压机和储氢罐等技术瓶颈，缩小氢能高端装备制造、燃料电池基础研究等领域与日本、德国、韩国等国间的差距。

（文/傅翠晓　庄　珺）

第六章

城市民生科技

科技以人为本和科技向上向善的理念在城市民生领域日益受到重视。在“人民城市人民建，人民城市为人民”的目标引领下，面向人民未来美好生活的多元化需求和城市未来可持续发展的需求，一批先进技术将在城市民生领域加速应用，创造更加宜居、宜业、宜学、宜乐、宜游的城市环境，推进城市生产、生活和生态和谐发展，使城市天更蓝、水更清、地更绿、居更佳，全方位提升城市生活品质，惠及普罗大众。

6.1 城市发展及民生领域创新关注点

回顾“十三五”期间，国家集中出台了一系列与城市发展和民生建设紧密相关的政策，创新改革如沐春风，也迎来了巨大的机遇和挑战。展望“十四五”，城市发展与民生领域有哪些创新热点值得关注？基于国内外产业报告及预测分析，以下10项内容值得重点关注（见图6-1-1）。

图6-1-1 城市发展与民生领域创新关注点

原位土壤修复技术

原位土壤修复指不移动受污染的土壤，直接在场地发生污染的位置对其进行原地修复或处理的土壤修复技术，具有投资低、对周围环境影响小的特点。2016年5月28日，国务院出台了《土壤污染防治行动计划》(简称“土十条”)，给土壤修复行业注入一针强心剂。作为一个技术密集型行业，随着“土十条”的颁布，土壤的修复发展路径将呈现从单项向综合发展、从异位到原位转变，以及基于风险控制的修复策略、基于设备的快速修复技术等趋势。此外，国家商务部、发改委、财政部颁布的《鼓励进口服务目录》已经把“污染地块土壤治理与修复（限定原位修复法）的咨询和实施服务”纳入名录。可以预见，万亿元级土壤修复市场将加速启动，土壤修复也将成为环保产业下一个“风口”。

开发更深层的城市地下空间

对于中国正在崛起的一批特大乃至超大型城市，解决地下空间的资源开发及安全利用问题已迫在眉睫。地下物流、水资源调蓄、超深地下室、地下立体车库、地下能源输送等功能正逐渐被开发。住房和建设部印发的《城市地下空间开发利用“十三五”规划》重点强调，应积极开展地下空间的规划、普查和信息化工作，科学规划、有序建设、系统建设、安全运营、综合利用地下空间将有利于加快建设资源节约型和环境友好型城市。“十四五”期间，面对土地面积日显稀缺问题，越来越多的城市将开始致力于开发地下空间资源。借助不断涌现的新技术，城市向地下生长的能力将超乎我们的想象。

城市微更新技术

城市微更新技术倡导的是旧城有机更生，不仅避免大拆大建，还能延长建筑物的使用寿命、促进建材的循环使用，从而达到节能减排的目的。这也是保护城市历史街区和历史文脉的重要举措。城市微更新技术体现了低影响开发的理念，已在诸多国际特大城市的建设规划中体现，如美国利用建筑信息模型（BIM）在城市更新过程中对原有建筑和经济社会运行的影响降到最低。近年来，广州、昆明、武汉等地的城市总体规划中均提出了老旧城区的更新计划，尤其强调“微设计”“微扰动”“微循环”“微改造”。“十四五”期间，“低影响开发”“有序微更新”将成为新一轮城市建设规划过程中的关键词。

无人驾驶与城市智能交通协作系统

智能交通的实现离不开车辆的智能化，而无人驾驶汽车则是车辆智能化的高端表现形式。无人驾驶主要依靠车内以计算机系统为主的智能驾车仪，通过车载传感系统感知道路环境，自动规划行车路线并控制车辆到达预定目标来实现无人驾驶。它能针对实时交通情况做出合理决策，并辅助甚至替代驾驶员进行车辆驾驶，从而减小驾驶员的劳动强度，使车辆行驶过程变得更安全、舒适、高效。无人驾驶技术与城市智能交通系统结合将有望弥补有人驾驶汽车的不足，缓解交通阻塞，提高路网通过能力，减少交通事故，降低能源消耗。“十四五”期间，在市场监管逐步明朗以及无人驾驶汽车政策陆续出台的双重利好之下，自动化大众交通工具的示范应用有望增加。

建筑垃圾资源化综合利用

在新型城镇化快速推进的过程中，城市实体建设规模扩大导致城市建筑量、旧城改造量、城中村改建量都在不断增加，大规模的建设和拆迁产生大量的建筑垃圾。2021年7月，国家发改委发布的《“十四五”循环经济发展规划》中提出，到2025年，建筑垃圾综合利用率达到60%。在国家发改委印发的《循环发展引领计划》、工信部印发的《建材工业发展规划（2016—2020年）》、环保部和住建部联合印发的《全国城市生态保护与建设规划（2015—2020年）》等一系列政策的引领下，城市建设中建筑垃圾的混凝土、砖等废旧材料可被分离成单组分使用，再生建筑材料有望得到推广应用。

功能补偿辅具开发

2014年，我国的失能、半失能老年人约有4 000万人，其中完全失能老年人占比达到6.4%。预计到2050年，我国的失能、半失能老年人将达到1亿人。2016年，国务院印发的《关于加快发展康复辅助器具产业的若干意见》提出，支持人工智能、脑机接口、虚拟现实等新技术在康复辅助器具产品中的集成应用，支持外骨骼机器人、照护和康复机器人、仿生假肢、虚拟现实康复训练设备等产品研发。面对老年人口和失能群体的快速扩大，“十四五”期间有望成为人类增强机器人的爆发期，涌现一批高智能、高科技、高品质的康复辅助器具产品。

食源性致病菌快速检测技术

食源性疾病是世界各国的头号食品安全问题。世界卫生组织发布的《全球食源性疾病负担的估算报告》称，全球每10个人中就有1人因吃了受污染的食物而生病，约42万人因此死亡，其中有12.5万是5岁以下的儿童。近期，国家卫计委和相关部门建立了会商机制，将积极建立风险识别数据库、菌种资源库和部分溯源数据库，开展利用微流控芯片、分子印迹、荧光标记等先进技术研制，开发食品中多种食源性致病菌的现场快速同步检测技术。“十四五”期间，随着“舌尖上的安全”问题日益引起公众关注，食源性致病菌快速检测技术将得到进一步提升。

区块链食品安全溯源

“民以食为天，食以安为先。”“吃得放心”一直以来都是城市民生领域的关注点，消费者对干净食物以及透明食品链的需求始终居高不下。然而，生产者和制造商往往难以验证从农场到餐桌的食品数据的准确性。随着区块链技术的快速发展和创新应用，该技术将颠覆农业和食品的供应链，食品安全溯源迎来了全面升级。区块链是分布式数据存储、点对点传输、共识机制、加密算法等计算机技术的新型应用模式。具体到农产品和食品问题上，它的价值在于使整个链条完全透明，能够提供参与者无法更改的信息。国际食品信息理事会（IFIC）认为，区块链技术对食品系统，尤其是食品安全领域的改善有着巨大的潜在可能性，“十四五”期间这种趋势将更加普及。

沉浸式娱乐卷土重来

当前，人们的娱乐体验与数字世界密不可分。混合现实（MR）技术为人们带来了身临其境的感官体验，虚拟场景与真实世界不断冲撞，改变着人们与数字世界观察和互动的方式。混合现实设备融合虚拟现实（VR）与增强现实（AR）于一体，可以让人在异地同步感受正在发生的事，仿佛置身其中。演唱会、音乐会和体育赛事等已有提供此类互动体验服务的事例，通过MR技术实现近距离、无死角的互动。例如，2017年欧洲冠军联赛决赛转播依靠创新的360°虚拟现实技术实时制作，观众通过免费的头戴式显示器获得了前所未有的赛事观战体验。未来，混合现实技术可以为人们提供新的选项，在家就可以体验到赛场的最佳视听感受。

生物特征识别技术

近年来，随着计算机技术、光学、声学、生物统计学等学科的发展，利用人体的生理及行为特征进行加密和解锁已是大势所趋。同时，生物识别技术不断推陈出新，诸如声纹、虹膜、静脉、体液、行为等生物识别技术也进入人们的视线。中国生物识别市场虽然起步晚于西方发达国家，但在政府支持、智能终端设备以及移动互联网产业的快速发展下，中国生物识别行业近年来取得了较快增长，未来前景可期。如今，智能手机全面屏风潮潜在地推动了人脸识别3D技术、屏下指纹识别技术的应用，新冠肺炎疫情催化了非接触式生物识别产品的推广，新型基础设施建设则加速了智慧身份核验场景落地。在技术的驱动下，生物识别将掀起人类与机器之间“信任关系”的新篇章，“无密码时代”悄然渗透到生活的方方面面。

（文/赵　越　周小玲　黄善光）

6.2 上海卓越全球城市发展态势及投资重点

早在1915年，城市和区域研究的先行者帕特里克·格迪斯（Patrick Geddes）就在其著作《进化中的城市》中提出了世界城市的概念。格迪斯把一些主导着世界上大部分重要商业的城市称作世界城市。美国哥伦比亚大学社会学教授萨斯基亚·沙森（Saskia Sassen）认为，全球城市是对全球经济具有中心控制功能的城市。美国加利福尼亚大学伯克利分校西欧研究中心主席曼纽尔·卡斯泰尔（Manuel Castells）是另一位对全球城市理论具有重要影响的学者。卡斯泰尔认为，全球城市是由不同级别、不同职能的城市枢纽组成的一个网络，它遍布全球，其各种职能就像新经济的神经中枢，处于一个内部相互作用的复杂系统中，城市与公司必须迅速、灵活地接受与适应这些关系。全球城市系统呈网络结构而非金字塔结构。

国外卓越全球城市发展态势

未来几十年，越来越多的城市将进入全球生产链与金融、贸易、创新网络体系中，中等层级的全球城市数量增多。巴黎、东京、伦敦、纽约等仍将处于世界城市体系的核心，保持在全球资源要素配置中的主导地位。新兴全球城市获得崛起机遇，在世界城市体系等级中的地位不断上升。全球的财富创造和科技革新将主要发生在巨型城市区域内，以这些巨型城市区域为代表的空间单元将重塑世界经济地理格局，各城市之间的关系逐渐由辐射和被辐射转变为互相合作和依存，从垂直体系转化为网络体系。

● 巴黎：突出政府政策、规划、科研人才、创新战略的重要作用

巴黎在全球城市的建设上，突出政府政策、规划、科研人才、创新战略的重要作用，着重从两个方面发力。

一是努力增强区域间的吸引力和互补性。巴黎通过协调经济发展地区规划和政策，控制就业变动，实现区域间的融合和渗透。例如，预计到

2040年，法兰西岛大区的就业人数将达到605万人，而目前借助于巴黎大区经济组织再振兴的地区政策和国家政策，从2010年开始每年增加的就业人数为4万人，通过人员的汇集和流动，有效增强了区域间的相互作用。

二是明确科研和创新战略的支撑作用。法兰西岛大区在科研、创新和人才培养方面集聚了巨大的潜在能力。为了进一步发挥其优势以及在知识经济的前哨上更好地进行定位，法兰西岛大区围绕创新计划组织各种人才基地进行建设，鼓励建立科研和创新系统网络，在居民点内部加强协调并提供高质量的大学教育。此外，法兰西岛大区还有就业多样化和发展农业等具体的全球城市发展举措。

● 东京：着重集聚优势，提升国际竞争力

近几年，东京面临人口下降的现实，人口年龄结构的不均衡也日趋严重。要在人口减少的时代继续保持活力，东京需要最大限度地利用3 300万人口的集聚优势，提升东京的国际竞争力。具体主要表现在以下4个方面。

一是打造快速交通连接。伴随长期的交通堵塞，经济效率日益低下，汽车尾气对健康的影响日益严重。对此，东京需要推进区域性基础设施建设（硬件措施）和交通需求管理（软件措施），谋求提高区域整体的交通便利性和效率性，并降低环境负荷。

二是发展美丽的城市。东京计划恢复在城市发展过程中曾失去的绿水环绕的城市空间，创建美丽的都市景观，进一步提高东京的价值。具体包括：打造绿水环绕、共生共存的都市空间；与绿色网络建设相呼应，清除地面电线杆。

三是减小环境负荷。针对全球变暖，东京将利用最先进的节能技术，打造世界上环境负荷最小的城市，并将其成果向亚洲及全世界传播。例如，东京采取最先进的环境技术，推进领先于世界的“东京都减碳10年项目”，并推出亚洲第一个强制性碳排放配额交易的总量管制和交易制度，以期实现减排目标。

四是应对超高龄社会。作为国际上率先进入超高龄社会的城市，东京将树立充满活力的老年人形象，并建设成为一个人人都能安心生活的都市。具体包括：促进老年人在社会各个方面发挥作用，激发超高龄社会活力；创造人人都可以安心生活的社区；打造能够健康生活、享受高质量医疗服务的环境。

● 伦敦：推进绿色宜居城市建设，优化人民生活体验

近年来，伦敦在建设全球城市方面取得重要进展，积累了丰富的经验，主要表现在4个方面。

一是建设宜居城市。在不蚕食城市公共绿地的前提下，伦敦在行政区域内发展硬件设施。

二是加强社会融合。在就业市场，伦敦增加了残障人士的就业机会，降低黑人的失业率。

三是提升交通水平。伦敦的城市公共交通的运能有望在2021年年底前增加50%。

四是建设绿色城市。伦敦以环境战略为发展重心，计划实施国家公园城市改善计划，零碳城市、韧性城市等绿色城市打造计划。

● 纽约：完善基础设施，优化生态环境

纽约一直是全球城市建设的风向标，建设者要在未来打造“2.0版本”的全球城市，主要从以下5个方面发力（见图6-2-1）。

一是规划合理的人口规模。城市规划部门估计，如果纽约的移民政策和生活质量不发生大的变化，到2030年，纽约的人口将超过900万人，相当于在纽约的5个区中再增加现在整个波士顿和迈阿密的人口。

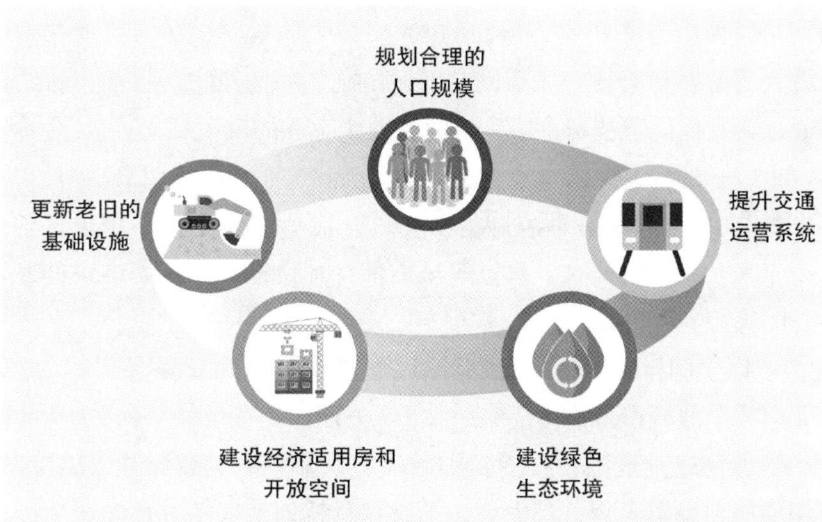

图6-2-1 纽约在着力打造“2.0版本”的全球城市

二是更新老旧的基础设施。纽约居民首创了众多现代生活必需的设施系统，例如，爱迪生在曼哈顿下城开创了世界上第一个商业电力照明系统，19世纪40年代设计者规划了第一个现代自来水系统。但是，这些早期的创新也意味着它们是美国最陈旧的设施。

三是建设绿色生态环境。纽约自1970年起就实行了《洁净空气法案》，但纽约的大部分城市区域并没有达到臭氧以及烟尘含量的空气质量标准，纽约的哮喘病发病率是全美国最高的。作为一个海滨城市，纽约易受气候的影响。据预测，到2030年，纽约气温可能会上升2℃，面临海平面变化以及暴雨天气频发的威胁。全球城市建设需要在未来解决和应对这些问题的有效方案。

四是建设经济适用房和开放空间。据统计，纽约中低收入经济适用的公寓住房在2005—2016年减少了20.5万套。预计到2030年，纽约会新增90万外来人口。如果纽约的住房供应跟不上人群的涌入，市民买不起房的问题就会更加严重。目前，纽约188个居民区中，97个居民区平均1 250个孩子共享一个游乐场。随着人口进一步增加，纽约需要建设更多的开放空间。

五是提升交通运营系统。如今，纽约一半以上的车站需要维修，40%的交通网络信号系统已经落伍，无法满足新的需求，诸如显示下一班列车的到达时间。与此同时，纽约需要150多亿美元以实现交通及道路网络的全面维修保养。到2040年，增加的100多万人的居民、75万个就业岗位和数百万人的游客将对这个城市的交通系统施加新的压力。目前，纽约正在尝试通过新一代信息技术手段，缓解交通中存在的巨大压力。

国内卓越全球城市发展趋势

近年来，我国的北京、香港等城市都在加快推进全球城市建设，表现出各自的优势和特色。

● 北京：以全国科创中心建设为引领，促进区域协同发展

北京的全球城市建设主要集中在3个方面。

一是加快建设全国科技创新中心。北京坚持以更高标准、更大尺度，在更深层次上思考谋划首都发展，始终把科技创新摆在首都发展的核心位置，提出从国家战略层面认识和推进科技创新中心建设，切实履行好“四

个服务”职责，在服务国家创新驱动战略方面有更大的担当、更大的作为。北京发布实施《关于进一步创新体制机制加快全国科技创新中心建设的意见》，在科技成果使用处置收益管理、技术创新市场导向机制、科研项目和资金管理、科技金融创新等8个方面提出了一系列突破性的改革举措。

二是加快构建“高精尖”经济结构。北京制定实施《北京技术创新行动计划（2014—2017年）》，启动实施两类重大专项。第一类专项包括首都蓝天行动、生态环境建设与环保产业发展、城市精细化管理与应急保障、食品质量安全保障、重大疾病科技攻关与管理等，以技术创新支撑解决首都可持续发展和保障民生的重大科技问题，培育和带动相关产业发展。第二类专项包括新一代移动通信、数字化制造、生物医药、轨道交通、能源结构、先导与优势材料、现代服务业等，引领产业转型升级、高端发展。

三是促进京津冀协同发展。北京聚焦天津滨海新区、曹妃甸区、新机场临空经济区、张承生态经济区等4个战略合作功能区，重点围绕体制机制改革、区域创新合作、创新资源开放共享等方面进行部署：推动京津冀签署战略研究框架合作协议，联合开展协同创新发展战略研究、基础研究，打造创新发展战略高地；全面落实系列合作协议，共建中关村海淀园秦皇岛分园、京津中关村科技新城、正定集成电路封装测试产业基地；鼓励和支持企业、高校院所和科技服务机构共建一批重点实验室、工程中心、中试基地和成果转化基地、科技孵化器等创新载体，围绕重点领域联合研发攻关，筛选重大成果应用示范、推广，促进京津冀在研发和产业链上下游合理分工。

● 香港：以人为本，营造绿色舒适的生活环境

香港的全球城市建设主要集中在5个方面。

一是绿色清洁的环境。空气污染是香港公众最关注的事项，此外还有维多利亚港及其水域的水质、固体废物的处置和处理、生物多样性等也是公众较为关注的。香港特区政府为此推行了“蓝天行动”和“净化海港计划”等多项措施，已对环境产生了积极的效果。为了迎合公众日渐提高的期望和珠三角地区高速的城市发展，香港除了要确保未来发展符合环境标准之外，更要重视环境及灵活有效地利用资源。

二是便捷的交通。目前，香港每天约90%的旅程是由公共交通承担

的，其中铁路约占公共交通总载客量的36%。未来，香港将继续采用铁路模式作为乘客运输系统的骨干，这将有利于达到可持续发展的整体目标，并有助于减少汽车尾气排放，减慢全球变暖和气候改变的速度。香港还将加强与亚太地区及世界各地的联系，建造更有效的跨界交通基建，创造一个覆盖大部分粤港澳大湾区的“一小时生活圈”。

三是多元化的生活方式。随着香港经济的蓬勃发展，人们的生活方式也日益多变，从居住地点到日常事务、交通工具、益智娱乐消遣的方式均层出不穷，个人喜好更是千变万化。因此，城市的发展策略应提供广泛的选择，一个真正的国际大都会应该是多样化的，可以为每个人提供不同的生活方式。

四是跨界活动。随着香港与内地的社会经济联系日趋紧密，跨界旅客和车辆激增，预计至2030年，每年跨界旅客将达到5.2亿人次（其中内地居民约占1/3），跨界车辆将达到6 900万辆次。因此，香港与内地需要合力改善过境设施（包括出入境、海关）及简化货物清关手续，提高边境管理站的效率。

五是应对人口变化。由于出生率持续偏低及人口老龄化现象，自2015年开始，香港工作人口开始缩减。为确保及培育香港的人口能够符合知识型经济及世界级城市发展所需，香港特区政府自2003年以来实施了一系列优秀人才入境计划，积极吸纳海内外的优才。预计到2036年，香港人口将达到860万人，比2006年的人口增加约25%。人口变化的另一个影响是对土地的需求将大大提高。因此，香港特区政府估算了未来各类用地的需求量，以制定策略适时提供充足的土地。

卓越全球城市的科技创新战略热点

以科技支撑城市创新已经进入新轨道。美国主要城市以新能源、生物医药、节能环保、智慧地球等新兴科技为主攻方向。欧盟将投资重点转向绿色经济，力求在绿色技术领域保持世界领先地位。英国的主要城市则是在高新科技特别是生物制药等方面，强化新兴产业领域的竞争优势。日本的主要城市把重点聚焦于商业航天技术、信息技术、新型汽车技术、低碳技术、医疗与护理、新能源等新技术和应用。我国的北京、香港紧随其后，在信息、生物医药、制造、环保等领域加快布局，抢占科技制高点，引领经济增长点。

综合来看，科技支撑卓越全球城市必须具备以下4个条件。一是需要新技术、新材料来支撑。事实上，人类历史上的每一次产业革命均离不开新技术，通过新技术才会催生新材料，最终导致新兴产业的诞生，并演化出先导产业、支柱产业和龙头产业，从而决定全球城市的卓越地位。二是必须能够直接提供物质产品，或能够直接或间接地促进物质产品的生产供给。历次危机与产业革命的经验表明，需要提高劳动生产率，进而扩大人们消费和企业生产的半径，而科技创新显然是全球城市卓越发展的必要支柱。三是卓越全球城市的科技创新必须具有连带效应，同时具有一定的规模。这里所指的连带效应侧重的是原始创新并由此而产生的技术创新生态体系，这种技术创新链将不仅能够发挥其显著的就业效应，而且将发挥创新领域间的叠加效应。四是技术创新注重新兴技术与新技术革命对传统产业的改造升级，使得老产业能够促成新产品、培育新市场、提升新价值，最终避免新兴产业引入期的增长效应与外溢效应并未显现时传统产业出现大幅衰退。

上海迈向卓越全球城市的科技创新投资热点

上海发展卓越全球城市的出发点，就是运用重大科技创新发挥功能作用，直面转型、土地、资源、人口等若干问题，在不确定的未来把握确定的目标。

● 大数据：卓越全球城市的根本

城市作为复杂的自适应系统，社会经济的宏观数据和微观数据的可获得性正逐渐增强，因此需要开展精细化城市模型的探索。精细化城市模型是一种时空动态的微观模型，以地块、居民、家庭、企业等微观个体作为基本模拟对象，主要用于研究城市的土地开发、居民的居住区位选择、企业的区位选址、城市活动的时空分布等空间问题，用于支持空间政策的制定和评估。精细化城市模型无处不在，就像城市的神经系统，而一个强大的数据处理中心将成为城市的“大脑”，它能够按照规定的程序自动帮助我们思考怎样让我们的生活更加便捷高效。因此，卓越全球城市的数据中心是投资关注的重点方向之一。

● 人工智能：卓越全球城市的核心

航空发动机、量子计算机，深海空间站、智能机器人、新材料，大数据、脑科学、空间飞行器、卫星宽带移动通信、网络防御安全工程等都离不开人工智能。大力发展人工智能，推动智能制造的深度发展是我国实现上述重大方向的关键一环。更加智能化、精细化、精准化是卓越全球城市建设的客观需求。计算机视觉、语音识别、图像识别、深度学习、神经网络算法在城市交通、民生等领域的应用，值得长期关注。

● 能源互联网：为卓越全球城市建设提供动力

在卓越全球城市中，能源互联网是以电力网为基础，利用可再生能源技术、智能电网技术及互联网技术，融合电力网、天然气网、氢能源网等多能源网及电气化交通网，形成多种能源高效利用和多元主体参与的能源互联共享网络，消纳高渗透率可再生清洁能源，并激活新的商业模式。我国能源发展面临的第一个挑战就是以信息技术彻底改造传统能源体系，将传统电网体系升级为信息社会水平，最大限度地开发体系的能源效率，造就一个与传统能源体系规模相当的创新架构。

● 移动化、个性化、智能化、可定制的医疗健康服务

未来的上海，人口老龄化问题会越来越严重，需要建立移动化、个性化、智能化、可定制的医疗健康服务。具体需求表现在：围绕用户需求开发一批移动终端和应用软件，打造“适时感知、互联互动、及时响应”的高效医疗服务功能；培育面向全世界市场的移动医疗服务品牌，在智慧医疗、健康管理、养老照护、妇婴保健等领域形成一批符合国情的服务模式和商业模式，在移动医疗服务水平、核心技术、产业体系和规模、政策环境等方面走在世界前列；围绕疾病监测、监控、诊疗、康复和健康管理等应用领域，在移动网络的基础上，开发具备智能感知和远程通信功能的远程诊疗设备和相关软件，研制适用多个应用场景的专用便携式生理参数采集仪器，突破设备功耗瓶颈和特殊环境下无线传输抗干扰能力的可穿戴医疗设备，构建移动化、个性化、智能化、可定制的医疗健康服务体系；加强相关产品的技术标准体系建设，突破大规模应用的精度、安全性等产业化关键技术。

● 高层次、高标准的城市环境

过去，人们对环境的需求基本集中在住房环境、交通环境、卫生环境等方面，而在今后5年内将逐步上升到更高的层次和更广的领域，如对生活质量、生态质量方面的追求，以及对环境空间舒适性、安全性的追求等，促使城市环境更好地服务于公众生活质量的改善。未来，上海的环境

矛盾将呈现复杂化趋势：从原来以生产型的污染为主，转为生产型污染与生活型污染并存；从原来的以中心城区的污染为主，转为中心城区与郊区的污染并存；从原来的点源污染为主，转为点源污染与面源污染并存；从原来的固定源为主，转为固定源与移动源并存；从原来的规律性排放的污染为主，转为规律性排放和无组织排放的污染并存；从原来的常规污染因子为主，转为常规污染因子与特殊污染因子同时出现。今后上海的城市环境建设，将需要在大气环境、水环境、固体废弃物环境和声环境等方面重点突破，以更好地推动上海的可持续发展。

（文/孟海华）

6.3 科技创新赋能新生活

在“两个一百年”的历史交汇期，新一轮科技革命和产业变革为我国科技创新发展带来战略机遇，纵览助推国内国际双循环新发展格局建设的三届进口博览会，在578.3亿美元、711.3亿美元、726.2亿美元逐年递增的成交额数字背后，在“全球首发、亚洲首秀、中国首展”的新产品、新技术、新服务背后，以新技术主导的新生活正悄然而至。

从细分领域来看，进博会的溢出效应将进一步引领我国相关重点产业的发展，也将为推动全球经济增长提供有力支撑。通过梳理三届进博会数千家企业的展品，可以管窥科技对未来生活可能带来的影响与改变。目前，新科技带来的新应用已渗透到人们的衣、食、住、行各个方面，结合科技革命和产业变革的趋势，在以下五大方向上的科技应用尤为值得关注。

智能制造赋予传统服饰全新感知

随着智能手表、智能眼镜的热潮蔓延到服装领域，新兴科技、互联网的融入更是拓宽了人们对智能服装的期待。智能服装外部环境或内部状态变化的实时感知和反应功能推动了传统服装行业的改造升级。中国产业信息研究网发布的《2019—2024年中国智能服装行业市场调查研究及发展前景预测报告》显示，2024年我国智能服装的市场规模将达到2 995亿元人民币（见图6-3-1）。

从产品类型来看，目前市场上的智能服装主要分为两类。一类是高科技智能服装，利用本身的先进科技来颠覆传统穿着体验，如在首届进博会上参展的有机硅薄膜智能织物。另一类是传统服装品牌的改造升级，设计重点在于科技未来感的传递和服装穿着的智能体验，如恒温服装。相比之下，近几年智能服装市场较为主流的产品多数还是源自后者。智能服装的“感知—反馈—反应”机制能够收集用户信息并提供相关智能服务。

未来，智能服装的发展潜力巨大。国内外服装产业的巨大市场容量给

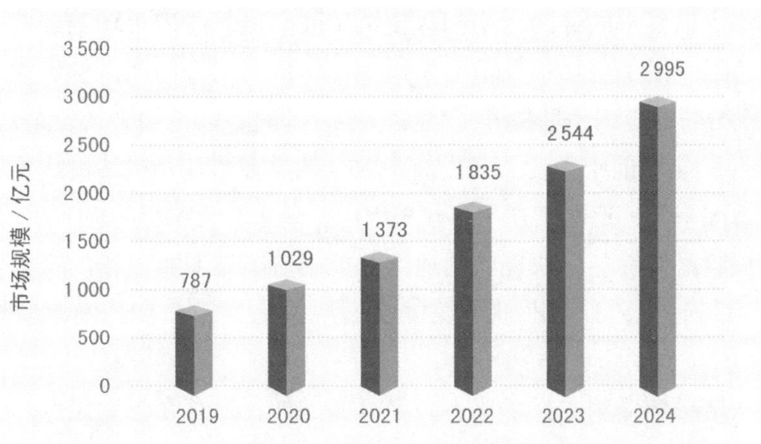

图 6-3-1　2019—2024 年我国智能服装市场规模

智能服装的发展留足了无限可能与空间。智能服装的兴起是需求个性化及产业互联网发展的必然产物，运动和医疗应用市场极具投资前景，是近期智能服装的重头应用领域。值得注意的是，就目前市场应用情况来看，仍有不少痛点问题制约着智能服装产业的发展。一是智能服装相关技术和产品的成熟度不足以打动消费者。二是智能服装价格高昂，大众市场规模化应用受限。总的来看，智能服装的发展还有很长一段路要走，随着智能穿戴设备市场的高速发展，智能服装市场也将迎来黄金期。

区块链溯源保障食品安全

食品安全是人民美好生活的基本需要，消费者对透明食品链的重视度与关注度日益提高，如何让食品更安全地走上餐桌成为新技术、新设备、新应用的发展热点和难点。区块链作为一种新兴技术有望给食品安全溯源带来全面升级，该话题热议度在三届进博会居高不下，相关明星展品更是为产业经济赋能创造了不菲价值，知名国际第三方检验检测认证服务机构SGS更是在第三届进博会期间，全球首发了区块链赋能中国市场全渠道解决方案，我国首个区块链食品溯源合作项目也正式落地。

巨头企业加速涌入将助力区块链溯源市场的进一步打开。行业情报公司Reportbuyer预测，2022年全球区块链市场规模将达到76.84亿元人民币，其复合年均增长率高达79.6%。从区块链技术应用项目和融资情况等数据来看，在区块链技术应用的所有领域中，防伪溯源正呈现出加速发展趋势。普华永道发布的《2018中国区块链（非金融）应用市场调查报告》显示，在已经采用了区块链技术的公司中，防伪溯源应用所占份额最高，达50%，且与其他应用领域拉开了较大差距。同时，高德纳公司发布信息称，到2025年，全球前十大食品杂货商中20%的企业将使用区块链技术。从现有发展情况来看，近两年IBM、阿里巴巴、京东、沃尔玛等巨头纷纷入局，先后开展食品跟踪、区块链防伪追溯开放平台、透明可追溯的跨境食品供应链等项目建设，有望助推区块链技术规模化应用在食品溯源领域率先落地。

区块链溯源应用除技术成本高昂等问题外，还存在三大痛点。一是无法有效控制信息源头造假问题，区块链技术只能保证上链信息的不可篡改与可追溯性，但无法保证初始信息的真实性。二是普通用户无法有效判断信息真伪，区块链技术无法提供信息验证渠道。三是应用配套的条码技术存在伪造可能，“一物一码”的溯源机制存在漏洞。从整个链条来看，区块链溯源最终形态的达成需要消费意识层面、物理供应链层面、法律监管层面等多方面的配合。未来，要解决现有局限，物联网、大数据等技术与区块链溯源的融合应用将成为发展热点。

智能技术打造家居全新体验

随着生活水平的提高、生活节奏的加快，人们对智能产品的需求与日俱增，越来越多的高科技产品走进大众视野，智慧家庭一体化场景解决方案建设逐渐拉开帷幕。在以新技术为主要驱动力的新一轮科技革命下，智能家居正掀起一场新的产业变革，多类智能产品间的互联互通将是打造新一代智慧生活体验的关键。国际数据公司（IDC）预计，2022年全球智能家居市场规模将增至1.7万亿元人民币。

需要注意的是，就智能家居建设现状而言，市场上大部分产品仅停留在单一智能产品（如智能音箱、智能门锁等）或控制系统层面（家电控制App），并不是大部分群体的必要选择，而是源自少部分用户的功能体验需求。其中，集成AI技术的智能音箱和智能门锁实属目前智能家居市场的“爆款产品”。前者除了具有音箱的基本功能外，还可获取点歌、网购、控制智能家居设备（如开关窗帘、调节冰箱温度等）的服务；后者主要采用指纹、虹膜识别等技术，在安全及管理等层面为用户提供更具智能化、便捷化的服务。然而，在带来智能化体验的同时，两者目前都存在智能家居不符合用户实质需求的痛点问题。可以预见的是，随着生活水平的提高，市场投资热点将逐步从独立的智能体验转向为符合用户个性化居住需求的智能家居场景化体系服务。

据大数据统计，智能家居在首届进博会上即位居采购商最感兴趣的10类产品之一，高端卫浴魔镜、智能烤箱等黑科技吸引眼球。从近3年该品类的相关参展产品来看，以用户为中心的家庭场景式或全景式智能创新或成智能家居发展沃土，智慧家庭服务成主要竞争焦点。

自动驾驶助推智能共享出行

汽车共享出行是人工智能、大数据、物联网等新一代信息技术在交通领域的创新融合，是绿色集约化发展的重要体现，是交通出行变革的关键引擎。罗兰贝格管理咨询公司的《中国汽车共享出行市场分析预测报告（2018版）》显示，汽车共享出行在中国拥有广阔的发展前景，2018年共享出行的直接需求由2015年的816万次/天迅速增长至3 700万次/天，其中潜在市场容量有望达到1.8万亿元人民币。中国汽车工程学会预计，汽车共享出行在2040—2050年将达到成熟期，里程渗透率有望稳定在80%左右。中美两国自动驾驶汽车共享出行领域重点企业动向见表6-3-1。

表6-3-1 中美两国自动驾驶汽车共享出行领域重点企业动向

国家	企业	动态/主要研究方向
中国	滴滴	发布与比亚迪联合开发的新一代专为共享出行场景而生的定制网约车D1
中国	首汽集团	GoFun强化平台服务功能，在减少自有车辆的同时整合汽车售前、租赁和售后等相关服务
美国	Optimus Ride	按需交通出行系统研发、城市交通系统整合
美国	Aurora	自动驾驶共享汽车或机器人出租车服务，以40亿美元收购Uber自动驾驶技术部门Uber ATG
中国	华夏出行	分时租赁、政府用车、新能源城市物流、特色越野车旅游、网约车等共享出行服务

从第二届进博会汽车自动驾驶体验活动的增设到第三届进博会智慧出行专区的设立，可以看出新环境下出行新需求、新形式、新机制的关注度日益攀升。随着碳中和目标的阶段性推进，随着人工智能、云计算、车路协同、新能源等技术在汽车领域的深度应用，汽车传统商业模式在被颠覆的同时价值链正向移动出行方向转移，如何让自动驾驶汽车在保证出行安全的同时最大化发挥其效用是亟须解决的现实问题。

国务院于2017年7月发布的《新一代人工智能发展规划》首次提出将探索自动驾驶汽车共享模式，2019年9月印发的《交通强国建设纲要》又再次强调，要加强智能网联汽车研发，加速新业态新模式发展，大力发展共享交通，实现出行即服务（MaaS）。在人工智能、高精地图、5G通信等关键技术的合力支撑下，智能共享出行通过互联网平台集聚出行客流，优化出行配置，提升出行效率，或将颠覆未来的出行方式，实现交通管理前移，给经济社会的发展带来变革性的重塑力量，在相关政策推动下，其市场空间或将被进一步打开。

技术突破为康复医疗带来更大发展

中国是世界上康复辅助器具需求人数最多、市场潜力最大的国家，同时也是老年人和残疾人口最多的国家。在疾病和创伤存活率显著提高的同时，患者生活质量的高低对康复医疗的依赖性越来越大。在全球康复需求逐日攀升的当下，我国人均康复医疗市场规模仍远低于美国，处于初级发展阶段，具有庞大的市场空间。华创证券公司预测，2022年我国康复医疗产业规模将可能达到上千亿元，年复合增长率大于18%。

康复医疗市场需求空间仍将不断扩大。我国康复医疗需求主体主要源自老年人、残疾人和慢性病患者。据第二次全国残疾人抽样调查数据推算，中国目前各类残疾人总数为8 296万人，占全国人口总数的6.34%。截至2018年年底，我国65岁及以上人口约2.49亿人，其中患有慢性病的老年人口达1.8亿人，患有一种及以上慢性病的比例高达75%。预计至2030年，我国慢性病患病率将高达65.7%，其中80%的慢性病患者需要康复治疗。

新兴技术将加速康复医疗产业发展。未来，技术的不断突破将给康复医疗产业带来巨大革新，可穿戴设备、“VR+脑机接口”训练、康复机器人等领域尤为值得关注。其中，人工智能在垂直领域的深入应用将带动可穿戴医疗设备进入快速发展期。国际数据公司（IDC）预测，2020—2024年全球可穿戴设备出货量的复合年增长率将达到12.4%，2024年出货量将达到6.371亿台。此外，首届进博会的明星产品可植入心脏起搏器已经在国内7家医院开展了80多例上市前临床试验，并在2019年年初完成了首例人体植入手术，在政策持续利好的当下，可见其市场发展潜力巨大。

在面临新一轮科技革命和产业变革的当下，前沿新技术呈现出多点突破的态势，科技创新凸显多元深度融合的特征。科技创新的范式革命正在兴起，人工智能等新兴技术成为各行业发展的主要驱动力。“十四五”期间，在以“供给导向为主、需求导向为辅”的科技创新发展路径下，预计我国全社会创新能力将进一步提升。伴随基础研究的不断深入，未来生活在科技发展的助推下势必将发生众多翻天覆地的变化。其中，生活消费、生产服务及生命健康等几大领域尤为值得关注，上述五大方向在近期也将持续成为投资发展的热点。

（文/郑　奕）

6.4 科技赋能未来人民城市建设的前景分析

在当前科技与社会经济高速发展的时代，人们在满足于基本物质生活需求的基础上，越来越多的需求集中在利用科技手段来提高生活质量的各个方面，对更智能、更便捷、更高效的生活体验需求日益旺盛。现代科技将支撑未来人民城市建设的方方面面（见图6-4-1）。

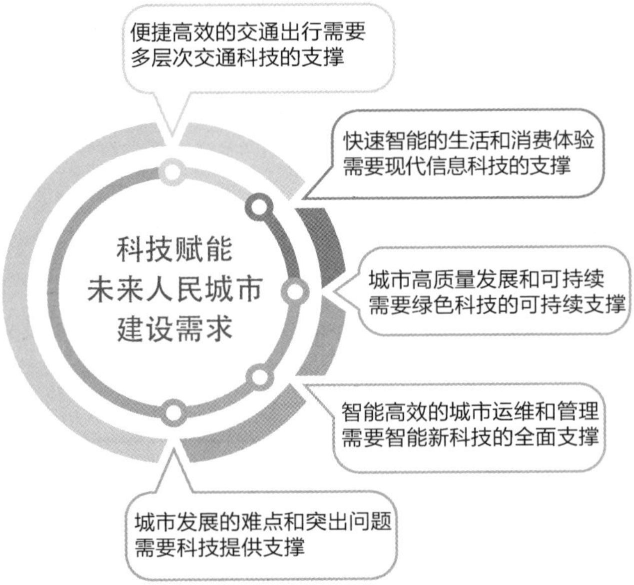

图6-4-1 科技赋能未来人们城市建设需求

科技赋能未来人民城市建设的需求

人的自然性和社会性决定了人的需求的多样性和层次性。因此，人们对美好生活的向往是多元化的，是由多要素构成的。这也决定了未来科技赋能人民城市发展的需求的多元化，不仅要满足人们对未来美好生活体验的多元化需求，也要支撑未来城市可持续发展的社会需求。同时，科技也要保障未来城市安全运维和管理。

便捷高效的交通出行需要多层次交通科技的支撑。随着城市的不断发展，交通拥挤问题日益突出，人们对高效便捷的交通出行体验需求愈发明显，需要依靠科技进一步完善公路、铁路、机场、港口等交通基础设施，促进区域交通设施互联互通，提升交通出行效率。

快速智能的生活和消费体验需要现代信息科技的支撑。信息技术已在方方面面改变着人们的生产生活，在当前信息科技快速发展的背景下，人们对快速智能的生活和消费体验显现出更强烈的需求。一是信息采集和处理的数字化和标准化需求，以降低信息交换成本。二是信息传输的更高速需求，以扩大信息传输规模。三是大规模数据的可视化和可分析需求，以实现信息的普遍连接，便于人们准确认识经济社会发展规律。四是应用终端多样化和智能化需求，使人们生活和消费方式更加便捷化、智能化、扁平化。

城市高质量发展和可持续需要绿色科技的可持续支撑。首先，能源的可持续支撑关乎城市未来的经济水平提升和社会高质量发展，需要大力发展风电、太阳能、核电等可再生能源科技，并提升清洁高效型火力发电厂的智慧化水平，以及天然气管网联网，形成互联互保的能源互联网。其次，持续改善生态环境质量是未来人民城市可持续发展的关键，需要做到以下4点：一是做到精确治污，发展污染及排放的环境及健康效应评估技术，支撑大气污染的快速、精准预测及源排放的精细化调控；二是研发主要污染排放源近零排放或负排放技术，释放相关产业发展空间；三是发展复杂水环境与水资源的系统治理技术体系；四是建立基于安全利用的固废和土壤污染可持续防治技术体系。

智能高效的城市运维和管理需要智能新科技的全面支撑。首先，未来人民城市规划需要有先进城市规划方法和运行技术来匹配，需要构建具有海量多元数据挖掘、城市建设效能数字推演、友好可视化的城市智慧信息平台（CIM），开展基于CIM的绿色生态城区规划建设和治理。同时，随着5G甚至6G、物联网、大数据等技术的快速发展，推动智能化与工业化在工程建设领域的并行和融合是实现建造安全、高效、可持续的必经之路。其次，未来城市性能的提升需要多尺度多学科的技术支持以及智慧化手段的辅助，构建集成化统一运行管理平台是实现资源中心价值的必要途径。

城市发展的难点和突出问题需要科技提供支撑。安全是未来城市建设的第一要素，城市安全是城市可持续战略的重要组成部分。随着我国城市化进程明显加快，城市运行系统日益复杂，安全风险不断增大。城市安全基础薄弱，安全管理水平与现代化城市发展要求不适应、不协调的问题突出，给未来城市安全发展提出了新的需求。未来城市安全需要充分发挥科技创新的引领带动作用，积极开展关键技术研发和应用示范，构建立体、智慧、韧性、可控的城市安全体系，为未来人民城市建设保驾护航。

科技赋能上海人民城市建设的成效

“十三五”期间，上海城市建设领域围绕“绿色生态城市规划、立体空间开发、绿色建筑与建材、绿色智能城市建设、超大城市运维与智慧管理、城市更新与历史风貌保护”六大重点方向，开展科技攻关和示范应用，取得了显著的成效。

● 提升科技水平

通过开展相关科技项目攻关及技术示范应用，上海城市建设领域取得了多项关键技术突破，使领域科技水平大幅提升。例如：研究建立了适用于上海的海绵城市规划体系和各层级规划编制方法，为规范和推动上海市海绵城市建设规划引领提供了技术支撑；研究解决了建筑立面与绿化的结合、土壤基质、植物配置与群落构建、模块化技术等多个城市绿化建设和养管的主要瓶颈问题；在高大结构高性能混凝土方面获得多项技术突破，技术成果应用于静安大厦、上海北外滩白玉兰广场等众多工程项目，取得了良好的经济和社会效益；形成了具有核心知识产权的跨江海隧桥通道建设关键技术，整体达到国际领先水平，为上海长江隧桥工程建设提供了有力支撑。

● 促进智能发展

上海城市建设领域积极推进现代信息化技术的应用，着力提升智能化水平，促进城市建设领域的智能化发展。例如：通过开展相关基于建筑信息模型（BIM）的应用研究，构建了基于BIM的全生命期信息化系统应用平台，使建筑设计、施工及运营全过程的智能化水平得以提升；研制并应用新型高效智能安检系统，在虹桥、浦东机场等地部署试运行，实现被检人员的非接触、无伤害、不停留，安检准确率在95% 以上；通过开展运营地铁隧道结构智能检测与大数据分析预警关键技术研究，在“高精度+高效率+全覆盖”隧道结构智能检测、基于大数据分析的智能预警方面取得了重大突破，成果已广泛应用于上海、南京、杭州、佛山、天津等城市约1 000千米的运营地铁隧道工程。

● 提高建设和服务效率

通过推进前瞻布局和应用示范，上海城市建设施工效率和城市基础设施服务公众的水平和能级大大提升。例如：通过推动“地理信息系统+建筑信息模型（GIS+BIM）”技术在城市建设中的应用，有效提高工程效率、减少失误、节省资源，并为后期运营维护带来巨大的经济效益；通过开展高分子复合材料三维熔融沉积3D打印装备及成型技术研究，实现了超大尺度异型曲面的快速打印成型，成果已成功应用于上海普陀区桃浦智创城中央绿地公园、福建泉州百崎湖生态连绵带等地的人行景观桥的建设上；通过在内环宛平路开展快速路与地面道路交通协同技术研究，减少该区域道路拥堵时长15%以上。

● 节约建设成本

围绕立体空间开发、绿色建筑和建筑工业化，上海城市建设领域通过先进技术研发和应用，在很大程度上减少了资源浪费、节约了建造成本。例如：对城市轨道交通建设中沿线道路狭窄、交通繁忙、建筑物密集的现状，首创类矩形隧道断面，可节约地下空间35%以上，且显著减小隧道埋深；通过开展高层建筑的预制装配式技术研究，有效降低了工程造价，减少资源浪费，减轻环境污染；通过开展桥梁预制拼装成套技术研究，有效解决了高架桥梁的全预制拼装建设，可显著缩短工期，减少资源消耗，降低时间成本。

● 助力环境保护

为减少环境破坏，促进城市节能发展，上海城市建设领域通过布局开展相关技术研究，为城市环境保护提供了支撑。例如：研发了国内首台大断面矩形盾构机及其隧道设计施工技术，减少盾构施工对地下空间中其他类似结构物、邻近建筑物与居民生活的影响，为在城市核心密集区构建轨道交通隧道提供了新方法；通过开展国家会展中心低碳智慧园区建设及安全运营关键技术与集成示范，首创了节能LED照明全展馆应用技术体系，构建了世界最高展厅送风、展会垃圾大分类系统等技术。

● 防控安全风险

为保障高层建筑消防安全、地下空间及周边环境安全，上海城市建设领域通过布局开展相关技术攻关，为城市安全防控提供了有效支撑。例如：形成了基于BIM系统的超高层建筑消防安全运行关键技术，攻克了结构消防安全、封闭型中庭消防安全、消防给水可靠性、玻璃幕墙与主体结构变形协同控制等技术难题，为城市超高层建筑提供安全支撑；研发了基于阵列式微电流场的围护结构渗漏隐患无损检测技术，有效保障超深地下空间及周边环境安全，有效规避和降低城市管理的巨大风险。

● 优化城市管理

围绕基础设施建设、交通运营管理和城市建筑管理等，上海城市建设领域通过开展先进技术研发，支撑城市管理水平的提升。例如：开展大型交通基础设施安全、快速路网快速诊断修复等技术研究，提高快速路网桥隧、道路结构的耐久性；进行虹桥高铁停车库智能调控技术研究及示范，实现出入口每小时增放车辆300辆以上，显著提升了中国国际进口博览会周边交通枢纽的综合管控能力；构建了具有自主知识产权的超高层数字建造技术体系，开启了超高层数字建造新模式，成果在上海中心大厦成功应用。

● 推动文化传承

为保护历史建筑和推动既有建筑更新，上海城市建设领域布局开展一系列技术研发，使城市历史文化得以有效传承。例如：形成了一系列具有独创性、新颖性和先进性的关键技术，并在城市既有建筑改造利用工程中得到成功应用，技术推广应用面积超过210 万平方米；形成了基本符合上海历史建筑特点的建筑文化遗产保护机制和方法，顺利完成了上海玉佛寺整体移位顶升、思南公馆外立面卵石墙面修缮、上海爱乐乐团外立面水刷石墙面修缮等工程。

科技赋能未来人民城市建设的展望

未来人民城市建设将继续贯彻创新、协调、绿色、发展、共享的发展理念，更注重提升城市建设领域的实际效能，更体现“以人为本”的发展理念，持续推进“绿色生态城市规划、立体空间开发、绿色建筑与建材、绿色智能城市建设、超大城市运维与智慧管理、城市更新与历史风貌保护”六大城市建设方向的科技发展，进一步提高城市运维管理效率和效益，提升人民生活满意度和获得感。

● 营造优美家居的生态环境

围绕城市生态系统建设，进一步强化顶层设计，推进城市建设领域“十四五”规划、中长期规划等相关研究工作。推进城市绿色生态发展规划与城市资源生态承载能力研究、复杂城市系统的综合集成研究相结合，研究超大型城市绿色生态规划、精益智能建造和智慧运行管理协调统一的规划建设管理运行模式。

● 打造智慧经济的城市基础设施

充分考虑地下空间开发的功能性和经济性，实现地下空间资源化、系统化、复合化、生态化、韧性化、智慧化的高质量综合利用，研究超大城市立体空间开发利用与城市基础设施建设技术，构建高效集约的建设用地开发模式和绿色基础设施体系。探索构建以物联网技术为基础，面向城市地下空间资源规划的城市地下公共设施信息模型，在此基础上，与数字孪生城市相结合，实现整个城市物理环境与数字环境的映射和同步。

● 增强绿色建筑的社会获得感

将绿色建筑与智能、健康进一步融合发展，将人的感受充分融入绿色建筑的运用中，增强社会获得感，扩大社会影响。研究使用高性能节能材料，提升绿色建筑舒适度。进一步研发、挖掘建筑的可感知性，提升建筑对人的可感知度。探索融合互联网、物联网、云计算、大数据等新技术，全面实现节能、节水、节材，降低温室气体排放，全面提升绿色建筑的质量，使绿色建筑更加生态和人性化。

构建智能高效的建造模式。研究探索城市建筑的绿色化、工业化和智能化三化深度融合技术，促进高品质、高性能绿色智能建造发展。布局绿色智能建造基础理论与关键技术研究，加强面向大规模工业化定制的建筑机器人研发，落实建筑工业化智能建造创新工艺应用研究，研究适老建筑空间模块化设计技术，开展装配整体式混凝土建筑全寿命期质量控制与维护关键技术研究，大力推动全预制装配式钢结构建筑、木竹结构建筑研究，推动传统建设模式向信息化生产建设模式转变。

实现充分可控的城市安全。开展建筑、社区和基础设施的全生命期精细化运维管理研究，提升城市基础设施服役年限与服役能力。整合调度城市各种设施信息资源，统筹社会治理多维度需求，提高城市运行管理的精准决策和服务投放。构建城市级运行管理与协同平台，提升大型城市运行领域问题定位、服务投放精准性，优化城市空间布局与综合功能，提升城市运行保障能力和服务水平。

促进持续多元的城市有机更新。开展城市建筑、基础设施、区域空间的多尺度有机更新研究，坚持存量发展原则，促进城市可持续发展。积极推广建筑调适技术应用，促进城市建筑节能改造及运行能力的提升。研究基础设施多尺度微扰动快速更新技术、反哺型城市生态与功能空间优化技术、城市活力升级改造与存量优化技术等，促进城市有机更新。

（文/傅翠晓　王　磊）

6.5 新基建的发展前景及上海的投资机遇

建设“新网络”“新设施”“新平台”“新终端”，能够提升新时代上海城市功能和核心竞争力以及新经济发展要求，推进上海特色的新基建。

新基建的基本理解

新型基础设施是以新发展理念为引领，以技术创新为驱动，以信息网络为基础，面向高质量发展需要，提供数字转型、智能升级、融合创新等服务的基础设施体系。新型基础设施建设（以下简称“新基建”）主要包括信息基础设施、融合基础设施、创新基础设施等3个方面：一是信息基础设施，主要是指基于新一代信息技术演化生成的基础设施，如以5G为代表的通信网络基础设施，以人工智能为代表的智能基础设施，以超级计算机为代表的科学实验基础设施等；二是融合基础设施，主要是指渗透融合新一代信息技术的基础设施，如智慧路灯、能源互联网等；三是创新基础设施，主要是指支撑科学研究、技术开发、产品研制的具有公益属性的基础设施，如国家重点实验室、大科学装置、科教基础设施。

因此，对投资者来说，机遇存在于两个方面：一是在于大数据、人工智能、工业互联网、5G等代表的新一代信息技术本身；二是在于有力支撑传统基建改造提升，助力传统基建数字化、智能化、网络化转型升级的融合性重大工程项目。

新基建的发展前景

新基建结合新一轮科技革命和产业转型的特点，为经济社会创新、协调、绿色、开放、共享发展提供基础支撑，具有战略基础设施和网络基础设施的倍增效应。上海推进基础设施体系互联互通和开放共享新老基地建设，有助于加快城市整体数字化转型升级，支持经济社会新旧动能转换，支撑推动上海率先实现高质量发展。

● 新基建引导全产业链协同发展的联动效应，实现产业链提升的倍增效益

在5G基站方面，根据目前4G基站建设量和5G基站覆盖能力，预计到2025年，我国5G基站建设量约500万个。根据中国移动5G基站招标费用测算，5G基站直接投资额将达到2.5万亿元。5G产业链覆盖范围广泛。5G基站这一基础设施建设将带动人工智能、虚拟现实、高清视频等多类型终端和应用市场的快速增长。预计到2025年，5G全产业链相关投资将超过5万亿元。

在特高压方面，国家电网数据显示，目前正在建设和审批的特高压线路有16条，预计总投资额为2 577亿元。特高压的投资周期为2 ～ 3年，预计到2025年总投资规模将超过5 000亿元。这将推动设备制造、技术服务、建筑安装等领域业绩增长，推动电力互联网、配电网等智能网络快速发展。预计到2025年，相关投资总额将超过1.2万亿元。

在城际高速铁路和城市轨道交通方面，中铁集团数据显示，到2019年年底，中国高铁里程达到3.5万千米，按照年均新增5 000千米和每千米投资1.5亿元计算，预计到2025年投资规模为4.5万亿元。这将带动铁路和公路建设、电网、装备制造、轨道交通车辆及零部件等产业快速发展，促进旅游、人才、民生等城市群经济发展。预计到2025年，相关投资总额将超过5.7万亿元。

在电动汽车充电桩方面，中国电动汽车充电基础设施促进联盟公布的数据显示，到2020年1月，公共充电桩总数已达53.1万个。根据15万个公共充电桩和30万个私人充电桩的年增长情况，公共充电桩和私人充电桩的单个投资成本分别为5万元和2.5万元，预计到2025年投资规模将达到900亿元。这将推动充电桩/充电站零部件快速发展，充电运行更加合理，新能源汽车数量不断增加。预计到2025年，相关投资总额将超过2 700亿元。

在大数据方面，《国家数据中心应用与发展指南》指出，截至2017年年底，我国数据中心机架规模为166万个，增长率为33.4%。按不变增长速度计算，到2022年将新建机架220万台，按70万元/台成本计算，预计增加投资1.5万亿元。大数据中心作为驱动力基础设施，将带动云计算和物联网产业的快速发展。预计到2022年，相关投资总额将超过3.5万亿元。

在人工智能方面，IDC公司数据显示，2019年中国人工智能芯片市场规模为122亿元。预计到2025年，人工智能芯片的新增投资将达到1 000

亿元，其中机器视觉、人工智能等传感器带来的云平台/数据服务/操作系统的新增投资总额将超过1 200亿元，而人工智能基础设施建设的新增投资总额约为2 200亿元。人工智能基础设施的建设将带动计算机视觉、自然语言处理等技术的快速进步，推动智能医疗、智能交通、智能金融等产业的快速发展。预计到2025年，人工智能核心产业规模将超过4 000亿元。

在工业互联网方面，《工业互联网发展行动计划》指出，到2025年，基本建成覆盖各地区、各行业的工业互联网网络基础设施。根据2019年6 110亿元的工业互联网规模和13.3%的复合增长率，预计到2025年，新增投资规模将超过6 500亿元。工业互联网基础设施使传统产业向智能制造转型升级，预计到2025年，相关投资总额将超过1万亿元。

● **新基建刺激新消费、带动新制造，推动我国乃至世界经济的全面复苏**

新基建有利于扩大新消费，培育在线新经济。随着5G时代的到来，人们不仅将以更高的速度、更低的流量收费享受网络服务，还将在智能终端、可穿戴设备、智能家居等方面创新多种消费产品。这将极大地丰富消费场景，在电子商务、政府等领域创造大量新消费服务，有利于开发远程医疗、在线教育、在线办公、在线购物等新业态、新模式、新业务。不断加快5G网络、物联网、大数据、人工智能、智慧城市等新型基础设施建设，将推动在线经济蓬勃发展。

新基建是数字经济发展的基石和转型升级的重要支撑。目前，国际工业互联网平台连接设备已达1 000万台，我国主要工业互联网平台平均连接设备正向100万台迈进，正处于快速增长期。麦肯锡公司预测，到2030年，5G、工业互联网和人工智能将为全球经济带来30万亿美元的增长。新基建产业本身具有良好的经济效益。例如，亚马逊云计算服务平台已成为亚马逊公司增长最快的业务之一，2019年为亚马逊公司贡献了63.5%的运营利润。2020年发布的《中国工业互联网发展成效评估报告》指出，工业互联网对各行业的带动作用初步显现，2019年对经济增长的贡献达到9.9%。此外，新基建可以有效提高企业的效率。例如，在航空发动机领域使用工业互联网，每节省1%的燃油，在未来15年内就能为客户节省300亿美元的成本。推进新基建，既能刺激相关投资，又能创造巨大市场，促进实体经济高质量发展。国家对新型基础设施的不断深入部署，在于新型基础设施具有新时代的丰富内涵，既符合未来经济社会发展趋势，又适应我国当前社会经济发展阶段和转型需要，在弥补不足的同时，也将成为社会经济发展的新引擎。

上海的投资机遇和方向

● 投资机遇

机遇一：疫情推动工业互联网、无人工厂、在线金融、远程办公、在线展览展示、生鲜电商零售、在线医疗、“无接触”配送等领域蓬勃发展。因疫情倒逼而催生的新业态、新模式改变了原有的生产生活模式，为在线经济的高速发展创造了新机遇，逐渐成为经济发展的新高地。不论是远程办公、无接触配送等新型原始性创新模式，还是教育、医疗等线下成熟业态模式转变为线上线下融合的模式，这些模式在疫情期间逐渐发展壮大，对疫情过后人们的生活必将产生深远影响。

机遇二：政策明确要加快建设5G引领的智能网络基础设施，支持5G、新型城域物联专网等信息基础设施的示范应用和模式创新。近年来，上海围绕科技创新中心、综合性国家科学中心以及新型智慧城市、下一代互联网示范城市、新一代人工智能创新发展试验区等建设，加强网络基础设施、数据中心和计算平台、重大科技基础设施等布局，总体水平一直保持国内领先。具体体现在3个方面：一是上海网络基础设施建设水平“国内领先”，目前全市16个区已实现5G网络连续覆盖，还建设了15个具有全国影响力的工业互联网行业平台，带动6万多家中小企业上云上平台，静安、嘉定、杨浦、虹口、普陀等区还率先开展了新型城域物联网百万级规模部署；二是上海数据中心和计算平台规模“国内领先”，上海市大数据平台累计已汇集全市200多家单位340亿条数据，数据规模总体在国内领先；三是重大科技基础设施能级“国内领先”，上海已建和在建的国家重大科技基础设施共有14个，大设施的数量、投资金额和建设进度均领先全国。

● 投资方向

“新网络”“新设施”“新平台”以及“新终端”成为经济增长的新引擎（见图6–5–1）。强化建设以新一代网络基础设施为主的“新网络”，以创新基础设施为主的“新设施”，以人工智能等一体化融合基础设施为主的“新平台”，以智能化终端基础设施为主的“新终端”，能够提升新时代

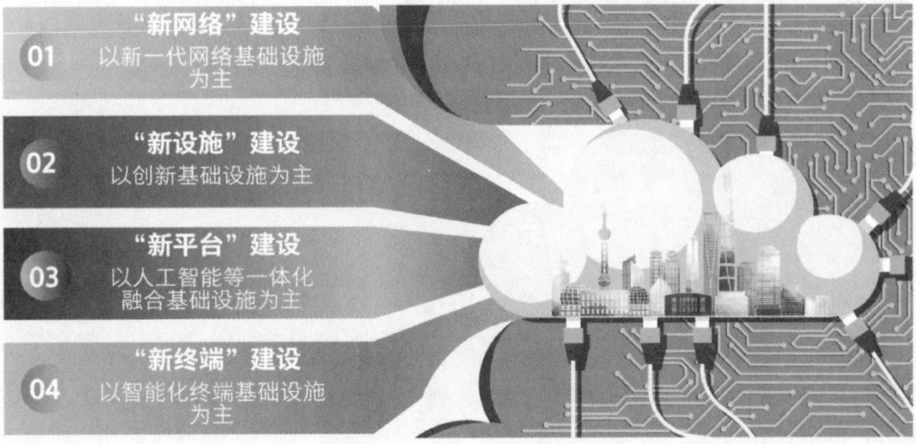

图6-5-1　具有上海特色的"新基建"四大重点领域

上海城市功能和核心竞争力，符合新经济发展要求，能够推进上海特色的新基建。

在"新网络"方向上，主要关注以5G为主的独立组网建设，重点是5G基站，此外还可重点关注大能力的移动通信网络、固定宽带网络，面向智能制造的工业互联网集群，以及以北斗卫星导航系统为核心的通信、遥感、导航等。在"新设施"方向上，重点关注支撑上海建设具有全球影响力科创中心的大科学装置、大科学设施集群，需要关注国家布局的新一轮科技基础设施，关注集成电路、人工智能、生物医药重点产业新设施建设。在"新平台"方向上，重点关注高性能计算平台，关注与上海人工智能领域发展相匹配的算力基础平台建设；在"新终端"方向上，重点关注与城市安全相关的视频终端与人工智能感知网络建设，关注智能网联汽车的发展、电动汽车的充电站和充电桩建设等。

（文/孟海华）

6.6 智能服装发展前瞻

随着科技的发展，服装已突破了原有的保暖和美化的范畴，正在走向功能化，进而走向智能化。近年来，电子业和信息产业兴起一种潮流——设计出能穿着、与衣服“融为一体”的高科技产品，即智能服装（Smart/Intelligent Clothing）。

美国科技媒体预测，在不久的将来，数码产品与衣服的界限会越来越模糊，未来的电子产品能完美地“隐藏”在服装里，而未来的服装将成为真正的“个人智能便携式高科技装备”，集目前所有电子设备功能于一体，成为可穿戴设备的“终极形态”，具体应用产品见图6–6–1。

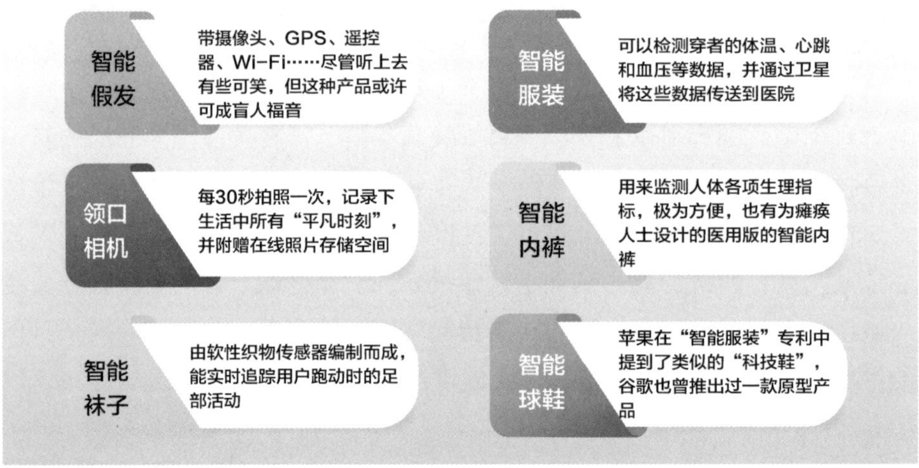

图6–6–1　智能服装丰富多彩的应用产品

前景判断

随着科技的不断发展，智能服装将成为人与外界环境交互的重要介质，成为物联网和实时健康监护的接口，是人们随时随地获取其在特定环境下所需要的所有信息的基础。在未来几年里，我们的衣柜里将塞满这样的智能衣物。智能服装将可能与智能家居、智能汽车等组成集成智能系统架构，作为个人的生活助手。

2016年被称为智能服装元年，随着资本越发看好该领域的发展，初创企业不断涌入。2016年，智能服装从之前的几乎为零一跃成为可穿戴装备的第一品类，出货量高达2 600万件，而这仅仅只占中国服装年出货量的千分之一。德国海恩斯坦研究院（Hohenstein Institutes）预测，智能服装是一个数十亿人需要数百万种应用产品的市场。美国市场调研公司Allied Market Research的一份报告预测，到2022年，全球智能纺织品市场规模将从2015年的9.43亿美元，增长到53.69亿美元（年复合增长率为28.4%）。

国外行动

世界上积极开发“智能服装”的国家主要是德国、芬兰、比利时、瑞士、英国等欧洲国家。一方面是由于欧洲地区对新型纺织品开发的需求比较强烈；另一方面是这些国家具有先进的周边电子电机、通信、计算机软件工业的相互支持配合。许多服装产业巨头也希望“智能服装”的研发能为目前不景气的传统纺织工业注入一股新的活力。国际上与智能服装相关的前瞻计划见表6–6–1。

表6–6–1　国际上与智能服装相关的前瞻计划

国家/地区	年份	计划主体	计划名称	计划目的
芬兰	1998年	拉普兰大学、坦佩雷理工大学，Reima-Tutta、杜邦、诺基亚、博能电子和颂拓（Suunto）等公司，芬兰技术研发中心基金	Cyberia	运用各种不同的信息技术、电子技术和先进的纤维、纺织材料来研究具有高附加价值的智能服装，应用于极端环境下避免事故或进行自救
英国	2012年	智库Foresight	技术和创新的未来：21世纪20年代英国的增长机遇	电子医疗和护理服务，考虑到未来城市人口老龄化程度愈发深化，智能服饰是一种理想的监督管理并改善健康状况的可穿戴设备

（续表）

国家/地区	年份	计划主体	计划名称	计划目的
欧盟	2013年	德国人工智能研究中心（DFKI）	EASY-IMP	建立一个传感器技术、计算机科学、网络编程、生物力学、康复和运动的跨学科技术专家团队，旨在发现创建智能衣服的新方法和工具

目前，全球知名服装公司、材料公司、信息业巨头、电器生产商，如耐克、IBM、飞利浦、富士等，已经纷纷推出了概念性产品，兼具时髦的设计和超强的功能性，还推出具有检测生理特征、健康管理、生活辅助、运动增强、轨迹跟踪及娱乐功能的产品，以满足未来特定人群及广大消费者的需求。

技术体系

智能服装结合了电子信息技术、传感器技术、纺织科学及材料科学等相关领域的前沿技术，主要通过两大类方法来实现自身的智能化：一类是运用智能服装材料，包括形状记忆材料、相变材料、变色材料和刺激-反应水凝胶等；第二类是将信息技术和微电子技术引入人们日常穿着的服装中，包括应用导电材料、柔性传感器、无线通信技术和电源等，后者也被称为可穿着技术（Wearable Technology）。智能服装用户、技术、服装关系模型见图6-6-2。

智能服装不仅能感知外部环境或内部状态的变化，而且通过反馈机制，能实时地对这种变化做出反应。感知、反馈和响应是智能服装的三大要素。为了实现上述的监测及反馈，目前全球有两大研究热点：一是智能服装基础材料，如硬件、传感器、电子元件等柔性（薄膜状/纤维状）器件的开发；二是能源系统的开发，通过获取随身能量（机械能/热能）或利用太阳能等方式获取设备运行的能量。

国内态势

智能服装的发展有4个重要阶段（见图6-6-3）：第一，关键技术、材料的突破；第二，关键单元、产品的自主研发；第三，低成本的、绿色的

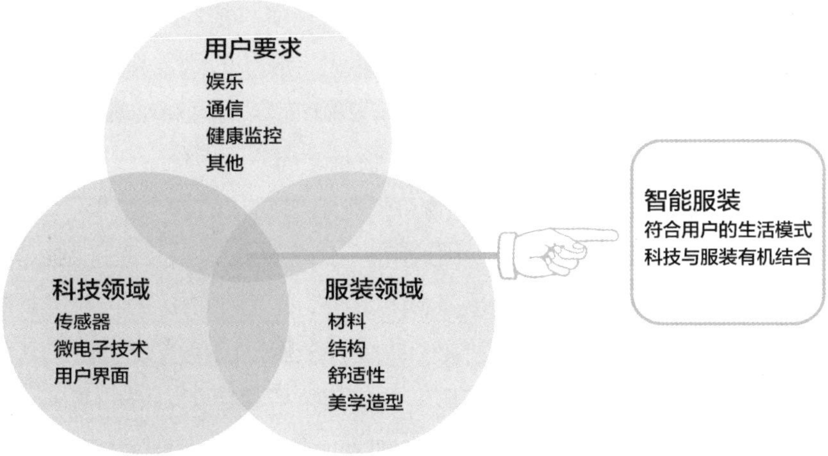

图6-6-2 智能服装用户、技术、服装关系模型

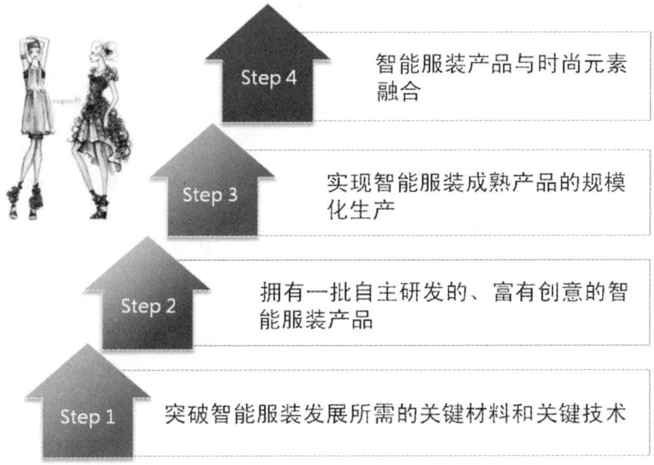

图6-6-3 智能服装产业发展的4个阶段

规模化生产；第四，个性化设计满足消费需求。

目前，我国智能服装市场仍处于起步阶段，但未来市场增量空间巨大。在第一、第二阶段上均有突破，但整体而言，尚未形成成熟的智能服装产品，在规模化生产方面储备不足，更未充分与时尚设计方面的本地特色相结合。

上海基础

在发展智能服装方面，上海具有得天独厚的优势。在基础材料方面，上海拥有诸如东华大学纤维材料改性国家重点实验室和复旦大学先进材料实验室等国内领先、世界一流的研究团队。在纺织、服装的研发与制造方面，上海拥有丰富的技术基础和产业发展经验。2010年，上海获准加入联合国教科文卫组织“创意城市网络”，被授予“设计之都”的称号，以设计为龙头的上海创意产业正成为上海经济转型和产业结构调整的新“引擎”。在物联网、感知技术、集成电路、城市网络等新一代信息技术以及先进制造方面，上海均拥有良好的技术储备和物质基础。此外，上海生物医药产业已具备加快实现新一轮跨越式发展的基础条件，“医联工程”已经实现了以患者为中心的跨医院信息共享系统，为智能服装的应用推广奠定了良好的基础。上海的智能服装产业发展水平虽然走在国内前列，但是还处于第一、第二阶段，在相关产品的成熟度、丰富性、规模化生产方面还存在不足，未形成规模效应。目前，智能服装离产业化还比较远，关键是很多基础手段还没有实现。另外，上海的服装产业正在外移，缺乏有能力且专注于此的企业。

情景目标

智能服装作为可穿戴设备的“终极形态”，作为服装产业智能化、功能化发展的目标产物，未来将充斥着我们的生活。智能服装将成为上海充分发挥时尚设计、服装制造、高端装备制造、新一代信息技术的基础优势，应对人口老龄化的社会挑战，实现全民健康监测管理的最终产品。未来，随着技术壁垒的突破和制造成本的下降，智能服装将成为人们日常生活的必备产品。上海智能服装未来情景目标见图6-6-4。

图6-6-4　上海智能服装未来情景目标

战略路径

目前，我国对智能服装的研究尚不成熟，但在面向智能服装的技术方面仍有一定成果，尤其是在2006年之后，相关研究急剧增加。研究主要集中在材料科学和电子工程方面，而电子技术与服装的交互研究尚处于初期阶段。考虑到上海在时尚设计、新一代信息技术、健康医疗体系建设、先进制造技术方面的特点与优势，上海发展智能服装领域的战略可以从以下几个方面进行：以应用为导向，加强智能材料及系统的资源投入，尝试智能服装产品的自主研发；以用户为中心，紧跟时尚潮流，注重智能服装的时尚元素，开拓智能服装的功能定制化服务；以规模生产为目标，基础元件的制造向多功能化、批量化、低成本化的方向发展；以个性化需求为目标，依据特殊人群的需求开展应用工程试点，研制一批应对社会挑战的智能服装产品；以融合共进为目标，搭建多方合作平台，成为前瞻技术交叉合作的“创新作坊”。

（文/赵　越）

第七章

创新生态与区域发展

新科技的应用和新产业的培育离不开创新生态的支持。创新服务在创新生态中发挥着至关重要的促进主体联结、促进要素流动和提升创新效率等作用。在瞄准前沿方向加大力度技术攻关的同时，区域发展也需要积极促进创新服务新业态、新模式的探索与发展，形成充满活力的“产学研用介金”高效协同网络，促进区域的高质量发展。

7.1 科技服务业市场前景分析

自21世纪以来，在经济全球化和信息化的推动下，全球产业结构呈现出从“工业型经济”向“服务型经济”加速转型的重大转变。科技服务业的迅速发展是服务业不断升级的必然结果，并对社会生产力发展形成积极促进作用。科技服务业具有加速知识转化为现实生产力的巨大潜力，并将对现代生产力的高质、高效发展产生重要推动作用。从创新要素的流动循环与科技发展的需求考量，着力发展与高科技产业匹配耦合的科技服务业是全球创新网络中心节点城市的必然选择。硅谷是全球科技服务业发展最活跃、市场化程度最高的地区，尤其是硅谷的创业孵化服务更是闻名全球。

云计算、物联网、移动互联网、大数据等新技术在科技服务领域应用的不断深入，催生出许多基于互联网的新兴服务业态，在技术、服务内容、商业模式等方面，挑战甚至颠覆了现有服务业的产业链格局，并产生新的商业运作模式，特别是在科技服务业领域引发了一系列深刻变革，极大地拓展了科技服务机构的服务范围和半径，服务效率显著提升。“互联网+”与科技服务业的跨界融合，实现了各类创新创业者和科技服务的无缝对接，以研发众包、创新驿站、创业咖啡馆、创新工场等为代表的一系列科技服务的新兴业态悄然兴起，有力地促进了先进技术转移和科技成果产业化。科技创新服务链条见图7-1-1。

五大热点方向

科技服务业是一个较新的概念，它是产业分工不断细化和各产业之间不断融合发展的产物。总体而言，科技服务业是为科技创新全链条提供市场化服务的新兴产业，主要服务于科研活动、技术创新和成果转化，包括八大服务。其中，研究开发、技术转移、创业孵化、科技金融和科学技术普及是较为重要的五大服务。

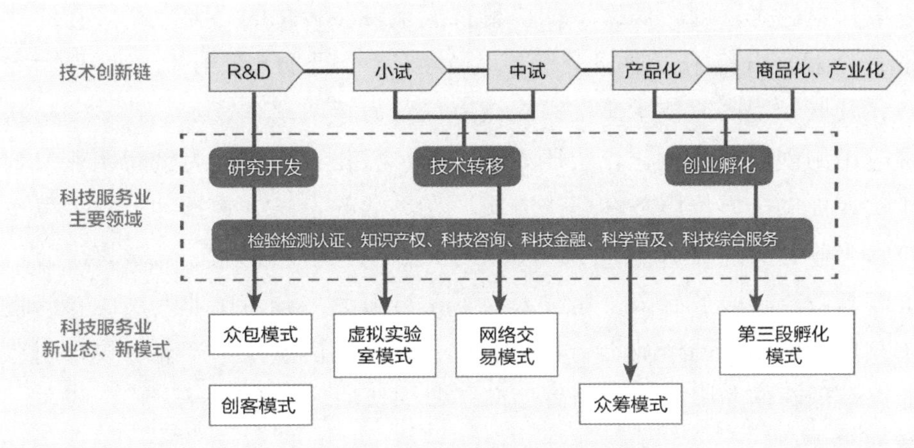

图 7-1-1　科技创新服务链条

● 研究开发

《意见》提出，加大对基础研究的投入力度，支持开展多种形式的应用研究和试验发展活动，强调高校、科研院所的资源向社会开放专业化服务，也鼓励研发类企业专业化发展，积极培育市场化新型研发组织、研发中介和研发服务外包新业态。从商务部中国服务外包研究中心发布的数据来看，2018年1—4月我国研发服务外包（包括软件研发外包和研发服务外包）的合同执行金额达到了149.4亿美元。

以生物医药产业为例，面对全球新药研发的共同困境，医药机构和企业不断探索新的研发组织模式，从而有效控制新药研发成本和时间，其中研发服务外包机构，或称合同研究机构（Contract Research Organization，CRO）迅速崛起。据统计，研发服务外包一般可将研发时间缩短30%，降低高达40%的研发成本，同时节省10%～20%的临床研究时间。近年来，全球CRO市场以年均10%左右的速度增长，2017年的市场规模达到431亿美元，占研发总支出的24.6%。2008—2014年，我国生物医药服务外包年复合增长率超过30%，行业规模从52亿元增长到259亿元。CRO企业从2009年的300家跃增到2016年的1 000多家。

2015年，上海市委、市政府发布的《关于加快建设具有全球影响力的科技创新中心的意见》提出，要面向研发与转化，建设若干重大创新功能型平台。这是深入实施创新驱动发展战略、加快科技创新中心建设的重大举措，也是完善创新体系、加快科技成果转移转化的必要之举。在此背景下，上海微技术工业研究院成为全市18个研发与转化功能型平台之一，开展新型产业技术研发组织试点，致力于“超越摩尔”技术和物联网应用的创新和产业化，集研发、工程、孵化于一体，为创新企业及合作伙伴提供全方位服务和解决方案。在灵活的投入方式推动下，上海微技术工业研究院2016年收入为683万元，同比增加69%；其全资子公司上海新微科技服务有限公司收入为466.75万元。全市产业发展的布局将重点聚焦生物医药产业、新材料产业、新一代信息技术产业、先进制造业以及创新创业服务持续培育面向产业创新的功能型平台。

● 创业孵化

近年来，随着“大众创业，万众创新”战略持续推进，帮助创业者快速成长的各类孵化器与日俱增。2018年，《中国创业孵化发展报告2018》提供了一组数据：截至2017年，全国科技企业孵化器总数已达4 069家，众创空间已达5 739家，在孵科技型中小企业17.5万家，累计毕业企业11.1万家，培育高新技术企业1.1万家，占全国高新技术企业的8.2%，带动就业达256.5万人，其中吸纳应届毕业大学生27.3万人；拥有有效知识产权30.7万项，其中发明专利5.2万项，占全国有效发明专利数的2.5%，新增发明专利授权2.1万项，占当年度全国发明专利授权数的5%；累计帮助4万家企业获得1 940亿元的风险投资；毕业后上市和挂牌企业达到2 777家，占创业板上市企业的1/7，占新三板挂牌企业的1/10。毫无疑问，我国创业孵化载体数量和规模跃居世界第一。

近年来，孵化器竞争相当激烈，业内人士预测，绝大部分会在未来几年内被淘汰。因此，创业孵化器的转型迫在眉睫。

（1）趋势一：更深度的孵化服务

随着市场经济的发展，新型创业服务机构能够察觉到创业者的个性化需求，依托灵活多样的服务机制，开展紧密联系创业者的深度服务，专业化帮办，实际解决创业孵化的各类问题。例如，苏州生物纳米科技园（BioBay）开展了专业帮办服务，全程免费代办，致力于为创新创业企业提供全方位、全过程的贴心服务。与此同时，创业孵化服务的内容也从早期的场地租赁、办理注册等基础服务，发展为提供创业媒体资讯、创业辅导培训、投融资对接、路演支持等在内的多元化综合服务，涌现出诸如腾讯创业服务平台等一体化综合创业服务的平台。

（2）趋势二：重点聚焦某个产业

目前，创业孵化器已经从物业型、服务型和投资型，升级到了“服务+产业”模式，未来将形成一批创业孵化产业集群。近年来，全球医疗健康产业不断涌现出新型的创业孵化器，如美国斯坦福大学的StartX、硅谷孵化器Y Combinator在2018年都追捧互联网医疗健康的初创项目，此外还有Rock Health、Startup Health、Blueprint Health等聚焦医疗健康领域的创业孵化器，国内的张江药谷和苏州BioBay均为生物医药领域的专业孵化器。

（3）趋势三：扁平化的云上平台

随着互联网技术的不断发展，去中心化、扁平式管理的创业孵化服务逐渐成为主流业态，能够有效运用所掌握的丰富的创业资源，为创业者提供所需的全方位、综合性服务。2014年入驻中国的亚马逊云平台服务AWS，同时推出亚马逊AWS Activate创业加速计划，为初创公司免费提供云服务。上海天地软件园则与Unity公司和微软公司合作，分别打造了“Unity天地港孵化器”和“天地应用谷——微软游戏创新中心”孵化项目，能够为初创团队提供专业化的技术服务，是中国少数以游戏创新为核心的初创企业孵化基地。

● **技术转移**

2016年4月21日，国务院办公厅印发了《促进科技成果转移转化行动方案》，该方案与2015年新修订的《中华人民共和国促进科技成果转化法》以及2016年出台的《实施〈促进科技成果转化法〉若干规定》一起，形成了从修订法律条款、制定配套细则到部署具体任务的科技成果转移转化工作“三部曲”。

科学技术部火炬高技术产业开发中心公布的2020年度全国技术合同交易数据显示，全年共签订技术合同549 353项，成交金额为28 251.51亿元，同比增长13.48%和26.13%。全国技术市场继续保持中高速增长势头。成交金额居前十位的省市依次为北京、湖北、广东、陕西、江苏、上海、天津、山东、四川、辽宁。按技术领域统计，成交金额居前三位的是电子信息、城市建设与社会发展、现代交通领域。

我国的技术转移呈现多元化的特点，企业间合作、产学研联合、技术交易等多种方式均成为实现技术转移的有效途径。

（1）中介模式

技术中介机构为技术转移提供了市场化的公共平台，其具有服务内容和服务方式多样化的特点。例如，上海联合产权交易所作为全国最大的产权市场，从2012年至2016年，累计交易10 800宗，累计成交金额7 460亿元，年均增长20%，实现增值600亿元，增值率为26.5%。这种模式的服务内容涵盖了各个产业技术领域，有助于促进技术流、人才流、资金流相结合。

（2）产学研合作模式

产学研相关单位发挥各自在产业链对应环节中的优势，形成具有共同研发目标、共同参与研发过程的联合体。例如，上海宝钢集团公司与上海交通大学联合成立了联合研究室，共同对汽车的一系列实用技术问题进行联合研究和重点攻关。通过这种模式，企业可以参与技术研发的整个过程，提高企业的原始创新能力，通过项目合作还可以培养专业人才。

（3）企业联合开发模式

通过形成企业研发联盟的方式解决生产技术难题。例如，上海宝钢集团和上海大众汽车有限公司通过成立合资研发企业以整合技术优势的方式，攻克了激光拼焊技术难题。成功的主要原因在于他们原有的核心技术能力具有高度的互补性。此模式有助于解决应用前沿的技术难题，直接面向应用，技术需求与解决保持最短路径、技术专业效率高。

（4）成立新企业模式

通过联合形成新企业的方式，实现原有企业间研发能力的整合、提升与技术突破。例如，上海中医药大学与上海新长宁集团合作组建了主要从事新药开发和产业化的上海现代中医药技术发展有限公司，通过市场化运作逐步摆脱了科研成果长期没有实现产业化的状态。这一模式将技术成果转移和转化相结合，成果技术优势与企业经营优势相结合，既能解决原成果持有方经营经验不足的问题，也减少了合作双方因技术产权而产生纠纷的可能，最终实现成果的产业化和规模化。

（5）产业集群模式

这一模式普遍适用于同一产业的企业集群区域。例如，苏州IT产业集群区企业之间通过互相学习和外包生产的技术外溢等方式，促进了整个创新集群的技术转移，集群内形成了网络化的技术转移格局。同样的还有宁波温州地区（服装行业）、珠江三角洲地区（家用电器行业）、环渤海地区（石化、医药行业）、环太湖地区（纺织行业）和闽东地区（电器、制鞋行业）等。

● 科技金融

2015年以来，由中国科学技术发展战略研究院、中国科技金融促进会、上海市科学学研究所联合课题组首次提出的“科技金融生态圈”理念，对我国科技金融生态做了整体轮廓性描述，科技金融生态理念现已得到社会各界的普遍认同。该课题组于2017年9月22日发布的最新成果《中国科技金融生态年度观察（2017）》指出，我国创新企业培育规模不断扩大，科技信贷产品日趋多样化，创业风险投资更加活跃，多层次资本市场更加完善。

● 科学技术普及

科技部在2017年年底公布的统计数据显示，近年来，我国公益性科普基础设施建设和运行经费的公共投入不断加大。2019年，全国科普经费筹集额185.52亿元，比2018年增加15.13%，其中政府拨款147.71亿元。在各项科普经费支持下，我国科普场馆数量快速增加，各类科普活动产生了广泛的社会影响，科普图书出版保持增长，科研设施开放渐成常态，各类科研机构和大学积极开展各式各样的科普活动。

2018年6月，中国科普研究所初步调查数据显示，我国科普产业产值规模约为1 000亿元。目前，国内主营科普的企业约有375个，主要分布在京津冀、长三角地区以及广东、安徽等地，发展较快且有一定规模的业态主要有科普展览教育业、科普出版业、科普影视业、科普网络信息业等。其中，京津冀地区有科普企业156家，其中北京77家，主要从事科普出版、影视广播、会展、科普活动体验等。津冀两地有31家企业主要以创意产业园区为依托，专门从事科普服务。广东省有科普企业125家，分布在深圳、东莞、广州等地，主要生产展教类科普产品和具有科普内容的相关载体产品，此外还有部分科普网络服务企业。长三角地区有科普企业42家，上海的企业主要从事科普内容服务和生产3D、VR产品，浙江省、江苏省的企业主要从事科学教育教具等产品的生产。

总体而言，科普展览教育业是当前的主要业态。截至2019年年底，我国共有科技馆和科学技术类博物馆1 477个，科普场馆展厅面积537.38万平方米，平均每94.79万人拥有一个科普场馆。以往，我国专业性、公益性的科普展馆多为公共财政支持。近年来，一些企业也积极投入开拓科普展教业务，诸如中国核电集团自筹资金2.55亿元，建成目前全球展示面积最大、展示内容最丰富的核电科技馆。

产业发展趋势

相对于农业、工业和其他服务行业来说，科技服务业十分“年轻”，在其产生、发展的过程中，根据自身行业发展的规律，形成了区别于其他行业的独特行业特征。近年来，随着信息技术的不断发展和创新全球化的进一步深化，科技服务业蓬勃发展，成为连接创新、加速创新、推进创新的有效手段。基于国外发达国家及国内重点地区的案例分析，科技服务业的未来发展呈现出五大趋势。

● 服务对象偏向于中小企业

中小企业由于在科技创新、技术研发等方面缺乏必要的资金，创新能力相对较弱，各国政府为了提高经济竞争力，普遍采取了“政府扶持+中介服务”的政策来推动中小企业的发展。以美国为例，虽然早已拥有较为完备的科技服务体系，但是为了适应中小企业的发展需要，专门创建了为中小企业提供服务且隶属于美国商务部小企业管理局的中小企业信息中心和建在大学里的生产力促进中心等科技服务机构。英国、德国、法国等国的科技服务机构，也以向中小企业提供科技服务作为促进创新发展的重要战略。

● 信息技术促进科技服务业的网络化发展

随着技术的不断发展，科技服务行业出现了网络化发展趋势。一些国家的政府为了促进本地经济发展，支持构建城市和区域整合的企业科技服务体系，建立以跨国连锁经营为特征的科技服务国际网络，如覆盖整个欧洲的创新中继中心（IRC）。这些都建立在科技信息资源网络化的基础上，即建设全方位的科技服务信息网络数据共享库，通过构建联系各级政府、科研机构及企业的科技信息网络，实现科技成果、科技人才、技术交易等的共享，提供更具时效性和准确性的科技服务。

● 科技服务不断向专业化方向发展

随着研发设计、技术转移、创业孵化、知识产权等环节出现了专业的组织和机构，能够满足市场专业化服务的需求。美国的科技中介服务机构形式多样、专业化程度高，为技术转化和产业化提供信息、咨询、技术、人才和资金等支撑服务。德国的技术转移机构非常发达，每个州都有一个这样的机构：以中小企业作为服务重点，为它们提供技术咨询、科技创新服务、国内外专利信息查询以及申请专利的咨询；对中小企业的技术创新活动提供财政补助；组织学术报告会、技术洽谈会等，帮助研究院所、高校、企业的新技术或新产品进入市场。

● 管理理念的转变推动现代科技服务方式不断创新

科技和经济的发展对科技服务业提出了更高的要求，必须加快管理理念创新，提高科技服务的效能。例如，以往的技术推广服务主要位于科技创新的下游，一般不参与技术本身的创新过程，主要是把大学和研究机构的创新成果商业化。近年来，有一些技术推广机构开始向创新活动的中上游转移，直接参与大学或研究机构的创新活动，在研发的前期阶段，就与大学和研究机构建立一种长期合作的伙伴关系。

● 科技服务业朝着整合的趋势发展

完善的科技服务中介体系是实现科技成果转移与产业化运行的重要途径，建立组织网络化、功能社会化、服务产业化的科技中介服务体系，有利于政府、科技界、产业界、金融投资界之间建立快速联动、高效运行的科技成果转化服务平台，最终促进科技成果转化和高新技术产业化。我国正在加快整合科技中介服务机构，搭建网络和协作平台。

投资前景

科技服务业与其他产业的关联度较强，特别是科技服务业的发展不仅对服务业本身，而且对提升第一产业和第二产业的竞争力、改善我国投资环境都将发挥重要的推动作用，最重要的是可以提高我国服务业的知识和技术含量，优化产业结构。科技创新背景下，科技服务业应瞄准高端科创成果和产品的诞生，以提供高效、高质、高速的服务为宗旨。科技服务业未来的投资热点和方向见表 7-1-1。

表 7-1-1　科技服务业未来的投资热点和方向

分　类	投资热点和方向
研究开发及其服务	• 科技数据资源分析和共享 • 开放式科技云服务系统或平台（资源服务平台） • 专业研究开发服务 • 联合研发服务（众包模式）
技术转移服务	• 面向国际一流、国内领先的科创成果 • 瞄准国际引进、国内辐射的科创成果 • 基于人工智能的技术评估和分析平台 • 大规模、跨区域、多领域的技术交易服务平台 • 技术转移转化新规则制定 • 技术转移转化新模式的建立和推广
创业孵化服务	• 创业技能育成服务 • 双创云服务平台 • 潜力初创企业共享大院大所资源的快速通道
知识产权服务	• 高密级的知识产权托管数据库 • 基于人工智能的知识产权管理和分析平台 • 知识产权战略咨询和全球布局
科技咨询服务	• 面向科技创新、产业发展的战略咨询服务 • 科创产品国际业务拓展服务
科技金融服务	• 知识产权、学术成果、工艺方法等质押贷款服务
检验检测认证服务	• 验证服务 15 分钟服务圈 • 新方法、新设备、新模式的建立 • 面向重点产业（如人工智能、生命健康）的全链条、全覆盖服务 • 基于产学研的公共服务空间（联盟化、共享化、市场化运营模式）

值得强调的是，从产业的角度分析，科技服务业应注重发挥三大功能。

一是补足创新生态系统的功能缺失。随着产业的国际化发展，创新生态系统中的创新元素变得更为复杂、活跃。不断出现的新的元素、新的主体、新的机制，使系统中各元素、主体间的互动机制变得也更为多样，促使原有产业创新网络形态的巨大转变，导致创新网络中的主体连接日益复杂，需求越发旺盛，也会导致产业创新生态系统的新的缺陷。面向产业发展过程中的科技创新问题，科技服务业提供全链条服务体系，重点涵盖了基础研究的专业化开发、关键技术的工程化集成、创新成果的产业化推广，降低创新网络复杂性加深带来的不确定性风险。

二是匹配产业创新发展的各类资源。作为区域创新体系的重要组成，能有效黏合创新主体、产业主体和各类中介组织，加强各载体之间的协同，提升创新效率，提升区域创新活力。科技服务业依托技术主体雄厚的高校、科研院所和资金主体雄厚的金融、风险投资机构等社会力量，通过对科技创新资源的组织与整合，帮助企业与外部机构之间充分开展技术创新合作，弥补企业自身创新资源缺乏的缺陷，促进企业有效利用外部的技术、信息、资金、人才，从而极大地降低技术创新运作成本与风险，提高创新资源的配置效率，降低创新过程中研发、生产、交易等环节的投入成本。

三是弥合科技成果转化的环节断线。从产业链角度而言，科技服务业涵盖了从技术研发、技术转移到创业孵化的技术创新全链条，连接着科技创新和经济社会发展，是现代服务业的重要组成部分。围绕区域产业需求积极发展科技服务新兴业态，形成技术研发和设计、投融资、创业孵化、知识产权等较为完善的科技创新服务体系，延展科技创新服务链，促进科技服务业专业化、网络化、规模化、国际化发展，是推动技术与资本结合、承接外部产业资源、营造新兴产业创新生态、提升产业发展层级的重要支撑，减少勇于创新者的后顾之忧。

（文/赵　越　成晓建）

7.2 科创板效应与前景预期

2018年11月5日，国家主席习近平在首届中国国际进口博览会开幕式上宣布，将在上海证券交易所设立科创板并试点注册制，支持上海国际金融中心和科技创新中心建设，不断完善资本市场基础制度。2019年6月13日，被誉为中国版“纳斯达克”的科创板正式开板，标志着设立科创板并试点注册制这一重大改革任务的落地实施，体现了国家重点扶持科技创新型企业的战略意图。

科创板聚焦重点产业领域

2019年1月30日，中国证监会发布的《关于在上海证券交易所设立科创板并试点注册制的实施意见》提出，科创板应重点支持高新技术和战略性新兴产业，推动互联网、大数据、云计算、人工智能和制造业深度融合。同年3月3日，上海证券交易所发布《上海证券交易所科创板企业上市推荐指引》，进一步明确应重点推荐新一代信息技术、高端装备、新材料、新能源、节能环保、生物医药等6个领域的科技创新企业。

科创板成立两年多来，6个产业领域多点开花，产业集聚效应显著，截至2021年6月30日，科创板已受理企业申报646家，累计注册生效311家企业，其中新一代信息技术占34.7%、生物医药占22.8%、高端装备占19.6%、新材料占10.6%，节能环保占8.4%，新能源占3.9%。特别是面对新冠肺炎疫情和复杂国内外环境带来的严峻挑战，科创板企业以科技势能激活发展动能，总市值超过3万亿元，2020年全年营业收入为4 084亿元，同比增长超过15%。其中，生物医药产业归母净利润以256%的增幅排名第一，新能源则以80%的归母净利润增幅位居第二，新一代信息技术、新材料、节能环保、高端装备分别实现68%、27%、13%、8%的归母净利润增幅。

梳理科创板政策文件要求和已申报企业情况发现，新一代信息技术领域在半导体和集成电路、人工智能、大数据、云计算、物联网等方向已形成规模，生物医药领域着眼于高端医疗设备与器械、高端化学药等方向，高端装备领域聚焦于智能制造、航空航天、先进轨道交通等方向，新材料领域在先进石油化工新材料、先进钢铁材料、先进有色金属材料等方向较为活跃，节能环保领域分布于高效节能产品及设备、先进环保技术装备、新能源汽车等方向，新能源领域立足于高效光电光热、高效储能等方向。

科创板带来五大积极效应

科技创新领域具有大投入、长周期、高风险等特点，在科创板落地之前，我国资本市场体系尚不能完全对接科技创新型企业的发展需求。如今，科创板的诞生有望完善我国资本市场，有效促进科技与金融的融合、加速创新资本的循环利用，并带来以下五大积极效应。

● 效应一：加速半导体及集成电路国产化进程

集成电路产业主要包括设计、材料、设备、制造、封测等环节，是衡量一个国家综合实力的重要指标之一。它对国家经济建设、社会发展和国家安全具有重要的作用。美国知名半导体市场研究公司IC Insights统计显示，2013年至2018年，中国半导体市场总量从820亿美元快速扩张到1 550亿美元，年复合增长率高达13.58%，有望成为全球半导体行业最具发展潜力的市场。国内集成电路市场在不断扩张的同时，呈现国产产品供不应求的局面。根据我国海关总署发布的数据，半导体产品进口额从2015年起已连续4年在我国所有进口商品中位居首位。

科创板集聚了大量国内优秀集成电路企业，已有36家注册生效，包括中微半导体、澜起科技、晶晨股份、沪硅产业等，产业链涉及设计、材料、设备、制造等多个环节。2018年12月，中微半导体自主研制的5纳米等离子体刻蚀机正式通过台积电验证，成为全球首条5纳米制程生产线。同时，国产化300毫米大硅片发展迅速。沪硅产业是中国大陆率先实现300毫米半导体硅片规模化销售的企业，公司在全球半导体硅片市场2018年的市场份额达到2.2%。可以预见，在国产化前景广阔的大背景下，科创板将进一步有力刺激国产半导体产业自给率的提高，相关企业和产品将迎来更大的发展空间，半导体行业的国产化进程势必稳步向前。

● 效应二：强化人工智能“硬科技”研究

2010年以来，随着全球数据爆发性增长、计算能力的提升、算法的不断迭代、资本的大量支持，新一轮人工智能发展浪潮如约而至。同时，我国政府高度重视人工智能的技术进步与产业发展，2017年出台的《新一代人工智能发展规划》标志着将人工智能正式上升为国家战略，并提出“到2030年，要成为世界主要人工智能创新中心”的重要战略目标。在此战略引导下，近年来我国人工智能领域的计算机视觉、语音处理、自然语言处理等技术取得重大进展，安防、交通、医疗、金融、教育等方面人工智能应用纷纷落地开花。

科创板已注册生效22家人工智能企业，包括虹软科技、鸿泉物联、天准科技、海天瑞声、寒武纪石头科技、罗克佳华。计算机视觉为当前我国人工智能产业落地应用最为广泛的领域，虹软科技的智能手机视觉解决方案、石头科技的智能扫地机器人与天准科技的工业视觉装备均是国际领先的计算机视觉解决方案。IDC公司测算，至2022年，我国计算机视觉应用市场规模将达到146.08亿元。

需要注意的是，我国人工智能领域虽然有很多优秀企业，但是多数企业自身盈利能力较弱，这与人工智能行业基础研究层面产业化难度较大，资本往往集聚于应用层面这一先天条件有很大的关系。原先中国资本市场对类似人工智能企业研发需求高，对未盈利的企业包容性与适应性较弱，但科创板的诞生为这类企业开辟了通道，通过资本的力量将企业从商业市场模式引导到基础研发模式这条科技创新道路上来。

● 效应三：医疗器械产业创新生态链日趋完善

医疗器械行业下细分领域众多，大体可划分为高值医用耗材、低值医用耗材、医疗设备、体外诊断（IVD）四大类。其中，体外诊断又包括生化诊断、免疫诊断、分子诊断、即时检验（POCT）。近年来，医疗器械行业下各细分领域都处于市场规模稳健增长的状态。全球知名医疗市场信息数据咨询公司Evaluate预计，2022年全球医疗器械总市场规模将达到5 220亿美元。

截至2021年5月，科创板注册生效的医疗器械企业共有21家，其中医用耗材企业有心脉医疗（心血管支架）、佰仁医疗（生物瓣膜、肺动脉带瓣管道等）、三友医疗（医疗美容器械）等，医疗设备领域企业有南微医学（内镜下微创诊疗器械）、安翰科技（磁控胶囊胃镜系统）等，IVD领域企业有浩欧博（过敏原检测）等，企业产品所处领域覆盖面较散。心脉医疗成功开发国内唯一的术中心血管支架，安翰科技的磁控胶囊胃镜是全球首个通过CFDA批准的产品，浩欧博的过敏原检测试剂已经打破了外国企业在国内的市场垄断。

过去几年，我国医疗器械行业规模和技术水平增长很快。中国药品监督管理研究会预测，到2022年我国医疗器械企业主营收入将有望突破万亿元。但是，从整体发展情况来看，我国医疗器械企业还存在平均规模较小、原始创新能力较弱、高端产品质量技术水平与发达国家仍有差距等问题。不过，可以预见的是，我国高端医疗器械时代大幕即将拉开，随着大批医疗器械企业登陆科创板，产业创新生态链将在科创板的驱动下更加趋于完善。高端医疗器械将是未来10年国内市场最为核心的投资主线之一。

● 效应四：支撑智能制造关键核心技术攻关

改革开放40年以来，中国从“制造大国”走向“制造强国”，经历了从低端劳动密集型的“世界工厂”转型为全球资源配置的“世界市场”的必经之路。高端装备是现代产业体系的脊梁，而智能制造更是高端装备产业重要细分领域之一。美国市场调查与咨询公司MarketsandMarkets预测，全球2018年智能制造市场达到1 707.8亿美元，到2023年这一数据将增至2 991.9亿美元，年复合增长率为11.9%，其中包括中国在内的亚太市场在全球范围内以最高的年复合增长率增长。

科创板已注册生效22家智能制造相关企业，主要分布于系统集成、本体制造和核心零部件三大板块。核心零部件是智能制造产业链中的核心部分，其成本占智能制造装备总成本约70%，但由于技术壁垒较高，“卡脖子”现象较为严重，是我国相对薄弱的环节。柏楚电子是国内中功率激光切割控制系统的龙头供应商，但高功率激光切割系统，由于国内发展较晚，基本被国外企业垄断，亟须技术突破。

当前国内智能制造企业普遍面临的困难，一是技术壁垒高，二是研发成本大，三是融资难度大，四是转型需求强烈。科创板有望从提高融资效率、帮助企业攻克技术壁垒、促进企业产业化落地三方面解决四大难题。创新作为当前“中国制造2025”核心驱动，资本的力量也将推动智能制造产业突破关键核心技术、填补国产化空白，科创板无疑将在其中发挥重要作用。

● 效应五：催生先进化工新材料“隐形冠军”

材料是人类文明发展的基础，产业经济的一次次技术革新背后往往都是革命性新材料的发明。伴随我国新材料产业和化工产业的发展，先进化工新材料正受到越来越多的关注。当前，先进化工新材料主要包括工程塑料、高性能纤维、功能性膜材料、电子化学品等。据统计，2010年我国新材料产业规模约为0.65万亿元，2017年时我国新材料产业规模提升至3.1万亿元，到2025年预计将达到10万亿元规模。其中，先进化工新材料产业结构占比约24%，新材料产业市场呈现稳步增长的态势。

市场规模的持续增长，折射出我国先进化工新材料的发展困局。我国市场规模虽大，但在技术水平方面仍与发达国家存在较大差距，大多处于低端价值链。2018年，工业和信息化部对全国30多家大型企业130多种关键基础材料调研结果显示，32%的关键材料在中国处于空白状态，52%的关键材料目前依赖进口。例如，高端碳纤维、锂电池高分子隔膜等先进化工新材料或处于空白状态或完全依赖进口。

科创板的出现有望打破困局。当前，已有15家先进化工新材料企业脱颖而出。安集科技是目前国内集成电路抛光液龙头企业，生产的CMP抛光液14纳米产品已经进入客户认证阶段，7～10纳米产品正在研发中，打破了国外厂商对集成电路领域化学机械抛光液的垄断，有望实现进口替代。天奈科技是目前国内最大的碳纳米管材料生产企业之一，它生产的碳纳米管材料核心指标处于行业领先水平，主要应用于锂电池导电浆料。可以预见，在这些细分行业中，科创板将加速吸收、培育国内“小而美”的隐形冠军，打破国外垄断。

科创板市场前景看好

中国正处于经济转型发展、产业升级的关键阶段，实体经济发展与科技创新亟须资本市场推动。科创板正式运行2年以来，资本市场的繁荣从以下4个角度助力科技产业发展。

从科创属性角度，科创板各项制度设计紧紧围绕培育出更多具有“硬科技”实力和市场竞争力的创新企业，扎实推进试点注册制和关键制度创新。但是，申报审核过程中也出现了少数企业存在缺乏核心技术、创新能力不足等问题。开板以来蚂蚁金服、京东数科等金融科技、模式创新类等企业被暂缓、终止上市，凸显了科创板坚守“硬科技”定位的决心与信心，将有利于更好地服务国家科技创新战略，推动经济高质量发展。

从市场开放角度，放眼全球资本市场，美国、日本等国的证券发行制度多采用的是注册制，企业只要符合上市规则并充分披露信息即可上市，监管层不直接对企业的优劣做出评判，而是依靠市场价值自我发现功能，促进企业良性竞争。我国科创板制度向国际先进规则靠近，将提升中国资本市场的开放程度，并吸引一批优秀外商投资企业落户科创板。

从成果转化角度，科创板更关注企业的创新能力和科研能力，允许尚未盈利的企业发行上市，这无疑对一些正挣扎在成果转化道路上的研究院所和科技企业是一个重大利好。科创板正式交易将实现科研院所科技资源优势与社会力量金融资本优势的紧密结合，有效提高研发成果转化效率。

从企业融资角度，科创板的设立为中国科技企业提供一条全新的融资绿色通道、更多的融资方式选择，缓解一部分企业以往高度依赖政府扶持的资金压力。同时，科创板引入了VC/PE退出机制，明确资本退出的方式反而有利于资本的进入，从而形成资本的良性生态循环，在加速培育龙头企业的同时，兼顾市场化优胜劣汰。

（文/范　幸）

7.3 上海科技创新中心建设的七块热土

2018年11月6日下午，习近平总书记走进上海张江科学城展示厅，面对现场的科技工作者强调，实现中华民族伟大复兴时不我待，要进一步增强科技创新的紧迫性，科创中心建设是这个阶段最重要、最关键的任务，对实现“两个一百年”奋斗目标、实现中华民族伟大复兴意义重大，要把握机遇，创造更优质环境，优化要素配置，努力实现更多重大科技突破。

上海依托张江国家自主创新示范区，在创新资源集中、创新特色鲜明、创新功能突出的7个重点区域，集中布局重大创新项目，实行更聚焦的政策、更开放的体制机制，培育一批引领发展的创新型企业和高科技产业，努力把这些区域建设成为上海创新发展的新增长极。

张江

● 风向标

张江从5个方面入手，打造上海科创中心特色功能集聚区、核心区。一是成为面向世界科技前沿的前瞻性、战略性布局的集中体现；二是成为汇聚一流创新单元、研发机构与创新团队的重要基础；三是成为构建创新网络、发起科技行动计划的强大引擎；四是成为推进科技体制改革、营造创新生态环境的有力抓手；五是成为在前沿科技创新领域孕育和产生一批重大原创性成果的肥沃土壤。

● 新动作

大科学设施建设。上海光源二期、软X射线自由电子激光装置、超强超短激光装置、活细胞成像平台等4个项目的土建已经完成，正在开展工艺设备的设计、安装。

创新转化平台建设。张江集聚各类创新创业要素，打造共20个科技成果转化、孵化平台。上海交通大学张江科学园于2018年6月开工，正在进行桩基施工；张江复旦国际创新中心的南方脑科学影像中心设备平台主体结构已经完工；5个创新创业集聚区已吸引阿里巴巴、英特尔等多个知名孵化器入驻。

产业提升项目建设。张江在建重大产业项目共12个，形成重点高端产业集群化发展。华力二期项目于2016年12月开工，12英寸（1英寸=2.54厘米）晶圆厂生产线于2018年10月建成投产；中芯国际项目于2016年9月开工，其中一条生产线的主厂房已经结构封顶；中国电子第二总部（华大半导体）等3个项目已经完工。

创新网络构建。张江努力把握并适应创新活动从加强创新主体建设、构建创新体系向网络化发展的规律，着力构建创新链、产业链、资金链、政策链相互支撑的创新网络，构建长三角城市群及更大区域的创新网络，充分发挥张江综合性国家科学中心的基础平台功能，形成支撑上海乃至区域长远发展的创新基础。

闵行

● 风向标

闵行以建设“国家科技成果转移转化示范区”为契机，重点突出高校技术转移机制改革、国际化网络建设和军民融合双向转化三个特色，促进科研与生产相结合，利用新技术创造新产品、培育新产业，发挥“大紫竹”品牌的引领和集聚效应，以服务上海产业创新需求、引领国内产业创新方向、影响国际产业创新趋势为战略目标。

● 新动作

打造创业和成果转移转化平台。闵行与上海交通大学共建医疗机器人研究院和产业化转化平台，并成立上海南緦医疗机器人科技发展有限公司作为医疗机器人研究院的共建主体。闵行与上海交通大学、临港集团、博康控股共建上海人工智能研究院，成立上海人工智能研究院有限公司，聚焦人工智能产业推进，创新成果转化模式。华东师范大学-海法大学转化科学与技术联合研究院入驻紫竹国际教育园区，目前已正式启用。前瞻创新研究院正在筹建，旨在推进军民融合，主动发掘、培育前瞻性、颠覆性技术，组织军民两用关键技术联合攻关。加拿大滑铁卢大学技术转移上海中心已落户闵行。闵行还与熠美、强生公司签订备忘录，合作共建强生创新中心。印孚瑟斯技术创新孵化器建设正在推进，5 000平方米的孵化空间已正式运营，聚焦人工智能领域开展产业孵化。全球知名的医疗器械公司美敦力在闵行发起设立医疗创新加速器MLAB。

打造科技成果转移转化体系。闵行已与美国波士顿、英国伦敦等城市开展成果对接合作，形成了5个国际化技术转移渠道；与10家优质技术转移机构签约，其中已有9家在闵行注册落户，开展专业服务；与上海技术转移学院合作开展技术经纪人培训，目前全区已有职业化技术经纪人250人。

建立多层次政府投资基金。闵行区政府投资基金包括区创业投资引导基金、区天使投资引导基金、区产业投资引导基金、区文化产业投资基金。闵行中小微企业通过市担保基金获得贷款超过357笔，贷款金额超过10.76亿元。2016年以来，闵行通过科技履约贷等科技金融产品，累计为211家企业获得贷款8.9亿元，推广“创园贷”等金融创新合作项目。

全面优化人才服务环境。闵行制定实施“春申人才计划”，集聚高端人才、产业人才、高技能人才，以平台育人，加快众创空间、孵化器、加速器、园区等创新链平台建设，拓宽人才创新创业投融资渠道，努力降低人才创业成本。

杨浦

● 风向标

杨浦着力于创新要素集聚、创新平台完善、创新企业汇聚，营造浓厚的创新氛围，打造全国具有重要影响力的创新创业城区，努力建设成为创新人才、科技要素和高新科技企业集聚度高，创新创造创意成果多，科技创新基础设施和服务体系完善的创新示范区。

● 新动作

创新创业政策密集出台。杨浦发布“1+6+4”产业政策，坚持聚焦重点领域和关键环节，做大做强“两个优先”产业；制定杨浦特色的人才政策，加快推进科技创新人才引进；出台试点城区建设政策，用于区域创新服务体系建设、创新创业载体项目功能建设、创新产业体系建设、高层次创新人才引进培养、创新科技金融服务、创新国际化水平建设和区政府决策的与创新型试点城区建设相关的重大项目7个方面；加大孵化和房租补贴力度，缓解新创办企业经营场地费用压力。

创新创业基地、载体搭建。杨浦构筑各类平台载体，加快打造创新创业沃土，建成各级创业载体总面积达232.9万平方米，累计建成1个国家级创业孵化示范基地、4家市级科技创业苗圃、7个市级创业孵化示范基地和18个区级创业孵化示范基地。依托国家、市、区三级创业示范孵化平台，建立起27个创业园区，包括7个国家级大学科技园、3个国家高校技术创业服务中心、1个国家级软件园和2个全国大学生创业示范园区。另外，杨浦还建成了文化创意产业园区14个，其中10个为市级文化创意产业园区，形成了具有杨浦特色的创新创业扶持网络。

创新创业服务能级提升。杨浦正在完善“创业前—创业苗圃—孵化器—加速器”的创业孵化服务体系，为不同发展阶段的企业提供个性化、有针对性的服务。杨浦区政府每年出资购买第三方服务，为大学生创业者提供免费的三证代办及人力资源服务、融资渠道推荐、风险投资项目对接等创业加速服务；引导社会资源，帮助创新创业企业突破“融资难”瓶颈。目前，杨浦已形成私募股权投资（PE）、风险投资（VC）、产业基金、小贷公司、投贷联盟、定制金融产品、直接融资在内的多元化融资服务体系，科技金融机构数量达150家，国内首家科技创新银行——浦发硅谷银行落户杨浦。

良好营商环境营造。杨浦积极推进先照后证登记制度改革，将113项前置审批事项改为后置审批事项；认真实施注册资本认缴登记制度，进一步简政放权，构建公平竞争的市场环境；加快落实企业年报公示制度，为实施信用监管打好扎实基础；简化项目审批流程，整合内部资源，建立企业办证服务大厅，集中了19个行政审批部门、2个便民服务单位等25个接待窗口，推出企业注册五证联办、5个工作日办结承诺和短信通知平台，在“一口收件”基础上增设了“一口发件”窗口；成立了杨浦创业企业服务中心，主要为初创期企业提供包括开办费补贴、社保费补贴、房租补贴、小额贷款担保受理、创业实训受理、工商和税务等政策咨询、企业三证代办等“一门式”创业服务。

徐汇

● 风向标

徐汇以漕河泾开发区为依托，围绕科技服务，主动融入发展大局，着力在完善功能、营造环境、探索模式、带动区域科创中心建设方面，突出重点、扎实推进。

● 新动作

科技金融服务功能得到完善提升。漕河泾开发区集聚了125家各类金融机构，包括天使投资、创业投资、银行、担保公司、保险公司、融资租赁公司等9类金融机构，形成了较为完备的科技金融服务产业链，注册资本总额超过100亿元，累计发起的基金规模达到3 300亿元。漕河泾开发区东方股权投资基金总规模为50亿元，首期募集规模5亿元，投资方向主要是人工智能、大数据、智能制造、物联网、互联网金融、新能源、生物医药、环保节能等行业领域。

建设国家级知识产权“双示范”。2018年1月，上海市知识产权服务中心正式运营，自此，上海知识产权交易中心、上海商标审查协作中心、上海市知识产权服务中心三大功能平台搭建完成，汇集了全市知识产权公共服务资源，形成服务业态集聚和规模化服务功能。2018年7月20日，上海市知识产权服务行业协会在漕河泾开发区内成立，这标志着漕河泾开发区进一步整合优质资源，引领全市行业发展方向。

吸引集聚知识产权服务机构。漕河泾开发区吸引各类知识产权服务机构近160余家，分属六大服务业领域，涌现出一批核心服务机构：代理服务有专商所、科盛等（共49家）；法律服务有华诚、弼兴等（共68家）；信息利用有上海情报所、上海之凯等（共12家）；商用化服务有盛知华、硅知识产权交易中心等（共9家）；咨询服务有上海容慧、航天八院知识产权研究中心等（共8家）；培训服务有上海知识产权培训中心、中欧知识产权促进中心等（共8家）。

构建知识产权服务“一站式”服务平台。漕河泾开发区通过线上线下融合，围绕专利政策咨询受理、专利成果转化服务、知识产权培训、知识产权纠纷调解、专利信息检索、专利查新服务、司法鉴定服务等内容提供全方位服务。在线上，漕河泾开发区建立了徐汇区知识产权公共服务平台和漕河泾知识产权信息服务平台：徐汇区知识产权公共服务平台主要提供知识产权相关政策、法律法规、热点动态、经典案例等，以及为重点发展产业提供专利信息库及分析；漕河泾知识产权信息服务平台拓展了对企业的知识产权信息管理服务，包括企业知识产权基础信息管理、统计分析、专利预警、重要信息及会议通知推送等58项功能。在线下，漕河泾开发区积极引导区域科研院所、科技企业、服务机构、平台与“三个中心”开展资源对接，拓展产业对知识产权交易及服务的需求。漕河泾开发区还着力培育发展专业服务，带动产业功能的整体提升。当前，漕河泾开发区有20家知识产权服务机构获评国家级品牌机构等荣誉称号，占上海同类服务机构的六成以上，有效提升了知识产权服务能级。

嘉定

● 风向标

嘉定聚焦推进“新兴产业发展示范区”，编制出台了《嘉定科技创新核心功能区创新发展规划》，将科研院所、高新产业、创新载体等资源要素集聚的行政区域统筹规划为特色功能集聚区，构建了“一心两轴三区”的空间发展格局。

● 新动作

新兴技术及产业化取得丰硕成果。网宿科技、联影医疗、昂丰矿机、中国科学院光学精密机械研究所等单位的4个发明专利获第十九届中国专利奖中国专利优秀奖（全国共804个），其中，中国科学院上海光学精密机械研究所的“大尺寸高性能激光钕玻璃批量制造关键技术及应用”也是上海市技术发明特等奖。上海司南导航技术股份有限公司、上海航盛实业有限公司参与的“北斗导航与位置服务关键技术及其产业化”项目荣获上海市科技进步特等奖。

重大产业技术创新工程顺利推进。上海微技术工业研究院8英寸研发线，中国科学院上海应用物理研究所自主研发的首台国产化质子治疗装置、钍基熔盐堆项目，以及中国科学院上海光学精密机械研究所光学元件生产基地一期等重大创新工程推进顺利。上海微技术工业研究院组建了世界级“超越摩尔（MtM）”研发团队、工程技术团队和管理运营团队，成功突破了一批关键核心技术，研制出物联网超低功耗微处理器、8英寸硅基氮化镓（GaN）衬底、新型高HIT太阳能电池等一系列MtM产品技术；组建了开放性的半导体工程测试分析平台，与华为、中芯国际、格科微、恩智浦等国际知名企业达成合作；发起设立总规模20亿元的“同华新微投资基金”，将重点投资“超越摩尔”等新一代信息技术及物联网应用领域具有核心技术和高成长性的创新型企业。中国科学院上海应用物理研究所首台国产质子治疗装置完成治疗系统关键部件研制，基本完成治疗软件系统研制与集成，完成加速器现场安装，进入加速器调束阶段，固定治疗室的治疗头安装及内部装修已完成。

有效推动“产学研用”协同创新。区政府与8家科研院所在平台建设、人才引进、成果落地产业化等方面签订了合作协议，院地双方合力共构“钱—纸—钱”的创新生态圈，重点推进中国科学院上海国家技术转移中心（嘉定）实地化运作，合作建立和打造技术转移中心嘉定产业基地。产业基地引进逾百家企业落地，促成了硅酸盐所染料敏化太阳能电池项目科技成果以1亿元的转让费实现科技成果转让落地。科研院所在嘉定落地的科技型企业已有270余家，实现年产值超过60亿元。

激发新兴产业的科创新活力。嘉定正式印发《嘉定区科技双创券实施管理办法》，鼓励和支持中小微企业、创业团队和众创空间集聚创新资源、共享创新服务平台、提升创新能力，进一步促进创新资源开放共享，降低区内企业研发成本，加速创新主体快速发展，提升创新创业载体服务能级。

不断提升新兴产业人才资源。围绕科创中心特色功能集聚区建设，嘉定制定出台了《关于实施“双高”人才计划，加快推进科创中心特色功能集聚区建设的若干意见》，确定“百千万”人才引进目标，实施24条人才新政。嘉定还陆续出台了《嘉定区关于鼓励企业引进“海外工程师”的管理办法（试行）》《嘉定青年英才开发计划实施意见》《关于开展以“嘉定工匠”为引领的高技能人才品牌建设工作的实施意见》等系列文件，进一步构筑嘉定人才激励政策体系。

临港

- 风向标

临港成为国际智能制造创新人才、高成长性企业和高附加值产业的重要集聚区，在全市先进制造业和战略性新兴产业发展中贡献度明显提升，建成创新引领、产城融合、人文宜居、智慧生态的未来新城。

- 新动作

加速推进产业重大项目。2018年，特斯拉新能源汽车研发与整车制造项目落户临港，成为上海有史以来规模最大的外资制造业项目，将有力推动临港打造千亿级的新能源汽车产业集群。华大半导体特色工艺生产线和存储器两个重大项目正式落地，总投资额达1 000亿元，其中积塔项目已于2018年8月16日正式开工，建成后将极大提高我国功率器件、电源管理和传感器等芯片的竞争力，改变工业控制领域核心芯片受制于人的局面。该项目从获得土地到开工仅用8个自然日（6个工作日），创造了“临港速度”。中国航发商用航空发动机有限责任公司负责承担的大型客机发动机验证机（CJ-1000AX）研制工作取得重大进展，在临港总装试车台完成了全部调试工作，并首次点火一次成功，初步验证了各部件及相关系统的功能和匹配性，后续将开展发动机整机初步性能摸底试验。国家重大科技专项海底观测网国家大科学装置正式获批，将在临港建立海底检测与数据中心，成为国家海洋科学研究的开放性重大科学平台。

加速建设智能制造功能型平台。朱光亚战略科技研究院正式落户临港，将在临港首批部署微系统与太赫兹科学技术、高性能科学与工程计算、核技术应用和高端装备制造等4个战略科技方向，并利用军民融合产业基金加快相关科技成果产业化。智能制造功能平台正式入选全市重点功能型平台，以此为试点的功能型平台改革工作加快推进，已基本形成机构式资助、项目法人制、“拨改投”等改革方案。工业互联网功能型平台承担了标识解析国家节点、制造强国大数据平台、工业大数据、综合试验床等多个国家和上海市重大项目。中国人工智能产业发展联盟信息与创新中心落户临港，将设立人工智能院士工作站，对接全球人工智能产业资源，开展人工智能产业化和推广应用，加速推动临港人工智能产业发展和装备制造智能化转型。上海智能制造系统创新中心临港基地正式启用，将重点打造工业云与大数据实验室和离散智能制造实验室。上海临港国际人工智能产业研究院正式成立，成功引进登临科技、映驰科技、黑芝麻智能、思岚科技、玻森数据等一批人工智能项目。复旦工程与应用技术研究院正式落户临港，将重点推进机器人、第三代半导体、医疗照明等领域的成果转化，首批项目正在逐步落地。

加速集聚智能制造产业创新要素。临港积极吸引海外归国人才来临港创业，张江-临港“南北科技创新走廊”正式启动，对外发布了行动方案，将在规划协同、产业联动、科技创新平台建设等方面加强合作，探索政策共享和开发模式创新。微小卫星创新研究院、华域汽车等首批联动项目签约落地。临港智能制造基金所投子基金计划募资规模超过126亿元，共计投资17家临港地区企业，基金直接投资额1.8亿元。

改革创新举措加速出台。新一轮“双特”政策抓紧制定，根据临港地区开发建设管理委员会2018年第三次会议精神，在上海市发展和改革委员会牵头协调下，临港地区开发建设管理委员会就第三轮“双特”政策条款和市区各相关职能部门进行了多轮沟通，力争在人才引进、土地利用、产城融合和事权财权等方面出台更精准的政策。临港继续优化营商环境，升级打造临港行政审批2.0版本，推出“临港一码通”，实现产业项目报批“一件不两送”工作目标，使审批速度再提升、审批服务再延伸。综合验收改革试点有序推进，新设立的建设项目服务管理中心有效运行。

松江

● 风向标

松江着力建设“G60科创走廊”，在长三角地区率先建设高质量一体化发展的重要引擎、率先建立区域协调发展新机制的试验田、科创驱动中国制造迈向中国创造的主阵地。

● 新动作

加强G60科创走廊九城市战略合作。松江加强区域协同创新联动，建立九城市联络机制，共商共建G60科创走廊。联席会议办公室打破行政级别、行政区划设置，实施扁平化管理，设置综合组、产业组、科创组、商务组、宣传组等5个工作组，负责G60科创走廊范围内各项工作的日常对接、协调和工作推进。

瞄准重点领域培育特色产业。2018年9月4日，松江出口加工区升级综合保税区获国务院批复，正式成为对外开放层次高、政策优惠、功能齐全、通关快捷、区位优势明显的海关特殊监管区域。松江聚焦电子信息代工企业转型升级，积极引进出口型先进制造业企业总部和贸易型企业总部，打造先进制造业集聚区和配套服务业集聚区。

推动科技创新载体突破式发展。G60脑智科创基地在中国科学院时任院长白春礼、上海市时任市长应勇见证下正式签约，并与G60科创走廊人工智能产业基金2个项目在2018世界人工智能大会上落户松江。松江区政府与上海高等研究院开展战略合作的上海低碳技术创新功能型平台被列入上海市委、市政府提出要建设的18个研发与转化功能型平台。松江还加快推进中国科学院上海植物逆境生物学研究中心建设，积极推进正泰集团、上海交通大学联合研发的氢能源平台建设。

（文/孟海华　全利平）

7.4 长三角一体化发展五大产业值得关注

长三角地区肩负着国家对外开放战略、东中西区域联动、国家经济增长驱动等多重使命，为有效地整合区域创新资源、充分发挥集群优势和协同创新效应、立足长三角本地的区位优势和产业基础，在重点产业领域开展协同创新是大势所趋。

结合国家、区域近年来关于长三角一体化发展的重要政策文本与全球科技和产业发展趋势，集成电路、生物医药、智能制造、新材料和新能源汽车是当前推进长三角更高质量一体化进程中值得重点关注的五大产业方向（见图 7-4-1）。

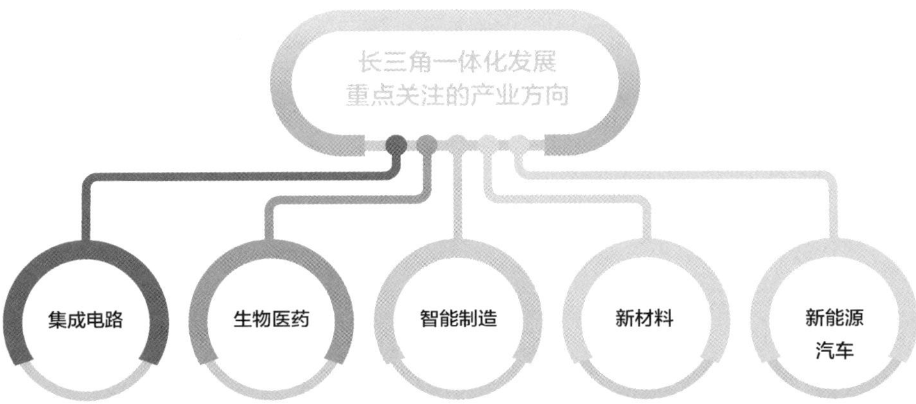

图 7-4-1　长三角一体化发展值得重点关注的五大产业方向

五大重点方向

● 集成电路

长三角地区是我国集成电路产业发展的龙头，其产业销售规模占全国逾六成，是国内集成电路产业链最完整、综合技术水平最高的地区。长三角地区共有 4 个城市进入全国集成电路设计业十大主干城市的行列，集聚了国内 55% 的集成电路制造企业、80% 的封装测试企业以及近 50% 的集成电路设计企业，芯片产能占全国的63%，已形成了包括研究开发、设计、芯片制造、封装测试及支撑业在内的较为完整的集成电路产业链，涌现出中芯国际、长电科技、中微半导体等全国集成电路领军企业。

在产业协同发展方面，由复旦大学牵头，联合浙江大学、东南大学、上海交通大学、上海集成电路研发中心、上海张江（集团）有限公司等13家单位成立了长三角集成电路设计与制造协同创新中心。此外，三省一市科技部门还率先在全国开展集成电路领域科技创新一体化发展规划研究。

● 生物医药

长三角地区的生物医药产业规模大、质量高，产值和技术水平都位居全国前列。产业集聚化程度较高，建成了上海生物及新型医药研发与生产中心，并形成了以上海、杭州、泰州三大国家生物产业基地和无锡“太湖药谷”为核心，苏州、连云港、湖州、金华等中医药、化学原料药和生物医药研发生产基地，以及上海临港、盐城、宁波、舟山等海洋生物产业基地为辅的生物医药产业集聚。各地都涌现出了一批龙头企业，形成了区域品牌效应，如江苏的扬子江药业、先声药业等。以上海为例，2017年上海生物医药产业的经济总量达3 046亿元，其中制造业主营业务收入达1 093亿元，首次突破千亿元大关。江浙沪累计医药制造业已占全国企业数量的25%，其占比27%的销售收入实现了占全国30%的利润总额，显示出长三角地区医药制造业强大的规模效应和竞争优势。

在产业协同上，长三角绿色制药协同创新中心和长三角干细胞产业联盟已经成立。上海牵头，联合江浙两省共同发布了《江浙沪药品上市许可持有人跨省委托监管规定（试行）》，在药品监管政策及标准统一、检查员资格和检查结果互认、监管信息与资源共享方面跨出了第一步，对推进长三角生物医药产业融合、打造高质量的产业集群意义重大。

● 智能制造

在我国“一带一路”与长江经济带发展战略的推动下，长三角地区加快推动传统产业技术改造和转型升级，大力发展智能制造，通过技术创新和制度创新齐头并进，引领制造业向中高端迈进，成为我国智能制造产业的核心区。长三角地区智能制造产业的特色主要体现在硬件制造环节，以上海、南京、杭州、宁波等城市为核心，发挥各自产业优势，培育了一批优势突出、特色鲜明的智能制造装备产业集群。

总体来看，长三角地区智能制造主要集中在以南京、上海、宁波三市组成的“三角区域”，苏州、无锡、常州、杭州等智能制造发展较好的城市均在区域覆盖范围。从发展水平来看，各地区发展虽存在差距，但整体发展水平相对平衡，形成“多点开花、各具特色”的发展格局。例如：上海集聚了众多国内外智能制造领域的龙头企业，在关键零部件、机器人、航空航天装备等方面均处于国内领先地位，并发展成为中国最大的机器人产业基地；南京则凭借区位优势及雄厚的工业基础，吸引并培育了一批装备制造企业，形成了以轨道交通、汽车零部件、新型电力装备为特色的高端装备集群。

在产业协同方面，长三角地区围绕打造世界级先进制造业集群集聚区目标，建设了上海松江、嘉兴、杭州、金华、苏州、湖州、宣城、芜湖、合肥九地协作共建的科技创新战略平台——G60科创走廊。作为G60科创走廊的重点签约平台，上海交科松江科创园依托G60科创走廊的产业集聚优势和发展红利，一年时间就入驻了130余家智能制造企业。G60科创走廊不断加强智能制造产业“卡脖子”重大领域联合攻关的专题合作，协同推动长三角创新攻关，实现高质量发展一体化。

● 新材料

长三角地区是我国新材料产业基地数量最多的地区，占全国新材料产业基地总量的1/3以上，形成了包括航空航天、新能源、电子信息、新兴化工等领域的新材料产业集群。据不完全统计，长三角地区新材料上市企业约200家。其中，上海是我国新材料科研、开发、生产的重要基地和最大的应用市场之一。新型金属材料、新型有机材料、新型建材已成为上海新材料行业的支柱，产值占全市新材料行业总产值的90%以上。江苏新材料产业综合实力较强，在全国新材料产业中占有较大比重，在新型功能材料、纳米材料和多晶硅材料等领域处于国内领先地位，初步形成国际竞争力，其产业主要分布在南京、苏州、江阴、南通、常州、扬州、无锡、连云港、徐州等地，拥有南大光电、江苏九鼎、江阴法尔胜、久吾高科等一批产品特色鲜明、知名度高、竞争力强的龙头骨干企业。浙江则将新材料产业列为本省重点培育发展的战略性新兴产业和七大万亿级产业之一，拥有一批优秀的新材料企业和技术领先产品，尤其在磁性材料、氟硅新材料、高性能纤维等领域集聚优势突出。其中，宁波已跻身中国新材料产业国家高新技术产业七大基地之首，成为华东地区新材料产业集聚的新高地。

为了加强新材料产业集聚区孵化、集聚、辐射带动效应，推动新材料产业转型升级，保障国家重大工程建设，为构建国际竞争新优势发挥积极作用，在上海市经济和信息化委员会、上海市科学技术委员会以及江苏省经济和信息化委员会、浙江省经济和信息化委员会的支持和指导下，2011年11月2日，由上海市新材料协会牵头成立了“泛长三角新材料产业发展战略联盟”，现拥有盟员近40家。

● 新能源汽车

长三角地区是我国新能源汽车产业迅速发展的先导区域，据不完全统计，长三角城市群的30个城市中有14个城市已拿到或规划有新能源汽车项目，并拿到稀缺的15张“准生证”中的8张，涉及新能源汽车项目20个，累计计划产能279.5万辆，累计计划投资715.2亿元。长三角地区三省一市的新能源汽车所占比例已突破全国能源汽车市场的1/3。目前，长三角地区的新能源汽车产业在动力架构、液压储能装置、驱动控制系统以及关键零部件等技术层面已取得一定的突破，在充电基础设施建设方面也走在了发展前列。中国电动汽车充电基础设施促进联盟发布数据显示，全国公共类充电基础设施（联盟内成员单位上报）保有量已达21万个，长三角地区已建成的充电桩数量超过6.8万个，占全国比例超过30%。

在产业协同方面，长三角地区于2016年成立了长三角新能源汽车发展推进联盟，通过长三角地区30余个城市的共同发力、协调配合，共同解决基础设施中出现的重点、难点问题，推进新能源汽车在长三角地区的长足发展。

挑战与机遇

● 集成电路

尽管长三角地区已形成完整的集成电路产业链条，但产业结构仍然不够合理，其中，设计部分仅占10%。因此，长三角地区应进一步提升设计部分的产业占比，重点扶持集成电路设计企业。通过强需求的拉动和引导，与软件、算法、应用体系相结合，实现“产学研用”相结合，推动集成电路设计业发展，补齐设计产业领域的短板。

从长三角地区集成电路产业重大需求出发，聚焦“两高一新”重大任务，高端先进工艺与IP核、高能效嵌入式CPU及应用、半浮栅新器件及产品、系统芯片和现场可编程门阵列（FPGA）等关键技术应作为重点研发攻关的内容。长三角地区集成电路产业的进一步发展需要将长三角集成电路制造工艺与国际先进水平缩小到1代以内，半浮栅创新基础器件实现产品化与市场化，嵌入式CPU技术水平世界领先并实现大规模产业化应用。

● 生物医药

通过搭建市场、研发、政策等协同平台，整合长三角地区生物医药行业的技术、人才、资本和市场等优势资源，链接长三角地区各类社会创新要素，形成科技资源配置、社会资金聚合、成果临床示范基地等多元要素共同参与的高端创新生态系统。

长三角地区可以整合高校科研院所、著名医院、龙头企业、风险基金等相关单位，共同承接一批高端项目。此外，长三角地区应加强肿瘤等重大疾病的针对性研究，推动更多一流科技创新项目落地和产业化，为长三角地区获得全球医药产业的发展先机。

● 智能制造

三省一市智能制造行业龙头企业通过跨区域兼并重组、建立总部—基地等方式值得鼓励。实施一批区域智能制造产业合作重大工程和重点项目，并加强国际合作，以实体机构、市场化运作的方式优化跨区域的生产力布局和配套服务。要逐步摆脱关键零部件、工业控制系统、高精密传感器等对国外产品的进口依赖，针对国家提出的重点攻坚领域进行技术突破，地区智能制造龙头企业与高校、科研机构的产学研联动将是关键。

“飞地经济”加快发展，如上海临港、漕河泾，苏州工业园等品牌园区，开发商预计将加强与长三角园区共建，推动一批跨省合作园区发展。围绕智能制造产业合作方式中存在的瓶颈问题，以财税和经济统计为突破的政策可行性和操作性研究仍亟待探索。如果能建立起有利于智能制造产业重大项目跨省市迁移的财税分成和产值增加值统计机制，则可以平衡企业迁入地与迁出地政府之间的利益，更好地促进“飞地经济”。

● 新材料

具有产业组织能力的龙头企业、行业协会、战略联盟等组织的专业化、联盟化、平台化发展，对发挥其在资源整合、要素调配和产业促进方面的作用至关重要。企业的核心竞争力及产业整合能力关系到长三角地区新材料企业技术创新及产业化应用、商业模式创新与管理创新、资本运作与兼并重组的速度。

长三角地区应面向高端新兴市场开发功能化、专用化的新材料产品，促成本地高端需求和高端供应有效衔接，实现高端材料和高端制造业的联动发展。要基于市场导向，开放性集成与行业应用创新资源的整合，做好技术储备和新产品开发，实现对下游应用行业创新需求的快速响应。同时，长三角地区还应增强资源控制力，针对行业上游关键资源和原料，通过开展并购、产业投资、参股供应商等手段，在全国甚至全球范围内进行布局，强化资源控制力。

● 新能源汽车

长三角地区做低端动力电池的企业扎堆，而有兴趣研究汽车驱动电机和能量管理系统的企业较少。对此，应避免零部件生产恶性重复。增强电动汽车的集成创新程度，强化整车—电池—电机诸环节的匹配。

在充电基础设施建设方面，长三角地区发展较为迅速。但是，以公共类充电桩为主，私人充电桩发展则远远滞后，无法达到1∶1的合理比例。当前，长三角地区一方面仍然要增加公共充电桩的建设，同时也需大力推广私人充电桩。杭州、上海、南京、合肥、宁波、金华、苏州等城市应当率先建设便捷的充换电站和充电桩网络。

（文/黄　斌　胡　峰）

7.5 韩国创造经济革新中心的概况与启示

作为推动创新型经济发展的一项重要举措，韩国在全国17个省级行政区分别组建了由行业龙头企业牵头的“创造经济革新中心”，运作以来取得了成效。韩国政府支持龙头企业开放产业链资源，推进协同创新，扶持初创企业发展，这对上海促进创新创业具有借鉴意义。

设立创造经济革新中心作为推动企业创新的重要举措

韩国是全球第十五大经济体，拥有三星、LG和现代等著名跨国企业集团。通过20世纪60年代中期实行的“出口导向”战略、20世纪70年代实行的“重工业化”战略、20世纪80年代实行的“技术立国”战略，韩国用了50多年的时间，把人均国民收入从60多美元提高到2015年的2.8万美元，发展成为新兴工业化国家。

近年来，受全球经济下行的影响，韩国经济发展势头明显放缓，面临经济持续低迷、就业增长缓慢、内需市场不振、风险创新能力下滑、中小企业活力不足、与日本和中国出口产品日益严重的同质化等几大挑战。为了应对种种危机，韩国政府在2013年年初以“创造经济与人民幸福”为主题，提出了实施“创造经济”的发展思路，将科技、信息通信技术应用到全部产业上，促进产业和产业、产业和文化之间的融合，推动新产业发展，创造新的就业。

为此，韩国政府组建了“未来创造科学部”（类似于我国科技部），在部内成立了“创造经济政策局”，其职能包括：基于科学与技术、信息与通信和广播制定出基本的创造经济规划；辨别和规划未来的增长引擎，并建立发展计划；创新经济产业的研发计划和管理。

为发展创造经济，韩国政府采取特别举措，于2014年9月开始在全国17个省级行政区域按照“政府与大型企业合作，为创业企业提供创新经济环境”的模式设立“创造经济革新中心”（见图7-5-1）。

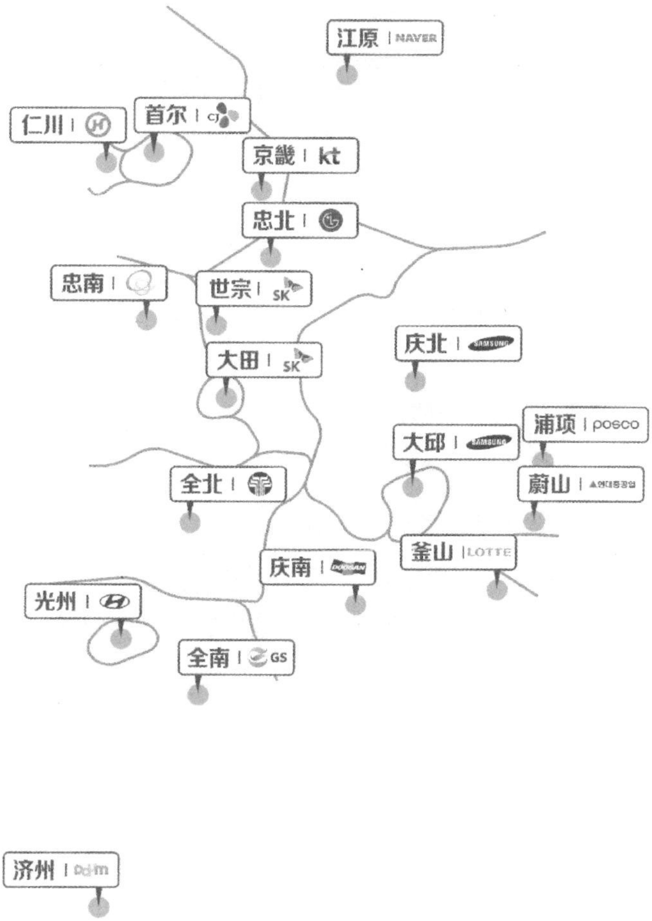

图 7-5-1　韩国 17 个地方创造经济革新中心分布图

韩国创造经济革新中心概况

韩国 17 个地区的革新中心都先后引进了一批项目进行孵化。目前，韩国朝野在革新中心的建设上意见一致：韩国经济的前景将在很大程度上依赖于革新中心的建设和发展。这也意味着革新中心的建设将一直向前，不随政府轮换、执政党更替而发生变化。

● 创造经济革新中心的建设

创造经济革新中心由韩国中央政府、地方政府围绕地区核心产业，与相关大企业合作建设。17 个地区的革新中心分别考虑各自特性，选定各地区的优势产业并集中资源投入（表 7-5-1）。

表 7-5-1　各创造经济革新中心核心项目

地 区	核 心 项 目	合作公司
大邱	创业支援、服装、机械、汽车配件等传统产业高端化	三星
大田	支援培养全球创业之星及技术成果产业化	SK
全北	打造碳产业链，培育传统文化及农食品产业	晓星 TNS
庆北	扩大智能工厂，发掘复合型新项目以及文化、农业项目	三星
光州	支援汽车领域的创业、百姓生活创造革新平台	现代
忠北	培育生物、美容、环境友好型能源产业	LG
釜山	构筑国际化的影视生态系统、物联网智能城市	乐天
京畿	全球市场枢纽，基于IT的融合型新产业创造核心据点	KT
庆南	构筑制造空间，支援机械产业的制造创新	斗山
江原	培育大数据、众包（旅游、健康、智能农场）	NAVER
忠南	支援清洁能源、农业产业化、海外拓展	韩华
全南	推进生物制药产业、先进复合型农业和水产业项目	GS
济州	打造智能旅游平台，发展电动汽车、新能源和可再生能源产业	DAHM
首尔	培育文化艺术、饮食文化、服饰等产业	CJ
世宗	利用信息通信技术的农业高科技化	SK
蔚山	营造海洋配套设备、医疗自动化、3D打印创业生态系统	现代重工
仁川	创造基于智能物流的新产业	韩进
浦项	发展新一代信息技术、机器人等	浦项制铁

（注：浦项的创造经济革新中心是浦项制铁公司承建的，不包含在17家地方创造经济革新中心之内。）

例如，济州创造经济革新中心由中央政府、济州道政府以及化妆品企业爱茉莉太平洋、互联网公司DaumKakao合作建设，分别设立在济州道的济州市和西归浦市两大城市。济州革新中心以智能观光、电动汽车与新能源和可再生能源为发展方向，主打旅游、文化、互联网和新能源产业牌。韩国政府与两家大型企业计划投资约1 600亿韩元，推动相关领域发展并培育创新型企业。

韩国各大龙头企业对创造经济革新中心进行经费投入，参与建设和管理，主导核心产业方向，引导中小企业和创客创新。大企业因创新成本高而创新动力和活力不足等问题凸显，而创新型中小企业恰好可以弥补大企业的这些不足。大企业不仅为中小企业的创新提供资本支撑，还为中小企业的创新成果提供出路。当然，把最新成果融入大企业的产业链当中，也是大企业最乐于见到的。在革新中心，大中小企业实现互补互长，融合发展。

● 创造经济革新中心的职能

创造经济革新中心是各地区凝聚核心项目、汇聚创新力量的抓手，也是政府组织创新活动的抓手。革新中心利用大企业的优势，通过买进优秀技术、股份投资、企业并购和营销支持等手段，培育企业创新力量。

创造经济革新中心是官民协同的创造经济促进团，它连接各地区支援机构的职能和项目，开展各种合作（如工厂、实验室、研发平台、风险投资等）。各创造经济革新中心相互连接，扩大中小企业创新及新产业支援力量。全国创造经济产学研联盟积极开展有关机构之间的联系与合作（如科技园、设计中心、产业园区、研究所和大学等），对接各部门产业培育政策。

● 创造经济革新中心的工作模式

创造经济革新中心的入驻方法比较简单，凡是有创意产品或创业模式的个人或团体都可以在创造经济革新中心的官方网站上注册提交，由创造经济革新中心进行审核。

创造经济革新中心还组织支援创意实验室创客体验日（C-LAB Start Up）、风险投资伙伴日（Venture Partners day），培育全球创业之星等创意创业竞赛，征集优秀创新思维项目，以选拔入驻企业。被选中的项目会获得创造经济革新中心给予的6～12个月的资金、技术和设施等方面的支援服务。入驻企业可免费享用工作区域和办公设备。除了提供硬件服务之外，创造经济革新中心还提供来自政府和大型企业的金融、咨询、法律支援，为创客们解决创业初期的各种困难。

创造经济革新中心对入选的项目进行前期创业辅导，发掘优秀创业创意并使之形成商业模式，积极利用并连接地区相关机构，制作试制品，设计方案，进行项目的可行性验证，给企业提供商业模式指导及试制品发布机会，支援海外市场验证，提供客户辅导及反馈等。创造经济革新中心还邀请天使投资人、风险投资机构等组建投资基金，支援创业项目。

通过连接全国各地的创造经济革新中心和连接不同层次、不同形式的地方创新支援机构（如创业保育中心、科技园、海外进军出口支援中心等），创造经济革新中心能为不同成长阶段的创新创业企业提供各种支持，真正实现一站式服务。

韩国创造经济革新中心的发展经验

政府主导，官民合作共建。2013年，韩国政府拨款30亿美元专门用于培育初创企业，有效地推动了创新创业工作。17个创造经济革新中心的核心项目各不相同，也充分展示了政府的统筹、协调和整合能力。各园区核心项目明确，相互合作，避免简单低端重复竞争，形成一盘棋。

各行业龙头企业参与建设。每一个创造经济革新中心都有一家龙头企业牵头参与，因而既可以围绕核心项目展开，又可以促进技术链、产业链和资金链的融合，推动产业发展。可以说，创造经济革新中心是中小企业的创新集聚点，而龙头企业在服务中小企业的过程中也提升了自身的创新能力。

推出创新创业一站式服务。在创新创业服务过程中，政府机关破除条条框框，主动整合一切有利于地方产业的社会力量和资源，为创新创业活动提供全方位、全周期的整体服务。

对上海发展创新创业的启示

地方政府应结合各地区、各园区发展规划，引导大企业，尤其是国有企业参与创新创业。上海的大企业尤其是国有企业实力雄厚、产业优势明显。各地区、园区多年来已形成一批“专精特新”的中小企业集聚区。各地区、园区也有整合资源、提供各类创新服务的能力。如果通过顶层设计和适当的引导，使若干大企业积极参与产业链的建设，不仅能进一步激活国有企业的创新活力，还能助推一大批中小企业快速成长。如果能够形成政府提供公共服务，科研院所、高校提供平台建设，大企业提供产业链配套，中小企业提供创新产品供给的良好生态，那么上海的产业就会得到较快提升，国有大企业也可实现创新转型。

地方政府应鼓励大企业和有条件的科研院所与各地区、园区紧密结合，打造“创造型”企业孵化中心，即专业化的众创空间。上海随着科创中心建设的推进，一大批众创空间蓬勃兴起。但是，具备给初创小微企业提供技术研发服务能力的创造型、专业化的企业孵化中心比较缺乏，由创新链向产业链发展的布局尚不够清晰，其中重要原因是缺少大企业的参与，未能对初创企业所需产业链上下游服务提供足够的支撑。因此，上海可优先鼓励和支持大企业通过市场化手段扶持众创空间的建设，释放空间、产业链等资源，与园区、区县政府、投资企业合作，打造若干个“创造型”企业孵化中心。政府可通过考核、专项扶持、人才政策等向国有企业提供激励。政府也可通过创新创业大赛，选拔一批“专精特新”团队和初创型企业推荐给大企业或孵化中心，优先给予资金扶持和培育。

（文/施利毅　陈红光）

7.6 美国波兹曼市的小镇产业发展经验

纵观全球，随着大都市边界的持续模糊，发达国家逐渐出现了城市中心衰落和郊区崛起的现象。其中，英国、美国、日本等国家城镇化率均远超80%，小城镇是这些国家人口、产业和经济的主要载体，同时也是当地产业集约化发展的聚集地和城乡均衡发展的重要经济活力点。在国外的成功案例中，有一类特色小镇虽然并不具备天然优势，却能够脱颖而出，波兹曼市（Bozeman）就是其中的典型代表，对我国有一定借鉴意义。

波兹曼市位于美国蒙大拿州西南，是加拉廷县的郡政府所在地。1864年，约翰·梅林·波兹曼（John Merin Bozeman）用他的姓氏命名了这个地区。近10年来，波兹曼在经济发展方面取得了不俗的成绩，多次位居全美小都市区经济实力排名的前10位，尤其是在2018年的排名中跃居第一，引起了广泛的关注。波兹曼市成功开辟出一条独具特色的小镇发展路径，依托得天独厚的资源禀赋和“产业+文化”的模式，从资源开发型传统经济跨越至以高科技为主的新经济，最终实现了产业、人文、生态的融合发展。

波兹曼荣登2018年全美小都市区经济实力榜首

POLICOM是美国一家独立的经济研究机构，成立于1995年，致力于分析国家和区域层面的经济规模和质量，每年在网上公开发布全美区域经济实力排名。POLICOM长期跟踪观察的区域包括美国383个大都市区以及550个小都市区在内的经济发展情况。都市区的大小划分以区域的人口数量为依据，5万人以上的区域定义为大都市区，5万人以下、1万人以上的区域定义为小都市区。

POLICOM利用区域经济信息系统数据创建每年的经济实力排名，其数据来源主要是美国经济分析局。经济实力排名的评价标准包括3个方面：一是区域整体经济规模和质量的提升，涉及的数据指标包括人们的收入情况，能够直接地反映出当前的生活水平；二是区域经济活动情况，主要是中小企业、建筑业、零售业等在该区域的经济活动情况，通常与区域整体经济状况成正比或下降；三是一些反映经济不景气的指标，尤其是福利和医疗补助方面的数据。

在2018年度的经济实力榜单中，蒙大拿州的波兹曼地区一跃至经济实力排名小都市区的第一位。

创新经济帮助波兹曼市逆袭成功

波兹曼市是一个偏远、落后、封闭的山区。由于地处偏远、人口稀少（1870年仅有168人），长久以来在经济发展方面主要依赖于农牧业和资源开发。

20世纪90年代，互联网的出现彻底改变了这个拥有154年历史的城市。当时，波兹曼市政府意识到这是一个发展的机会，大大加强了城市内外交通运输条件和互联网基础环境的建设，有效促进科技型人口及企业的集聚与扩张。美国人口普查数据显示，波兹曼市2016年人口增加至46 596人，成为蒙大拿州的第四大城市。

如今，波兹曼市重点发展农业、激光光学、生物技术、先进制造、信息技术和高端服务等高科技产业。在波兹曼市设立总部或分支机构的美国知名企业不下100家，拥有包括波理公司（Newport Corporation）、Quantel Laser manufacturer等在内的近30家从事激光及光学研究或生产的高科技企业、百余家生物科技公司和若干大型软件公司。

波兹曼市在产业规划和科技布局过程中，通过创新技术和科技产品的导入，提升区域的产业能级和竞争能力，扩大优势产业集群的同时为小镇创造高收入的就业机会。其转型发展主要有以下4点经验。

一是进一步放大生态农业与自然资源优势，由农户向联合体转变。波兹曼市在利用自身丰富的农业及自然资源的基础上，进一步延伸产业链，扩大技术和产品范围，鼓励单一农户向“农户+企业”或农业联合体转变，鼓励传统农业向绿色、现代化方向转型，使其逐渐成为一个区域性农业生产中心。同时，顺应可持续发展和生态健康绿色的大趋势，波兹曼市强调从农场到餐桌的全透明体验活动，形成了一批集生产与参观体验为一体的农贸基地，吸引了大量周边地区人口到此消费。

二是进一步消除地域和交通障碍，利用“互联网+”提升产品和服务。波兹曼市的产业特色并不明显，小镇并没有全力加强自身科技创新要素，而是注重提供便捷的互联网设施，通过云端化、平台化的服务消除地域障碍，配合商务成本优势吸引对资源依赖程度较低的企业入驻。同时，小镇也十分注重基础设施及交通环境的营造，依托交通便利的优势开拓周边市场，依托商贸物流帮助企业的产品和服务对外辐射。

三是进一步挖掘本地优势资源，实现产业与文化旅游的深度结合。波兹曼市良好的自然资源和浓厚的文化氛围是其酒店、旅游、娱乐业等蓬勃发展的重要因素。有效地包装、策划现有的自然资源和文化古迹，在尽可能保留生态要素和历史原貌的基础上，通过强大的品牌塑造和知识产权（IP）导入，结合最新的科技手段辅助展示和体验，使小镇成为文化及娱乐中心之一，吸引人们和企业到此集聚。

四是进一步导入专业性的服务行业，提升区域影响力和就业机会。波兹曼市考虑到丰富的自然资源和优质的生活品质有利于吸引人口不断增长，积极推动服务行业的迅速发展，特别是专业性的服务内容，如健康服务、物流、商贸等。例如，波兹曼市自2004年起吸引了大量医疗专家和医务人员的到来，推动波兹曼执事医院（Bozeman Deaconess Hospital）进行更加专业化的检查、治疗及护理等医疗服务。这不仅为社区提供了更加专业化的医疗场所，吸引了大量域外人口来此购买医疗服务，也为当地提供了大量就业机会。

2018年4月18日，波兹曼市政府通过了新一轮城市发展的战略计划，提出了七大愿景：一是营造高度参与和创新实践的文化氛围；二是充分利用自然条件、高端人才和良好的教育资源来创造新的经济发展；三是打造安全、健康、包容的城市环境；四是改善环境以造就宜居的、可负担的、更紧密的城市生活；五是覆盖所有年龄段的创意、学习文化；六是鼓励环境可持续的商业和生活方式；七是塑造一个需求导向、不断完善的高效组织。

对我国特色小镇建设的启示

波兹曼市的案例剖析提示，国内小镇建设发展在现有政策环境下应注重以下问题。

● 跑起来的“数据、物流、服务”让距离不是问题

小镇一般远离城市热闹繁华、资源集聚的地带，这在以前是城市发展的一大困难。如今，小镇在数字化和技术创新的驱动下，具备了成功的可能，可在3个方面予以加强：一是加强新一代信息基础设施建设，依托高速、稳定、便捷的互联网突破物理和空间的限制，缩短企业与供应商、客户之间的距离；二是加强区域综合交通枢纽、物流站场等节点设施建设，形成与公路、铁路、航空网络的良好衔接，完善适应高效供应体系的配套；三是发展专业化、市场化的科技服务业，瞄准高端科创成果和产品的诞生，为区域科技创新和产业转型发展提供持续的动力和活力。

● “三无”小镇的产业发展需要更多的专注与自给

“三无”（无基础、无区位、无资源）小镇应采用区域联动协同发展的思路，使之能够运转为产业发展的基础，具体包括3个关键：一是专注于形成1～2个与小镇资源禀赋紧密相关的特色产业，突出小镇的产业个性和竞争力；二是形成相对闭环的产业链条，使其能够在不依赖外部资源的条件下自给自足；三是注重传统产业与新兴技术的融合，不断自我迭代和创新，紧跟科技创新的步伐。

● 文化导入赋予小镇蓬勃的生命和独特的魅力

小镇的建设并不是一蹴而就，需要经历长时间的积累，以及文化的传承和营造。小镇文化对产业的影响可分为3个层次：一是产业本身所树立的文化，使产业具备独特的魅力和生命力；二是文化与科技的融合，可以用艺术的方式演绎科技产品，也可以利用科技手段展示文化；三是创新文化的营造，通过服务业的导入，整体提升区域的创新生态环境。

（文/赵　越）